CAMBIE SU AURA,
CAMBIE SU VIDA

Y. MARTIN

MORAITIS

CAMBIE SU AURA,

CAMBIE SU VIDA

Guía paso a paso para desarrollar
su poder espiritual

EDICIONES OBELISCO

Si este libro le ha interesado y desea que le mantengamos informado
de nuestras publicaciones, escríbanos indicándonos qué temas son de su interés
(Astrología, Autoayuda, Ciencias Ocultas, Artes Marciales, Naturismo,
Espiritualidad, Tradición...) y gustosamente le complaceremos.

Puede consultar nuestro catálogo en www.edicionesobelisco.com

Colección Espiritualidad, Metafísica y Vida Interior
CAMBIE SU AURA, CAMBIE SU VIDA
Barbara Y. Martin
con Dimitri Moraitis

1.ª edición: octubre de 2006

Título original: *Change your aura, change your life*

Traducción: *Toni Cutanda*
Maquetación: *Imelda Hernández Simón*
Corrección: *Andreu Moreno*
Diseño de cubierta: *Enrique Iborra*
Ilustraciones: *Jeffrey K. Bedrick*

© 2000, 2003, Barbara Y. Martin y Dimitri Moraitis
(Reservados todos los derechos)
© 2006, Ediciones Obelisco, S. L.
(Reservados los derechos para la presente edición)
© año, autor de ilustraciones/dibujos etc.
(Reservados todos los derechos)

Edita: Ediciones Obelisco S.L.
Pere IV, 78 (Edif. Pedro IV) 3.ª planta 5.ª puerta.
08005 Barcelona - España
Tel. 93 309 85 25 - Fax 93 309 85 23

Paracas, 59 Buenos Aires
C1275AFA República Argentina
Tel. (541 -14) 305 06 33
Fax: (541 -14) 304 78 20
E-mail: obelisco@edicionesobelisco.com

ISBN: 84-9777-315-2
Depósito Legal: B-44.647-2006

Printed in Spain

Impreso en España en los talleres gráficos de Romanyà/Valls, S. A.
Verdaguer, 1 - 08076 Capellades (Barcelona)

Dedico con amor este libro
a todos los estudiantes de metafísica
que buscan la verdad

Prólogo

Ha sido un honor para mí contribuir a la autoría de *Cambie su aura, cambie su vida*. Conozco a Barbara desde hace muchos años, y los cambios que he experimentado como consecuencia del trabajo con el aura y la energía espiritual han sido milagrosos. En mi caso, no se trató tanto de la superación de un trauma o una tragedia personal. En realidad, yo llegué desde una vida familiar plenamente estable. Crecí con el amor de mis padres y de un hermano que es mi mejor amigo. Lo que yo tenía era un inextinguible deseo de introducirme en los aspectos espirituales de mi vida, y ese deseo se ha plasmado, a través de mi relación con Barbara y con su trabajo, hasta un grado que yo no imaginaba que fuera posible.

En la época en la que comenzamos a trabajar juntos, Barbara tenía una información muy poco organizada en lo relativo a estas maravillosas enseñanzas. Había estado enseñando durante muchos años, pero la mayor parte de las instrucciones se daban de forma oral. Para aquellos que han estado con grandes almas o han aprendido de ellas, este misterio resulta comprensible pues, con frecuencia, la gente que está alrededor de tan inspirados maestros tienen el deber de organizar y distribuir las enseñanzas recibidas. Sigue siendo tarea del maestro mantener la conexión espiritual necesaria para ser efectivo y preciso. Así pues, además de convertirme en alumno suyo, nos convertimos en compañeros de escritos, lo que con el tiempo nos ha llevado a colaborar en *Cambie su aura, cambie su vida*.

En todo el tiempo que conozco a Barbara, sus enseñanzas han sido consecuentes y fidedignas. En ningún momento he tenido motivos para cuestionar la integridad de sus instrucciones. He sido testigo de muchas curaciones y transformaciones, lo cual demuestra la validez y la utilidad de la energía espiritual.

No hay libro que pueda sustituir la experiencia directa de trabajar con el aura y con la Luz Divina. Sin embargo, espero de todo corazón que *Cambie su aura, cambie su vida* haga que el maravilloso viaje hacia la iluminación sea un poco más brillante y comprensible para usted, como lo ha sido para mí.

DIMITRI MORAITIS, colaborador

Introducción

Una milagrosa fuerza espiritual opera en cada ser humano. Aunque invisible para los sentidos físicos, está plenamente viva y activa. Forma parte de nosotros, y nosotros formamos parte de ella. A esta fuerza se la conoce como campo de energía humano: el aura.

En las páginas que vienen a continuación, exploraremos lo que es el campo áurico y cómo mejorarlo trabajando con la energía espiritual. Este libro está diseñado para que sirva de manual de formación sobre cómo trabajar con el aura para mejorar la calidad de vida. Ofrece una potente herramienta de meditación con la cual acceder a una fuente ilimitada de poder espiritual, una herramienta que es sencilla y fácil de seguir.

La profundidad de las actividades que tienen lugar dentro de cada ser humano, invisibles para los ojos físicos, es verdaderamente sorprendente. Para cualquiera que haya estudiado este tema, hay un hecho que resulta tan claro como el cristal: hay muchas más cosas en la parte invisible de la vida que en la parte visible. Espero, al menos, que este libro le dé un conocimiento mayor de sí mismo, de quién es usted realmente, y de su ilimitado potencial como ser espiritual.

Todos los procesos espirituales aquí descritos proceden de mis propias observaciones clarividentes. Nací con el don de la visión espiritual; para mí, la clarividencia es algo natural en la vida. Desde mi más temprana infancia pude ver las auras, y también tuve incontables visiones espirituales. Estas experiencias siempre me parecieron normales. En realidad, siendo pequeña, yo suponía que todo el mundo veía lo que yo veía. Fue una dura constatación el descubrir que no era así.

La clarividencia («visión clara») es la capacidad para observar los procesos espirituales de la vida que, normalmente, son invisibles. Yo tenía unos tres años de edad cuando se me abrió la visión espiritual al maravilloso mundo de las auras. Empecé viéndolas alrededor de las personas y de las cosas. Aunque no sabía muy bien lo que estaba viendo, recuerdo observar las auras de mis padres y mis hermanos y percatarme de cómo cambiaban los colores según sus estados de ánimo y sus acciones. Me recuerdo a mí misma también dando paseos por el campo y viendo las auras alrededor de los árboles y de las flores, y pensando en lo hermosa que es la vida, constatando que Dios está en todas partes.

Cuando tenía cuatro años, tuve una experiencia que me enseñó una importante lección acerca de mis capacidades. Mi padre era un sacerdote ortodoxo griego con unas magníficas habilidades en ingeniería. La archidiócesis le envió a varias ciudades a construir iglesias y, después, fomentar la congregación. Lo hizo en muchos lugares de todo el país, siempre con gran éxito. Como consecuencia de ello, nuestra familia se hallaba en constante movimiento, lo cual no siempre era fácil para nosotros. Yo tenía tres hermanos y dos hermanas, y vivir con el salario de un sacerdote era toda una hazaña, en especial si tenemos en cuenta lo mucho que nos movíamos. Se podría escribir un libro contando cómo se las ingeniaba mi madre para que estuviéramos felices y bien atendidos. Ciertamente, hizo un gran trabajo.

Un día, fuimos todos a la consagración de una nueva iglesia. Era un importante acontecimiento y, claro está, nuestra familia era parte importante en él. Había venido el arzobispo de la archidiócesis de Nueva York. Había miles de personas. El arzobispo tenía un porte regio, resplandeciente con su tiara y su cruz ante el altar. A su lado, a derecha e izquierda, había dos obispos que oficiaban con él. Observé el aura del arzobispo y me encontré con que su campo de energía era sumamente amenazador. En vez de ser brillante, de colores inspiradores, era oscuro, de colores grotescos. Sin embargo, el obispo que estaba a su derecha, inferior en rango, tenía un aura muy hermosa, con unos impactantes colores de reflejos de perla.

En la fe ortodoxa griega, es costumbre besar la mano del arzobispo, del sacerdote o del obispo oficiante. Cuando nos llegó el turno de bajar a la nave y de besarle la mano al arzobispo, yo me negué. Mi madre insistió. Y, delante de toda la congregación, grité: «¡No, es un monstruo! ¡Come niños!». No hace falta decir que mi madre me sacó de allí y me dio una buena zurra.

Y así aprendí que este don podía ser tanto una bendición como una maldición. ¿Quién quiere ver energías desagradables alrededor de alguien, en especial un miembro de la familia o alguien amado? Aprendí a guardar silencio acerca de lo que veía y a bloquear estos dones cuando lo necesitaba, para no verme abrumada.

Durante mi adolescencia, empecé a darme cuenta de que no sólo era posible observar el aura, sino también cambiarla y mejorarla. También me di cuenta de que no estaba sola en este proceso, de que me estaban ayudando seres del mundo espiritual. Desde mi infancia, podía verlos pero, a medida que fui creciendo, fueron dejando sentir su presencia más y más.

A partir de los veinte años me embarqué en un programa de entrenamiento con estos seres espirituales, que me instruyeron en muchas facetas del mundo espiritual. Con el tiempo, este entrenamiento me llevaría a convertirme en maestra de metafísica, y me conduciría a la mayor parte de los principios que se imparten en este libro. También tuve unos cuantos maestros espirituales en el mundo material que me enseñaron y me ayudaron a prepararme para los rigores de la enseñanza.

Cuando me llegó el momento de comenzar mi trabajo profesional, tuve muchas dudas. Yo estaba trabajando en una compañía de seguros en aquel momento, era madre soltera de dos niños y el trabajo espiritual parecía una aventura arriesgada, aun cuando conociera su valor. También sabía la responsabilidad que suponía ser maestra espiritual, y no estaba segura de estar preparada para la tarea. Sin embargo, fueron muchos los que pensaron que yo tenía algo que ofrecer, y me animaron a ello, incluso de las formas más inusuales. Por entonces, yo tenía poco más de treinta años, y dejé mi empleo y me puse a enseñar metafísica a tiempo completo. Vengo haciendo esto desde entonces.

Me gustaría resaltar que los ejercicios de este libro no son, en modo alguno, sustitutivos de un asesoramiento profesional cualificado. Habrá veces en que sus propios esfuerzos espirituales no sean suficientes para remediar un estado, y precisará de ayuda externa bien preparada. Ciertamente, si usted está sufriendo de graves trastornos físicos o psicológicos, debería consultar a un médico, a un psicólogo o a un sanador espiritual experimentado para complementar cualquier trabajo espiritual que usted emprenda.

Una nota acerca de las ilustraciones: aunque he hecho todos los esfuerzos por mostrar el aura con la máxima precisión posible, es inevitable cierta dosis de interpretación. Además, es casi imposible ver el aura al completo al mismo tiempo. Cuando leo el aura de una persona, me concentro en una parte antes de ir a la siguiente. En estas ilustraciones áuricas, he intentado mostrar cualidades específicas del aura, así como el aura humana como un todo. La mayoría de estas interpretaciones son secciones cruzadas de las auras descritas. En realidad, el aura es sumamente tridimensional, y tiene movimiento.

Me gustaría dar las gracias a muchos amigos, a miembros de mi familia, a colegas y a los alumnos que me han apoyado pacientemente durante la elaboración de este libro. Ha estado muchos años en preparación. Me gustaría manifestar también el debido reconocimiento a mi colaborador, Dimitri Moraitis, por su incansable trabajo. Dimitri ha sido un alumno dedicado y amigo durante muchos años, y ha desarrollado una comprensión exhaustiva de los conocimientos que se presentan aquí. He recurrido a buena parte de conocimientos del pasado, así como a la inspiración más fresca para el material de este libro. El trabajo de Dimitri consistió en extraer la información de un modo organizado y literario. La forma que ha tomado este volumen se debe en gran medida a su contribución creativa.

Espero que esta obra le inspire para alcanzar nuevas alturas espirituales. Llevo muchos años enseñando, y ha sido sumamente gratificante ver de qué modo el trabajo con la luz ha ayudado a muchas personas a crecer y a expresar gran parte de su verdadero potencial. Alguien dijo una vez que es maravilloso construir puentes o grandiosos edificios, pero que la hazaña más grande de todas es construir hombres. No puedo estar más de acuerdo.

BARBARA Y. MARTIN

Cómo el aura
refleja su vida

Capítulo 1

Su cuenta corriente espiritual

Imagínese una cuenta corriente a su nombre, sin límite de disposición de efectivo, esperando que usted la use. Lo primero que me dirá usted es que eso es imposible pero, si usted viera la cuenta y fuera realmente capaz de sacar dinero, las cosas cambiarían, ¿no?

Justo en este mismo momento, usted puede utilizar una reserva de energía espiritual ilimitada que puede serle de gran ayuda en todos los aspectos de su vida. Considérela como una cuenta corriente espiritual. ¿Necesita más amor en su vida? Ingrese la energía que es la personificación del amor. ¿Busca una nueva inspiración? Pida la energía que inspire nuevas ideas. ¿Y qué tal si mejoramos en prosperidad? Ingrese esa fuerza que se manifiesta en riqueza. La cuenta espiritual de la Luz Viva es bastante más valiosa de lo que cualquier cuenta de dinero pueda ser jamás, y no se le pide nada, salvo que la utilice.

Este don de Dios es una de las claves esenciales para llegar a tener una vida mejor. Haciendo uso de esta cuenta espiritual, puede acelerar en gran medida sus progresos personales y espirituales. Puede producir lo que quiera con más rapidez, resolver problemas personales con más eficacia y ser capaz de ayudar a los demás en mayor medida.

Esta fuerza divina puede percibirse como una luz brillante e iridiscente, con colores mucho más hermosos que cualquier color que pueda usted encontrar en el espectro físico. La luz espiritual tiene su propia fuente y su propósito, y es muy diferente de la luz que vemos con los ojos físicos. Yo he visto esta luz espiritual enderezar relaciones, sacar a las personas de una depresión con riesgo de suicidio, sanar abusos físicos, mentales y sexuales, crear matrimonios armoniosos, ayudar a superar adicciones y perversiones, sacar a la gente de un desastre financiero y llevarlos hasta alturas espirituales que nunca habían soñado. Cuanto

17

❁

más se dedican a sí mismas estas personas, más puede trabajar la luz en ellas. Algunas de estas transformaciones fueron instantáneas, otras llevaron más tiempo, pero todas tuvieron lugar.

A lo largo de los siglos, se ha representado la luz espiritual en las escrituras, en la literatura y en el arte. En el Génesis, una de las primeras cosas que hizo Dios fue hacer la luz. En el Nuevo Testamento, la paloma de la paz bendice a la humanidad dejando salir de su boca rayos de luz. La Luz de Cristo cegó momentáneamente a Saulo cuando iba camino de Damasco. En innumerables imágenes se ve a ángeles y arcángeles irradiando luz a las almas sufrientes con el fin de sanarlas y restablecerlas; la mayoría de las bendiciones muestran el recipiente envuelto en luz. Las personas que hablan de experiencias cercanas a la muerte hablan casi siempre de la existencia de una luz esplendorosa. La Luz Divina es el telón de fondo de casi cualquier situación celestial hipotética, y el punto central de todas las religiones.

Si ha estudiado usted metafísica, estará familiarizado con la luz blanca. La gente la utiliza en situaciones específicas, como en caso de tener que protegerse o de iluminar una situación. La imagen es muy potente: la luz disipa la oscuridad. La luz blanca es, decididamente, parte de nuestra reserva espiritual. Además, existe un vasto surtido de energías espirituales a su disposición para que pueda desarrollarse, tanto personal como espiritualmente. Y, del mismo modo que la luz física se puede dividir en sus colores espectrales, la luz espiritual le llega a usted en rayos de distintos colores, sirviendo cada rayo a un propósito espiritual distinto.

¿Y cómo encaja su aura en todo esto? En primer lugar, su aura es energía. Todo lo que siente, piensa y hace irradia una energía espiritual que se manifiesta en colores e intensidades definidas. Esta esencia es el aura. Es a través del milagro del aura como la Luz Divina se expresa en usted. Su aura, por tanto, es una expresión individual de la Luz Divina en acción. Y, del mismo modo que la reserva espiritual es su cuenta corriente divina, su aura es un extracto de cuentas espiritual que registra y guarda constancia de cómo está usando usted esa energía espiritual. Cuando usted saca energía espiritual, lo primero que hace es ingresar esa energía en su campo áurico, antes de darle uso en su vida. Así, si hace un cambio en su aura, se dará automáticamente el cambio correspondiente en su vida. Cambie su aura, y cambiará su vida. Ésta es una de las leyes espirituales.

La energía espiritual se puede definir como la Luz Divina que impulsa la fuerza vital de Dios en toda la creación. Es decir, tiene que haber un poder que nos envíe a cada uno de nosotros el amor de Dios, la paz de Dios, la sabiduría de Dios y todos los atributos de Dios. La luz espiritual es ese poder por el cual se realiza este objetivo. Sin este conducto energético, no habría modo de recibir nada de Dios.

La luz espiritual es parte de las radiaciones divinas que emanan del corazón y de la mente de Dios. Es esta energía la que sustenta toda la vida, y es el poder que hay tras toda actividad, física y espiritual. Desde su estado más puro, la luz fluye desde las esferas y planos más elevados de la creación en diversas gradaciones, para satisfacer gran cantidad de aplicaciones. Si usted necesita más amor, la luz le traerá un flujo de Amor Divino. Si necesita prosperidad, la luz asumirá una cualidad diferente y le traerá la consciencia de la riqueza.

Cuando la luz fluye desde esta fuente celestial hasta su aura, genera el poder espiritual necesario para crear aquello en lo que usted esté concentrando su atención. Por darle un ejemplo personal, cuando mi hermano mayor Philip era joven, quería ser cantante de ópera. Tenía una voz increíble, y todos creían que estaba destinado a triunfar en ese mundo. Cuando comenzó, tenía poca preparación y poco dinero. Su profesor de canto le daba lecciones adicionales, porque era consciente de su potencial. En el aura de mi hermano, pude ver el poder espiritual conectado con el talento creativo; una brillante luz de un azul eléctrico. También veía una energía azul violáceo más profunda, que era indicio de su determinación para triunfar en este arte. Estos colores eran los comienzos de lo que sería el cumplimiento de su propósito espiritual. Con el paso de los años, con preparación y con esfuerzo, los colores de su aura se fueron haciendo poco a poco más brillantes, a medida que su talento y su habilidad se incrementaban. En un momento determinado, empezó a verse un turquesa resplandeciente en la energía que entraba en su aura, indicio de prosperidad. Esta energía se mostró incluso antes de que la prosperidad se materializara en su vida. Fue entonces cuando supe que había algo bueno para él a la vuelta de la esquina. Su aura tenía todas las señales del éxito y, efectivamente, no tardó en tener mucho éxito en su campo.

Todos tenemos la capacidad para cambiar y mejorar. A despecho de dónde estemos o de lo que hayamos hecho con nuestra vida, todos estamos aquí con un propósito, y se nos han dado las herramientas espirituales para llevarlo a cabo. Trabajando con nosotros mismos atraeremos las energías espirituales que mejorarán nuestra vida. Todos atravesamos por experiencias de aprendizaje y crecimiento, al tiempo que, tras este proceso de perfeccionamiento, también vamos consiguiendo un mayor poder espiritual, que es la clave para que se manifiesten los frutos de nuestros esfuerzos.

Su inyección espiritual

La acción más importante que usted puede llevar a cabo es generar luz. Es la clave de todas las actividades en la vida. Usted genera luz con cada pensamiento, palabra, acción y sentimiento constructivo. Todas las cosas positivas que usted hace, por pequeñas que sean, se reconozcan o no, se le adhieren a usted. Cuanta más luz genere, más brillante se hará su aura y más se elevará su consciencia. Éste es el motivo por el cual es tan importante conducirse de un modo espiritual y tratar a sus semejantes de forma bondadosa.

Usted quizás pregunte: «¿Y por qué no basta con ser una buena persona?». Y yo le pregunto a mi vez: ¿Por qué no hace simplemente las cosas lo mejor que puede y deja que Dios haga el resto? ¿Por qué no se introduce en este proceso concentrado de trabajo con el aura y con la energía divina? Evidentemente, hacer el bien y ser bueno es parte esencial del crecimiento espiritual. Es el sello distintivo de un alma evolucionada. Pero el ser bueno, en sí, no completa la totalidad del cuadro espiritual. Para tener éxito en su crecimiento personal y espiritual, usted tiene que combinar una naturaleza amorosa con unas herramientas espirituales eficaces. Habrá muchas veces en que se quedará atascado en algún punto de su búsqueda espiritual, y podrá obtener grandes beneficios haciendo uso de su reserva espiritual. ¿Cuántas veces ha sido consciente de un problema o de una deficiencia y ha estado motivado para corregir esa deficiencia pero, hiciera lo que hiciera, el cambio no tenía lugar? Pero ¿cómo puede propiciarse ese cambio, si el poder para hacer que ocurra no está ahí?

Permítame que le dé unos cuantos ejemplos de cómo trabajar con la energía espiritual que permite acelerar el cambio. Tuve una alumna que me preguntó si yo podría ayudar a su hermana. Ésta era diseñadora de ropa, y fui a verla a un pequeño estudio que tenía en Hollywood. Cuando entré, vi a una mujer atractiva y de aspecto amable, pero de aspecto descuidado, y como confundida. Llevaba el cabello despeinado, y tenía ojeras debido a la falta de sueño. A pesar de ser una brillante diseñadora, llevaba una chaqueta desastrada, y sus ropas parecían compradas en una tienda de saldos. Evidentemente, había ocurrido algo dramático, y necesitaba ayuda desesperadamente. Me dijo que no había comido casi nada en varios días, de modo que lo primero que hicimos fue ir a un restaurante para que comiera algo.

Me contó su historia con rapidez. Resultaba que su marido, que era también su socio en los negocios, acababa de dejarla, llevándose todo el dinero que tenían. Tenían un pequeño estudio de diseño que iba bien; sin embargo, por algún motivo, él había decidido fugarse con todos los fondos, dejándola sin un céntimo. Ella estaba intentando seguir con el negocio pero, sin fondos propios, había perdido todas las cuentas y el negocio se le había venido abajo rápidamente. Incluso se quedó sin su casa. Cuando la conocí, dormía en el estudio y utilizaba la mesa de patrones como improvisada cama. Estaba confusa, furiosa, desconcertada y frustrada. No podía entender que su marido, que le había ayudado a pagar sus estudios en la escuela de diseño y había puesto en marcha el negocio, se hubiera aprovechado de ella de aquel modo tan cruel y despiadado.

Cuando nos encontramos, me di cuenta de que se trataba de una persona con mucho talento. En su aura había azul eléctrico y azul cielo, indicio de talento e inspiración. También era espiritualmente astuta, por la luz dorada y blanca que tenía sobre la cabeza. Pero había permitido que su mala experiencia enmarronara muchos aspectos de su aura, y estaba muy desorientada. Había mucho gris, indicio de miedo y preocupación. También había una energía áspera y broncínea que indicaba aletargamiento: la traumática experiencia le había generado cierta neblina mental. Aunque lo estaba intentando, no tenía ni idea de cómo salir del apuro. Estaba muy enfadada con su marido, y eso se traducía en un rojo sucio. También había energías de un marrón oscuro, de un verde oscuro y un poco de negro alrededor de los aspectos emocionales de su aura. Estos colores reflejaban sus oscuros sentimientos y deseos de venganza.

Le dije que podría ayudarla si estaba dispuesta a trabajar en ello. Felizmente, estaba muy dispuesta, y se puso a trabajar con la luz de inmediato. Trabajaba con la energía espiritual a diario, y utilizaba diligentemente muchas energías para dejar hecho su trabajo. Para su sorpresa, comenzó a sentir los efectos de la luz de inmediato, y poco después empezó a recuperar la esperanza y el optimismo que necesitaba para que su vida volviera a funcionar. Utilizó los rayos purificadores para desprenderse de los pensamientos y los sentimientos oscuros que construía en su interior. Utilizó las energías dinámicas para reavivar la confianza en sí misma, dado que la experiencia vivida le había dejado la autoestima muy baja. Trabajó con las energías equilibrantes para devolver a su vida la armonía y el ritmo espiritual. Hubo que trabajar mucho con el perdón a través del rayo del amor, así como operando con las energías reenergetizantes para elevar su vitalidad y su poder espiritual.

Al cabo de tres meses, su diligencia le trajo los resultados deseados. Su aura había mejorado espectacularmente. Era mucho más brillante y más luminosa. Ya no había colores grises y marrones. Las ansias de venganza contra su marido habían desaparecido, y le había perdonado. Las energías desordenadas que le ensombrecían el pensamiento se habían desvanecido, y ahora su cuerpo mental era agudo y claro, con amarillo limón y plata. El verde esmeralda también era fuerte en su aura, demostrando que su vida estaba mucho más equilibrada y su pensamiento mucho más claro. Pero quizás lo mejor de todo es que volvía de nuevo a expresar su naturaleza amorosa, que se traslucía en una profunda luz rosada. La manera de conducirse cambió, y era mejor persona de lo que había sido nunca.

Este cambio en el aura se reflejó notablemente en su vida. Encontró un lugar donde vivir, con un estudio donde seguir con sus diseños.

Aunque el negocio que iniciara con su marido ya no existía, se matriculó de nuevo en la escuela para aumentar su competencia, y no tardó en encontrar trabajo como diseñadora en una empresa de manufactura. ¡Había aterrizado de pie y estaba prosperando! Y le está yendo bien desde entonces. En la actualidad, es una ejecutiva de altos vuelos en Nueva York. Otra maravillosa bendición es que las dos nos hemos hecho grandes amigas. Ése es el poder de la energía espiritual.

En otra situación, asesoré a un comprador compulsivo. Estaba casado, con cuatro hijos, y tenía un buen sueldo como contable. Sin embargo, estaba en aguas profundas, económicamente hablando, debido a que gastaba más de la cuenta. Se compraba coches, veleros o cualquier otra cosa que se le pasara por la cabeza, hasta que se quedó sin dinero. Ni siquiera tenía suficiente para atender a su familia, e iba siempre con el agua al cuello. Su mujer estaba tan estresada por su comportamiento que terminó dejándole. Sus hijos estaban igualmente enfadados con él. Sabía que estaba causando un gran dolor pero, en el furor de una compulsión galopante, se sentía impotente para resistirse.

Fue a varios psiquiatras en busca de ayuda. En terapia, descubrió que sus problemas tenían su origen en las experiencias tenidas con sus padres en la infancia. Patológicamente frugales, le habían negado siempre los juguetes o cualquier otra cosa que deseara. Toda vez que deseaba algo, normalmente se lo negaban. Como consecuencia de ello, siempre se había sentido necesitado y emocionalmente inseguro. Ahora, siendo ya adulto, y ganando mucho dinero, había sentido un impulso intenso de sobrecompensación, comprándose todo aquello que deseaba; compraba sin planteárselo dos veces, y compraba ya. Sin embargo, ni siquiera su reciente descubrimiento interior pudo impedir que siguiera comprando compulsivamente.

Cuando lo conocí, fue muy franco acerca de sus problemas. Era un buen hombre, y realmente quería cambiar las cosas y salvar su matrimonio. Por suerte, se mostró abierto a trabajar con la luz. Su aura indicaba que la energía negativa que estaba creando no había tenido tiempo de asentarse, pero que obviamente tenía diversas zonas que trabajar. De la parte mental de su aura irradiaban energías amarillo limón y plateadas, prueba positiva de una buena mentalidad. Sin embargo, estaba ensombrecida por unas energías grises mezcladas con amarillo mostaza, que indicaban depresión y desorientación. Había también una nube gris de preocupación encima de su cabeza, nacida del desasosiego que le generaba su situación.

A pesar de las vibraciones de preocupación que había a su alrededor, el naranja brillante de su aura le mostraba como una persona optimista. Una energía azul deslumbrante en la parte emocional de su aura declaraba su pasión por la vida. Siempre estaba ahí, intentando conseguir el máximo.

22

Su deseo obsesivo de cosas materiales se veía en su aura como una energía roja brillante. El hecho de que esta energía fuera brillante revelaba que no había nada inherentemente equivocado en su deseo de tener cosas. Su problema se centraba en la forma de obtener lo que quería. Sin embargo, tenía también un marrón achocolatado, que significaba que podía ser mezquino, lo cual daba cuenta de su falta de atención a las necesidades de su familia.

En la parte superior de su aura, un poco más allá del caparazón, había algunas formas de pensamiento abultadas. Una forma de pensamiento oscura, verdinegra, en su lado derecho, indicaba envidia, así como despecho hacia aquellos que tenían más dinero o más pertenencias que él. En la izquierda, tenía otro pensamiento forma de un rojo sucio. Esto era indicio de su actitud agresiva de estar siempre un escalón por encima del que está al lado, sin importar en qué.

Afortunadamente, debido a su formación contable, se había hecho muy disciplinado, y fue capaz de consagrarse a su trabajo de transformación. En primer lugar, se esforzó por desprenderse de la ira que guardaba contra sus padres. Haciendo uso de la luz blanca, transmutó los viejos recuerdos y frustraciones que sentía por no haber podido conseguir lo que quería cuando era niño. Trabajó con el fuego blanco azulado para potenciar la nueva fuerza vital, y el rosa oscuro para perdonar a sus padres por lo que habían hecho. Poco a poco empezó a darse cuenta de que sus padres habían sido libres de decidir las cosas que le daban o no. Habían tenido sus propias razones, y él no podía culparles por ello. Trabajó también con la llama rojo-naranja para desprenderse de las formas de pensamiento de comprar compulsivamente que había generado como resultado de su ira. Acumuló una buena cantidad de luz dorada y plateada para iluminar la inmadurez de sus acciones y para introducir lógica y disciplina en sus hábitos de compra. Finalmente, trabajó con el rayo verde esmeralda para regular y estabilizar sus hábitos de pensamiento.

En cuanto se puso manos a la obra consigo mismo, comenzó a utilizar la luz rosa oscuro con su familia, con el fin de que le perdonaran. Rezó para que su esposa volviera con él y, cuando ella vio que sus costumbres habían cambiado de verdad, le perdonó y volvió con él, pues seguía estando enamorada de su marido. El proceso en su totalidad duró alrededor de un año, pero salvó su matrimonio.

Su aura brillaba ahora mucho. Aún tenía el plateado y el amarillo limón en su centro mental, pero ya no estaban las energías letárgicas y depresivas, así como tampoco estaban los destructivos pensamientos forma que invadían su aura. Tenía mucha luz rosada, lo cual demostraba el alto grado de amor que había desarrollado. También manifestaba una hermosa energía azul violáceo, que demostraba la profunda lealtad que tenía ahora por su familia. Ya no volvería a poner sus propios deseos y ambiciones por delante de las necesidades de su familia. Una brillante luz verde esmeralda expresaba el equilibrio y la armonía que estaba sintiendo ahora. Dejó de gastar consigo mismo y utilizó el dinero en las necesidades familiares. Ahora, con los hábitos de compra bajo control, y con sus habilidades contables como ayuda, fue capaz de saldar sus deudas.

¿Acaso estas personas podrían haber resuelto sus problemas solas, sin hacer uso de la cuenta corriente espiritual? Por supuesto, podrían haberlo hecho, pero habría sido un proceso lento y agotador, probablemente con muchos reveses antes de lograr ponerse en pie de nuevo. La cuestión es: ¿por qué pasar por una lucha y unos contratiempos innecesarios, cuando Dios le permite acceder a la energía espiritual que, decididamente, le va a facilitar el crecimiento?

La vida le da todo el tiempo que necesita para alcanzar el gran objetivo de mejorarse a sí mismo. Sin embargo, en cuanto nos despertamos a las grandes posibilidades de la vida, está mucho más motivado para buscar su desarrollo espiritual. Extrayendo fondos de su cuenta corriente espiritual, usted puede hacer cambios en su vida más rápida y efectivamente, y sus oportunidades de logro serán mayores que si lo hiciera a su manera.

Cómo utilizar este libro

En las páginas que vienen a continuación hay muchos ejemplos de cómo trabajar con la luz en situaciones prácticas. Sin embargo, para sacarle el máximo partido a este libro, quiero que piense en su trabajo con la luz no sólo como una buena oportunidad ante los retos cotidianos de la vida, sino también como una oportunidad para acercarse a Dios. Ése es el propósito último del trabajo con la luz. Utilizando la luz como ayuda en los desafíos de la vida, usted está acercándose a Dios en Su infinita variedad, se está acercando a Su amor, Su paz, Su alegría, Su sabiduría, etc.

No hace falta decir que usted obtiene esta luz espiritual sólo con propósitos constructivos. La luz no es un genio ni una varita mágica diseñada para complacerle en todos sus caprichos, sino una herramienta divina de su arsenal espiritual. Es una oportunidad para invitar a Dios a que se acerque a su vida. Si usted utiliza la luz de forma benévola, por el bien de todos, el acceso a su reserva espiritual se verá fortalecido e incrementado de forma natural. Si hace un mal uso de la luz y lo hace de forma persistente o maliciosa, le será imposible extraer más luz de esa reserva hasta que vuelva al camino recto.

La luz espiritual facilita el cambio al darle a usted el poder de adentrarse en una mayor conciencia espiritual de la vida. Ése es el secreto de la luz espiritual. A medida que usted extraiga más poder para introducirlo en su aura, irá expandiendo su conciencia espiritual. La luz y la conciencia caminan de la mano. Cuanta más luz tenga, más alto en la conciencia podrá llegar. Y, cuando la conciencia se eleva, el cambio es inevitable.

Por ejemplo, una enfermera que venía a mis clases era escéptica respecto a la luz. Estaba consagrada a ayudar a la gente, pero pensaba que algunas de estas ideas metafísicas eran poco creíbles. Una noche, mientras esperaba en un bar con sus amigos para cenar, dos hombres, cerca de ella, se pusieron a discutir a voz en grito. La discusión no tardó en convertirse en pelea. Aquella misma semana, ella había aprendido algo sobre la sanación de las relaciones a través del rayo del amor, de modo que decidió poner a prueba el poder del rayo. Mientras los hombres discutían, pidió en silencio recibir el rayo rosa oscuro del amor espiritual y, para su sorpresa, la pelea se detuvo a los pocos minutos. Los hombres se miraron entre sí, preguntándose por qué estaban peleando, y resultó que eran buenos amigos que estaban un poco bebidos y discutían por una nimiedad. Terminaron dándose un abrazo y pagándose otra copa uno a otro.

La mujer se quedó muda de asombro. A la semana siguiente, vino a clase y contó su extraordinaria experiencia. Su escéptica mente podría haber desestimado aquel asunto como una simple coincidencia, pero en el fondo sabía que no era así, y dijo que nunca volvería a dudar del poder de la luz.

¿Cómo detuvo la luz la pelea de aquellos dos hombres? La luz no detuvo la pelea. La luz ayudó a aquellos hombres a recibir un acelerón espiritual de amor, de modo que pudieron percatarse de lo que estaban haciendo. Una vez acelerados, optaron ellos solos por dejar de pelear. El hecho de que fueran ya buenos amigos hizo más fácil que recibieran la luz. Y, aunque la enfermera no era una firme creyente, el hecho de que estuviera deseosa de darle a la luz una oportunidad la convirtió en una emisaria eficaz.

Así pues, al atraer la luz atraemos más conciencia divina de aquello en lo que estemos trabajando. Si estamos pidiendo luz para fomentar la prosperidad, estaremos atrayendo realmente más conciencia divina de prosperidad para crear las condiciones de la abundancia. O si estamos pidiendo la luz para recibir paz, estaremos expandiendo nuestra conciencia de la paz divina, que creará una situación más pacífica a nuestro alrededor, y así sucesivamente. Bajo el paraguas de la luz espiritual, todas nuestras interacciones y situaciones terrenas se convierten en oportunidades mediante las cuales podemos crecer y desarrollarnos. La vida cotidiana se convierte en una experiencia sagrada. Y, mientras crecemos, empezamos a ver la luz de la vida a nuestro alrededor: en el rostro de un amigo o de un miembro de la familia; en un momento de adversidad o en el éxtasis de la inspiración; en la persona sin hogar que saludamos camino al trabajo todos los días; en todas nuestras dichas e infortunios.

Ver la luz

Una de las preguntas que más me suelen formular es: «¿La luz funcionará conmigo si no puedo verla?». ¡Claro que funcionará! La luz funciona con usted siempre. En realidad, usted atrae la luz ya, pero probablemente no se da cuenta de ello. Sin esta energía espiritual, usted no existiría. Usted depende de su firme flujo nutritivo para mantenerse vivo espiritual y físicamente. Es un poder que se atrae inconscientemente, del mismo modo que su mente subconsciente controla y regula el 98% de sus funciones corporales.

Cuando usted empieza a trabajar con la luz, quizás no vea la energía en actividad. Esto es del todo normal; es lo que sería de esperar. Pero no necesita ver la luz, del mismo modo que no necesita ver su corazón para saber que está latiendo. La mayoría de las personas comienzan sintiendo la luz como un torrente de energía, como una vibración física o como calor. Independientemente de cómo la perciba, la luz comenzará a trabajar con usted de inmediato. A medida que trabaje con ella, se irá sintiendo más sintonizado con ella, y la luz se convertirá en su mayor aliada. La mayoría de las personas con las que trabajo no ven las energías, pero ven los efectos de la energía espiritual en sus vidas, y ésa es la clave. Así pues, cuanto antes comience a trabajar con la luz, antes verá los resultados.

La tradición metafísica

El estudio del aura y de la energía espiritual puede parecer nuevo, pero en realidad forma parte de un patrimonio que tiene miles de años de antigüedad. A esta antigua disciplina se la denomina metafísica.

La metafísica es el estudio de las raíces espirituales de la vida física. Proviene de una antigua palabra griega que significa «lo que viene después de lo físico». De este modo, la metafísica comparte objetivos similares con otras disciplinas nobles, como la filosofía, la espiritualidad en general, la teología, el misticismo, la teosofía y la ontología. Tradicionalmente, la metafísica tiene dos ramas: la teórica y la práctica. La metafísica teórica es principalmente una disciplina intelectual, practicada normalmente por eruditos y filósofos, y no es objeto de este libro. La metafísica práctica basa sus conocimientos y su comprensión en observaciones y experiencias espirituales directas. En su forma más pura, la metafísica superior es un arte sagrado. El estudio de la energía espiritual y del aura cae dentro de la esfera de la metafísica práctica. Todas las referencias metafísicas de este libro tienen que ver con esta aplicación práctica y superior.

Definición de términos

A lo largo de este libro, haremos referencia a ciertas palabras y haremos comparaciones concretas. Me gustaría aclarar algunos de estos términos básicos.

✦ La consciencia iluminada y la no iluminada

La consciencia iluminada es la que está compuesta por la conciencia de su yo divino. La consciencia no iluminada no tiene esta conciencia espiritual.

✦ Energía positiva y negativa

La energía positiva y la negativa no tienen nada que ver con la polaridad, como ocurre con la electricidad. En términos metafísicos, la energía positiva es energía espiritual cargada de esencia divina. Opera en frecuencias muy altas. Todas las referencias a la luz, a la energía espiritual, a los rayos de poder, etc., tienen que ver con esta energía positiva. La energía negativa es energía positiva corrompida mediante un mal uso de su propósito original. De este modo, la energía negativa está vacía de cualquier esencia divina. Como consecuencia de ello, su frecuencia se ha reducido enormemente y tiene un efecto agotador y destructivo sobre el aura. Cuando nos refiramos a este tipo de energía, se especificará claramente como tal.

✦ Evolución e involución espiritual

La evolución en metafísica supone un fortalecimiento o un despliegue de las cualidades del alma. La involución supone el deterioro o el estancamiento de la vida anímica. La evolución del alma no es, normalmente, una línea vertical hacia arriba. Hay altibajos, con movimientos ascendentes y descendentes, a medida que el alma evoluciona e involuciona en su proceso de crecimiento, hasta que se consagra firmemente a la vida espiritual.

✦ Divino – Espiritual

La palabra *divino* pertenece directamente al mundo de Dios, nuestra fuente original. La luz de la que hablamos en este libro es un término abreviado de Luz Divina, y hace referencia a las emanaciones espirituales que fluyen de la fuente de Dios.

La palabra *espiritual* tiene su raíz en la palabra latina *spiritus* (aliento, aire, aliento de vida), pero en la terminología metafísica es en realidad un término más genérico. Se refiere a todos los reinos que no son físicos. Es decir, la energía negativa sigue siendo, técnicamente, energía espiritual, porque no tiene un origen físico; sin embargo, debido a que está corrompida o pervertida, no es en modo alguno una energía divina. Pero, a menos que se especifique otra cosa, utilizaremos la palabra *espiritual* indistintamente con la palabra *divino* para dar a entender el mundo puro y superior de Dios.

Capítulo 2

Anatomía del aura

Una tarde, siendo yo muy pequeña, estaba jugando con mi pelota roja, mi pelota favorita, en la sala de estar de mi casa. Estaba botando la pelota por allí, por todas partes, cuando dio contra un mueble y se fue rodando a la cocina. Corrí tras ella. Mi madre estaba en el fregadero lavando platos. Estaba sola y cantaba felizmente mientras trabajaba. Agarré la pelota y la miré, por ver si había captado mi presencia. Pero no me había visto. De repente, mientras miraba a mi madre, vi un resplandor de luz a su alrededor. En aquel fulgor había todo tipo de matices rosados y lavanda burbujeando a su alrededor. Aquello me asombró, al tiempo que me fascinó. ¿Qué era aquello? Por un momento, pensé que estaba soñando. Recordaba haber visto pizcas de colores alrededor de la gente con anterioridad, pero esta vez era tan inequívoco, tan real… No había duda, estaba viendo el aura. En aquella época, yo ni siquiera sabía cómo se llamaba aquello, pero el aura pasó a formar parte de mi vida desde entonces.

En este capítulo, me gustaría explorar el fascinante mundo del aura. A pesar de los años que llevo trabajando con el campo de energía, aún me resulta cautivadora. Nos enseña mucho de nosotros mismos, y nos muestra que formamos parte de un proceso espiritual increíble. El campo áurico nos ofrece una poderosa idea de lo que somos como seres espirituales. Como hemos visto, el aura es crucial para nuestro crecimiento espiritual porque es donde primero se hacen los cambios en nuestra vida. Para generar cualquier situación, para verla manifestarse físicamente, primero tendrá que estar presente la energía espiritual. El aura es donde generamos ese poder espiritual. Comprendiendo cómo funciona, obtendremos una idea más adecuada de cómo hacer mejoras efectivas y duraderas.

Mientras le detallamos la anatomía del aura en este capítulo, intente captar la sensación del aspecto que tiene su propia aura. Repito que no tiene por qué verla para poder comprenderla. Conociendo sus distintos componentes y sabiendo cómo operan, usted podrá determinar dónde está en su campo de energía, incluso sin verlo. Esta evaluación de sus fortalezas y debilidades áuricas le dará una buena idea de dónde concentrar la luz en su campo de energía.

Se puede definir el aura como una esencia invisible (para el ojo físico) y vibratoria que envuelve a todos los seres vivos. Los seres humanos, los animales, las plantas y todos los objetos de la naturaleza desprenden un vapor o nube que es un indicativo de su verdadera constitución. Los objetos inanimados también tienen aura o emanaciones áuricas. El estado mental de una persona, su salud física, su naturaleza emocional y su constitución espiritual irradian energía, y todo eso, junto, constituye el aura. El filósofo de la antigüedad Ponchidio dijo: «el aura humana se puede describir como una irradiación o emanación sutil y etérea que envuelve a todos los seres humanos», si bien debería haber ido más allá para incluir a los animales, las plantas, etc.

El aura es, en esencia, una copia de las cualidades activas del alma. No es la verdadera alma, sino la expresión de ésta. Cuando atraemos energía espiritual por medio de nuestros pensamientos y nuestras acciones, esas energías se registran en el campo áurico. En el aura se manifiestan nuestros talentos, nuestras virtudes y nuestras debilidades. No es algo sobre lo que conjeturar. En la vida física, podemos ocultar a los demás nuestro verdadero carácter si así lo decidimos. Pero, en el aura, no puede haber ocultación ni engaño: nuestro verdadero carácter es perfectamente visible. Si hemos llevado a cabo malas acciones, esas malas acciones se registran en el aura. Si hemos hecho cosas maravillosas, esas energías maravillosas también aparecerán. Y también se nos muestran todas las variaciones intermedias. Como consecuencia de ello, el aura es del todo consecuente y fiable a la hora de exhibir nuestras cualidades y nuestra constitución espiritual.

¿Todo el mundo tiene aura? La respuesta es decididamente sí. Todas y cada una de las personas de este planeta tienen un campo áurico, independientemente de quiénes sean. El aura es algo común a todos. Aunque la persona tenga una enfermedad terminal, sigue teniendo aura. La única circunstancia en la que el aura disminuye en su poder es cuando una persona está a punto de hacer su transición desde esta vida terrestre. En este caso, el aura se disipa; o, más bien, junto con el alma, retira su poder del plano físico de la existencia y vuelve a su origen espiritual. Aparte de esto, el aura está siempre activa y es siempre visible.

En realidad, no necesitamos ver el aura para conocer cómo funciona o para conocer su poder. La mayoría de las personas puede sentir el aura, porque el aura vibra. La gente dice: «Oh, he sentido malas vibraciones de esa persona». ¿Por qué dicen esto? Aunque uno no pueda ver el aura, reacciona intuitivamente a su campo de energía. Como consecuencia de ello, las personas que tienen un aura extendida se sentirán automáticamente incómodas cuando estén en las proximidades de una persona de aura oscura, y mucho más contentas en torno a una persona que tenga un aura parecida, un aura brillante. Del mismo modo, una persona con un campo de energía muy oscuro se sentirá más a gusto con alguien de vibraciones parecidas que con alguien cuya aura sea muy brillante. El viejo refrán de «lo semejante atrae a lo semejante» es bien cierto en lo relativo al aura.

Lo más sorprendente del aura son sus dinámicos colores. Todo pensamiento y todo sentimiento irradian colores, colores que indican la cualidad del pensamiento o del sentimiento que se están expresando. Estos colores, para el ojo clarividente no entrenado, al principio parecen darse al azar, pero no es así. Cada color está ahí por un motivo específico y como resultado del modo particular en que hemos atraído y utilizado la Luz Divina.

A medida que cambiamos nuestros estados mentales y emocionales, así como nuestras acciones, el aura cambia en consecuencia. El cambio puede ser en ocasiones espectacular. Hay partes del aura que pueden estar tranquilas en un momento determinado, para impulsarse como llamas un momento después. Otras partes cambian de un modo más gradual a lo largo de un prolongado período de tiempo, a medida que cambia el carácter. Esta cualidad dinámica es nuestra tabla de salvación. Nunca estamos atascados con un aura de un modo particular.

La forma del aura

Comencemos nuestro estudio del aura echando un vistazo a su forma. El aura no es algo amorfo o vago: tiene una forma definida. En su mayor parte, esta forma permanece constante a lo largo de la vida. Hay otras emanaciones dentro del aura que pueden fluctuar, pueden dar la apariencia de que se contraen o se expanden, pero la forma básica sigue siendo la misma. Este «caparazón» es el armazón dentro del cual residen los demás aspectos del aura.

Dentro de la forma básica, hay bandas o zonas de diversos colores. Parecen compartimentos que rellenan la forma. Hay nueve de estas zonas. El cuerpo físico aparece contenido dentro de este caparazón y sus compartimentos. Estas zonas no se mueven, y sus colores cambian muy lentamente. Puede llevar toda una vida lograr que esos colores alcancen un estado plenamente iluminado. En general, los compartimentos superiores exhiben colores más brillantes, y muestran las energías iluminadas que la persona ha desarrollado, mientras que los compartimentos inferiores suelen ser más oscuros, y son indicio de que la persona está intentando trabajar con esas bajas vibraciones.

La forma redondeada (FIGURA 2.1A)

No es una forma redonda perfecta. Es ligeramente oval en la parte superior y en la inferior, pero en general tiene un aspecto redondo. La parte superior está aproximadamente unos quince centímetros por encima de la cabeza, y se extiende un poco más allá de la longitud de los brazos. El borde exterior es normalmente plateado o dorado, pero puede cambiar en función de las necesidades de la persona. El aura redondeada muestra un alma en proceso gradual de crecimiento espiritual.

La forma cuadrada (FIGURA 2.1B)

La forma cuadrada del aura es en realidad un poco más grande que la redondeada, y da la impresión de que la persona estuviera metida dentro de un cubo. El cuerpo físico está ligeramente descentrado dentro del caparazón, con más espacio bajo los pies que sobre la cabeza. La forma cuadrada indica un estado de consciencia involutivo. No nacemos con una forma áurica de este tipo. Con el tiempo y haciendo un repetido mal uso de la energía, el aura puede cambiar desde la forma redondeada a la forma cuadrada.

La forma oval apuntada (FIGURA 2.1C)

El aura de forma oval apuntada tiene puntas tanto en la parte superior como en la inferior. Es más o menos igual de amplia que la redondeada, pero se extiende hasta unos sesenta centímetros por encima de la cabeza y por debajo de los pies. La forma oval apuntada es la marca del maestro. La circunferencia es normalmente dorada, protectora. Las personas que tienen un aura con esta forma están muy cerca, o bien están preparadas ya, para florecer en su yo divino.

Divisiones del aura

Dentro del armazón áurico hay lo que llamamos divisiones. Muchas personas creen que el aura es una mezcla de manchas de colores y de símbolos cuando, de hecho, es una manifestación vasta e intrincada, al igual que el hombre. Y en ningún sitio se puede ver mejor esta complejidad que en las divisiones áuricas. Las divisiones se pueden ver en el caparazón áurico y a su alrededor. Cubren un amplio espectro de nuestra naturaleza, y juntas constituyen la suma total de nuestros rasgos de carácter. Mejorando las cualidades de estas divisiones, podemos mejorar enormemente la correspondiente calidad de nuestra vida.

La división de la salud (FIGURA 2.2A)

La división de la salud abarca la totalidad de la constitución física, incluidos los órganos, las glándulas, los tejidos y el estado general de la persona.

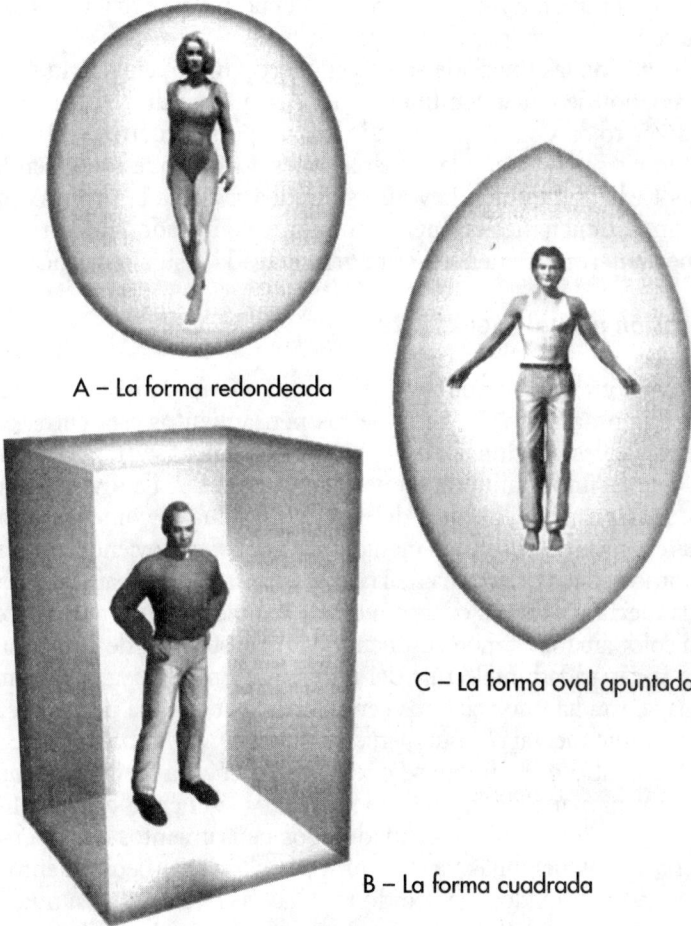

A – La forma redondeada

C – La forma oval apuntada

B – La forma cuadrada

FIGURA 2.1: Las tres formas áuricas

Esta división tiene líneas o estrías de salud que se mueven desde el cuerpo físico hasta el perímetro del caparazón áurico tanto a la derecha como a la izquierda. Cuando una persona disfruta de buena salud, estas estrías se muestran como unas energías fuertes, blancoplateadas, que brillan con luz trémula. Son excepcionalmente bellas de ver en este estado, y demuestran de inmediato que la persona goza de excelente salud. Cuando una persona cae enferma, las líneas de salud pierden parte de su brillo y cambian de color, pasando a un gris metálico apagado. Si la persona está muy enferma, las líneas se apagan mucho y caen cerca del cuerpo, dependiendo de la gravedad de la enfermedad. Y cuando una persona está próxima a morir, las líneas de salud están muy, muy cerca del cuerpo, y se deterioran aún más, adquiriendo una energía de un gris metálico oscuro.

Además de las líneas de salud, el cuerpo físico, en sí, irradia un aura de alrededor de cinco centímetros a todo lo largo de su contorno. Usted podrá ver rojos y naranjas cuando el cuerpo sea fuerte y robusto. Estas radiaciones se parecen a las emanaciones áuricas que se ven en las fotografías Kirlian. También hay auras alrededor de cada órgano. Los órganos sanos tienen normalmente un tono sonrosado, mientras que los órganos enfermos tienen un aura gris apagada a su alrededor.

La división mental (FIGURA 2.2B)

Esta división, que también se denomina cuerpo mental, se ocupa de nuestro pensamiento. La zona de los pensamientos está entre las regiones más fáciles de alterar en el aura y, por tanto, se trata de una de las áreas que es importante mantener claras y alertas. La división mental es una de las principales zonas del aura en las cuales comenzar el trabajo.

Las energías de la división mental se pueden ver moviéndose en la cabeza o en torno a ella. Por encima de la cabeza es visible una banda de color oro, que da fuerza y poder al cuerpo mental. También hay un resplandor de luz de un color amarillo limón coronando la parte superior de la cabeza, el cual indica la capacidad intelectual del individuo. En una persona normal, esta energía se irradia unos cuantos centímetros por encima de la cabeza, pero en un gigante mental o en un genio se puede extender bastante más.

En el centro de la frente se encuentra el chakra (centro) mental. Este centro forma parte de la división mental, y la energía que irradie estará en correspondencia con la calidad de los pensamientos de la persona. La mayoría de las personas va de aquí para allá entre pensamientos iluminados y no iluminados, chocando muchas veces entre sí. En muchas ocasiones, ni siquiera sabemos que estamos en un estado no iluminado. Nos sentimos confusos o desorientados, pero no lo identificamos como pensamiento no iluminado. Normalmente, sabemos cuándo nos encontramos en un estado iluminado porque hay cierta dicha implícita en él.

La división emocional (FIGURA 2.2C)

Esta división está ubicada en el plexo solar y sus alrededores, y se extiende hasta la parte exterior del aura. La división emocional es la sede de nuestra naturaleza emocional: buena, mala o indiferente. Si estamos enfadados, las energías, de un color rojo oscuro, se disparan como petardos, y pueden extenderse a cierta distancia si el estallido es muy intenso. Si estamos enamorados, se irradiarán bellos colores fucsia y rosados.

La naturaleza sentimental ocupa un lugar poderoso e intenso dentro del aura. Con frecuencia, actuamos en función de nuestra naturaleza sentimental, sin dejar que los niveles mentales dirijan nuestra vida. Todos sabemos de qué modo colorean la mente los sentimientos. La división emocional actúa como una especie de centro o ancla para el aura, equilibrando todo el campo áurico. La persona que domine sus emociones mostrará colores brillantes y radiantes en esta división, con naranjas, rosas, verdes o azules. Estas energías llegan bastante más lejos que las radiaciones mentales. El centro emocional está en mitad de esta división.

En una persona que sea muy destructiva emocionalmente, habrá marrones y verdes oscuros, incluso el color negro, que será indicio de un odio intenso. Las energías, en una situación emocional voluble, se mueven en dirección contraria a su flujo natural. Fíjese en las expresiones «estoy mal del estómago» y «tengo las tripas revueltas». El «indicador» emocional se encuentra en el plexo solar.

En la mayoría de las personas, la división emocional es una mezcolanza, con emociones tanto positivas como negativas. Quizás una persona tenga un flujo de amor, que dará tonalidades rosadas, pero puede que esté celosa, lo cual originará energías verde aguacate apagado. Al igual que la división mental, es importantísimo mantener esta división limpia y clara en la medida de lo posible, con el fin de no disipar nuestros poderes espirituales.

La división magnética (FIGURA 2.2D)

Esta división es muy interesante, porque muestra los talentos creativos y las capacidades de una persona. Su centro de energía se puede ver en la parte izquierda del pecho, un poco por encima del corazón. Tiene forma redonda, similar a los centros de energía. Tiene alrededor de cinco centímetros de diámetro y un color azul pavo real. Desde este punto azul se disparan los rayos de luz cuando la división está activa.

La división magnética revela hasta qué punto una persona ha desarrollado sus talentos y sus capacidades. Si irradia brillantes azules eléctricos y naranjas, significa que la persona está usando activamente sus capacidades. Por ejemplo, si una persona es una excelente pianista y está inter-

35

pretando al piano, la energía que irradie la división magnética será brillante y radiante. Por otra parte, si esa persona ha desatendido su práctica con el piano, las energías se verán apagadas. El talento está ahí, pero está inactivo. Uno tiene que utilizar sus dones particulares o, de lo contrario, la energía se desvanecerá.

Los genios tienen una división magnética sumamente pronunciada porque están utilizando sus dones al más alto grado. El talento y las capacidades expresadas pueden pertenecer a cualquier campo, sea la música, la literatura, el arte, la medicina, la ingeniería, la física, la informática o lo que usted quiera.

La división del color (FIGURA 2.2E)

Interpenetrando al resto de divisiones, la división del color viene a ser el carácter total del individuo. Los hábitos, las actitudes y los motivos forman parte de esta zona. Con alrededor de veinte centímetros de espesor, se dispone en una forma oval que se extiende desde unos cuarenta y cinco hasta sesenta centímetros alrededor de la persona. Los colores de esta división se mueven en pequeños puntos de luz que se asemejan al calor que irradia el asfalto en un día de calor. Estos puntos de luz son tan gruesos que difícilmente se puede ver a través de esta división cuando uno se concentra en ella. En la división del color de un aura iluminada, estos puntos de luz centellean en un arco iris de colores perlados, dando un aspecto iridiscente a toda el aura y generando un efecto eufórico. Para elevar esta división, primero deberemos elevar el carácter de las demás divisiones, y los cambios se manifestarán aquí de forma automática.

La división espiritual (FIGURA 2.2F)

La división espiritual revela el avance espiritual de un individuo. Esta división se ve a unos sesenta centímetros por encima de la cabeza en bandas arqueadas de luz. Hay siete de estas bandas. Tienen alrededor de centímetro y medio de grosor, desplegándose en abanico hacia arriba en variados colores perla y creando el efecto de un arco iris. Todos tenemos estas bandas espirituales en distintos grados de intensidad. Son la acumulación de luz espiritual que hemos desarrollado con nuestra propia evolución. Cuanto más brillantes sean estas bandas de luz, más habremos avanzado espiritualmente. Los colores pueden variar desde los rosas pálidos y los amarillos limón hasta los verdes claros. En una persona muy avanzada, se llega a ver un índigo pronunciado en una de estas bandas. Constituye una hermosa visión, y es uno de los aspectos que prefiero al contemplar el aura.

Los centros de energía

Llegamos ahora a uno de los aspectos más importantes del aura, un aspecto que guarda relación directa con el trabajo de la energía espiritual. Son los centros de energía o chakras.

En el aura, la conexión de poder espiritual se realiza a través de los centros de energía. Muchas personas utilizan la palabra oriental hindú de *chakras*, que es otro término para estos centros. La palabra *chakra* proviene del sánscrito, y significa 'rueda de luz' o 'rueda de fuerza'. En realidad, estos centros son esferas de luz que emiten rayos de distintos colores. Parecen soles en miniatura, variando en tamaño entre los seis y los siete centímetros y medio de diámetro, con un núcleo perlado de luz en el centro. Su color es básicamente dorado, pero cada uno tiene su propio color dominante, particular para su propósito y carácter individual. También pueden tener un aspecto multicolor debido a las energías que entran y salen de ellos.

Estos centros de energía son vitales en nuestros procesos de transformación espiritual, porque es en ellos donde primero haremos los cambios. Cuando atraemos luz a nuestra aura desde nuestra cuenta corriente espiritual, el primer lugar donde hace contacto la luz es en estos centros de energía. Así pues, al trabajar con la Luz Divina, terminamos por familiarizarnos estrechamente con las operaciones en estos puntos.

Cada uno de los centros es responsable de un aspecto diferente de nuestro ser y nuestras actividades. Se nos dan al nacer y permanecen con nosotros durante toda la vida. Tenemos estos puntos para recibir y transmitir energía, y nos pasamos el tiempo haciendo una cosa o la otra. Estos centros, por tanto, son puntos focales de ese tremendo poder que entra y sale de nosotros.

Cuando están alineados y la consciencia fluye, hay una armonía completa de mente, cuerpo y alma. Cuando el campo de energía se halla en este hermoso estado y la energía se recibe y se envía adecuadamente, estos centros giran en el sentido de las manecillas del reloj (véase FIGURA 4.2). Si uno o más de los centros gira en dirección contraria, se dará una desarmonía que desequilibrará al resto de centros y reducirá el poder y la precisión de la energía que se recibe y se transmite.

Para intentar comprender el carácter de cada centro, hay dos formas básicas de interpretarlos: el modo contemplativo y el modo dinámico. Las escuelas metafísicas tibetana e hindú, que prestan desde hace mucho una gran atención a estos centros, insisten en sus escritos en el modo contemplativo. Su objetivo es ayudar al aspirante espiritual a comprender su vida interior. Poniendo la atención en estos centros, los discípulos terminan descubriendo aspectos de su naturaleza interna que, de otro modo, resultarían inaccesibles para ellos. Tales estados contemplativos pueden llevar a instantes de conciencia elevada. Hay historias de yoguis que han entrado en estados de gloria contemplando la belleza del *chakra* corona abierto, por ejemplo.

Por otra parte, la interpretación dinámica de los centros se enfoca en la expresión activa de estos puntos en la vida diaria. Y nuestro enfoque estará en la expresión dinámica de los centros espirituales, porque es este flujo el que más nos interesa en el trabajo con la luz. En la medida en que los centros tienen un impacto directo en nuestra existencia cotidiana, el trabajo con ellos puede tener un efecto inmediato en nuestra vida. Mejorando el flujo de la luz a través de estos centros facilitaremos prontas mejoras en el mundo exterior.

El número, el aspecto básico y la ubicación de estos centros son iguales en todos. Algunas de las más antiguas ilustraciones de los chakras, que una vez más proceden de Oriente, se basan en los siete centros principales, dispuestos en línea recta desde la base de la columna vertebral hasta la parte superior de la cabeza, y todos tienen aspecto de flor o de disco. Era ésta una representación simbólica de los centros espirituales, y no pretendía que se tomase al pie de la letra. Fue, simplemente, la forma por la que optaron los antiguos autores espirituales para mostrar los principios de los chakras a los no iniciados. He intentado ilustrar estos centros exactamente como yo los veo, sin embellecimientos simbólicos (véase FIGURA 2.3).

El chakra corona (blanco)

La mayoría de los libros sobre chakras apuntan a la parte superior de la cabeza como lugar donde se encuentra este centro, pero no es correcto. Este centro se halla en realidad unos diez centímetros por encima de la cabeza. El chakra corona revela en qué medida está despierta el alma en su yo espiritual. Para la mayoría de las personas, el chakra corona está cerrado. La mayoría de las personas no ha alcanzado todavía el estado de consciencia del despertar espiritual. Cuando este centro está cerrado, tiene forma oval, como el capullo de una flor sin abrir, y es de un blanco puro. No rota ni irradia energía alguna. Pero no hay nada malo en que este centro esté en este estado. El individuo puede estar plenamente activo en la vida. Sólo significa que la persona no ha comenzado a desarrollar ese aspecto de su naturaleza.

A medida que el alma se abre espiritualmente, el chakra corona o loto de los mil pétalos, como se le llama también en Oriente, empieza a encenderse y, a medida que la vibración espiritual se va instalando, los pétalos comienzan a desplegarse, mientras el centro se convierte en una visión gloriosa. Los pétalos se abren entre cuarenta y cinco y cincuenta centímetros hacia el exterior y hacia arriba, y se parece mucho a la floración de un loto. Los colores predominantes son el blanco y el oro. En este estado, parece una corona que hubiese sido dispuesta en la parte superior del aura, y constituye una declaración inequívoca de dónde se encuentra la persona en su desarrollo espiritual.

Lleva tiempo y esfuerzo abrir este centro: por mucho que meditemos u oremos, este punto no se va a abrir hasta que hayamos ganado tal poder y tal vibración. Mejorándonos a nosotros mismos y trabajando con la luz, el chakra corona se despliega poco a poco. Pero este centro no debe preocuparnos directamente cuando trabajamos con la luz. Una observación interesante: cuando salimos de este mundo, el alma pasa a través del chakra corona.

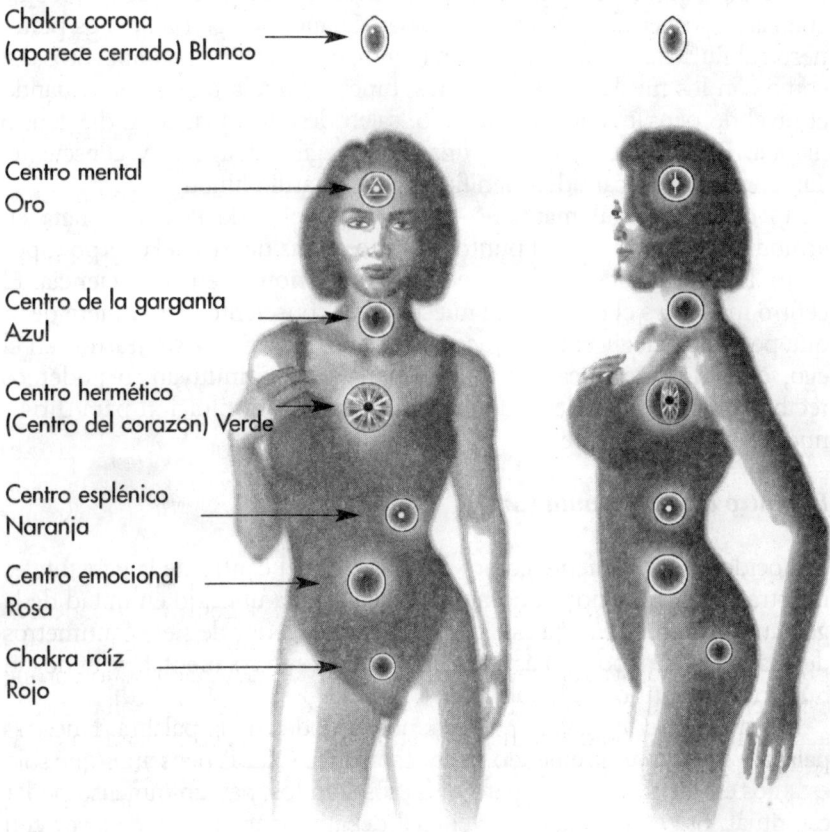

Chakra corona
(aparece cerrado) Blanco

Centro mental
Oro

Centro de la garganta
Azul

Centro hermético
(Centro del corazón) Verde

Centro esplénico
Naranja

Centro emocional
Rosa

Chakra raíz
Rojo

FIGURA 2.3: Los centros de energía

El centro mental (oro)

El centro mental es el núcleo de los niveles del pensamiento consciente. Este punto de energía, ubicado en el centro de la frente, se denomina esotéricamente el cáliz de la trinidad. Es de color dorado y tiene alrededor de siete centímetros y medio de diámetro. Dentro de este centro hay un triángulo de una tonalidad más clara, dorada también, con un hermoso punto diamantino de luz blanca en el centro. El centro gira con rapidez debido a la gran actividad que hay en él, pero el triángulo permanece quieto.

El centro mental es un eje de actividad intensa. Está recibiendo y transmitiendo pensamientos constantemente, y estos pensamientos son sumamente potentes. Este punto de energía envía poder al resto de centros de energía, en especial al centro emocional. Cuando los pensamientos pertenecen al flujo iluminado, la conexión entre emociones y pensamientos, así como con los niveles subconscientes, funcionará a la perfección. Cuando el nivel de pensamiento es muy alto, salen destellos plateados del centro mental. Esto es un indicio de una mente ágil, inteligente y consciente. También hay una cantidad significativa de amarillo limón.

El centro mental mantiene todos los niveles de la consciencia en armonía y equilibrio. Es el punto más alto de luz dentro del cuerpo y, por tanto, la puerta a los niveles superiores o inferiores de la consciencia. El centro mental es el director de nuestra vida consciente. Esto quiere decir que podemos elegir entre no aceptar el flujo superior y centrarnos en el ego, dejando que pocas energías superiores nos influyan, o podemos recibir directrices desde lo divino, y utilizar esa inspiración para dirigir nuestra vida consciente.

El centro de la garganta (azul)

Conocido esotéricamente como el ego eterno, el centro de la garganta es nuestra voz o vibración sonora. A tal efecto, está ubicado en mitad de la garganta. También es una esfera dorada de alrededor de siete centímetros de diámetro, un poco más pequeño que el centro mental, y tiene un núcleo diamantino azul violáceo.

A través de este centro, proyectamos el poder de la palabra. Nuestras palabras irradian un tremendo poder espiritual. Quizás pensemos que sólo estamos emitiendo sonidos pero, tras esos sonidos, hay un inmenso poder espiritual. Ése es el motivo por el cual debemos ser muy cuidadosos con las palabras que pronunciamos, y conviene que las elijamos muy bien.

La energía espiritual que irradia de este centro lo hace de una de dos maneras distintas: como tono espiritual o como sonido duro. En los hermosos tonos espirituales, hay una gama azul de colores que emanan desde el núcleo. Estas energías brotan y se expanden hasta casi cincuenta centímetros en todas direcciones. Los grandes cantantes, como Caruso, u oradores inspirados, como Emerson, irradiaban estas energías azules desde el centro de la garganta. La persona normal irradiará un rayo de luz que se extenderá alrededor de treinta centímetros a cada lado del centro.

La energía espiritual que hay tras las palabras destructivas se convierte en sonido duro y se transforma en rayos fragmentados o dentados. Los colores variarán en función de las palabras exactas, y de las emociones e intenciones que hay tras ellas. Yo he llegado a ver energías parecidas a serpientes brotar de la boca de una persona que estaba siendo sumamente falsa. Es importante dar a la palabra hablada más pureza, amor e idealismo. No sólo tenemos que vigilar atentamente las palabras que pronunciamos, sino también los motivos que hay tras ellas. Debemos ser veraces y considerados al hablar, pues cada palabra tiene un impacto, para mejor o para peor, en aquellos que las escuchan.

El centro hermético (verde)

Este centro está en medio del pecho, y se conoce más comúnmente como centro del corazón. Yo utilizo el nombre esotérico de centro hermético, siguiendo las tradiciones de las enseñanzas místicas. Este centro es dorado, con un punto verde esmeralda brillante en el centro. Es el centro más grande del cuerpo.

El centro hermético se ocupa de los asuntos del mundo, de todo aquello que forma parte del mundo exterior. Aquí se incluye a personas, lugares, cosas y situaciones. ¡Es mucho! Desde el punto de vista espiritual, hay doce avenidas por las que discurren los asuntos terrestres del ser humano, y dentro del centro hermético hay doce rayos de poder relacionados con ellas. Estos rayos parecen los radios de una rueda. Siete de estas avenidas pertenecen a los asuntos cotidianos, y se denominan los siete rayos solares. Están representados por los colores verde, azul, turquesa, amarillo, blanco, rosa y rojo. Después, hay cinco colores espirituales sin nombre que se ven blancos y que pertenecen exclusivamente al desarrollo espiritual de la persona.

Es muy importante proteger este centro de presiones indebidas del mundo exterior. Puede sentirse sobrecargado cuando uno se toma las cosas muy a pecho e intenta cargar con todas las penas del mundo. Conviene esforzarse por «estar en el mundo, sin ser de él». Podemos mirar al mundo y ser plenamente conscientes de lo que sucede, pero negándonos a asumir sus problemas como propios.

El centro hermético se conoce también como el sitial del alma. No se puede ver el alma directamente. Sin embargo, tras el punto verde esmeralda que hay en su centro, hay un resplandor dorado de luz que es el indicador de la conexión del alma. Esta conexión tiene varios nombres. Se le ha llamado Arca de la Alianza y Sancta Sanctórum. Es la puerta secreta al reino interior. Dado que este centro es el asiento del alma, responde profundamente a cómo se siente el alma. Alegría, regocijo, amor, tristeza, cansancio, ansiedad, frustración, decepción, depresión… Todos estos sentimientos atraviesan y afectan al centro hermético. Como consecuencia de esta conexión, las experiencias intensas se registran más profundamente en el centro del corazón que quizás en ningún otro sitio.

El centro emocional (rosa)

Ubicado justo por debajo del ombligo, este centro se conoce esotéricamente como el corazón espiritual. Es el segundo centro más grande del cuerpo, junto con el centro hermético, y es dorado, con un núcleo de un hermoso rosa oscuro. Rota a una velocidad moderada.

Este centro se ocupa de nuestras emociones. Como sabemos, las emociones son muy poderosas. Son los motores que dan fuerza y movimiento a nuestros pensamientos, y un pensamiento con una emoción tras él es algo ciertamente potente. Si una persona se sume en emociones destructivas y, luego, las envía fuera, la energía negativa no sólo hace daño a todo lo que encuentra en su camino, sino que vuelve con el tiempo al emisor como un bumerán, pero con una fuerza aún mayor. Éste es el motivo por el cual es tan importante refinar las emociones hasta el punto en el cual sentimientos y pensamientos se fundan en un flujo positivo elevado. Si emocionalmente estamos bien, se verán hermosas corrientes de colores rosados, naranjas y rojos que emanan desde ese núcleo rosado.

El centro esplénico (naranja)

Este punto no es un centro como los demás, sino más bien un importante punto focal de energía. El centro esplénico tiene alrededor de seis centímetros de diámetro, y está ubicado en la parte izquierda del cuerpo, cerca del bazo. Tiene un color naranja con un núcleo dorado de luz, y gira en la dirección de las manecillas del reloj, a menor velocidad que el centro hermético.

El centro esplénico es un distribuidor de energía. Una de sus principales tareas consiste en recibir y distribuir la energía del sol por todo el cuerpo físico, especialmente en la corriente sanguínea. También es un lugar de almacenaje de luz solar, para que, cuando necesitemos energía, se pueda extraer de aquí. Este punto es el responsable de mantener al organismo físico pleno de vitalidad y resistencia. También trae armonía y alegría. Cuando está sano, de su núcleo irradia luz roja, naranja y dorada. La luz solar es sumamente beneficiosa para el centro esplénico.

El chakra raíz (rojo)

El chakra raíz esta ubicado en la base de la espina dorsal, en la rabadilla, y es más fácil de ver por un lado o por detrás. Tiene un color dorado, con un núcleo de luz rojo clavel. Este punto no rota, sino que permanece inmóvil. Tiene un tipo de flujo completamente diferente del de los otros centros.

Una de las funciones del chakra raíz es ocuparse de las experiencias del pasado. Hay recuerdos que permanecen anclados en la consciencia y que es conveniente trabajar. El chakra raíz conserva los excrementos, o la basura, de nuestros pensamientos y nuestras acciones no iluminados. De aquí es de donde vienen las expresiones «ir al bajo Egipto» o «venir del bajo Egipto». Una vez despejado, el chakra raíz es un poderoso aliado.

Además, el chakra raíz está firmemente conectado con la parte creativa y sexual del ser humano (véase FIGURA 8.4). Cuando llevamos una sexualidad sana, la energía se mueve hacia arriba, hacia el centro emocional, en un hermoso flujo de color rojo clavel. Para la persona que está redireccionando la energía sexual para otros esfuerzos creativos, esta energía se puede trasladar incluso más arriba, a veces hasta el centro mental o, más arriba aún, si hablamos de un maestro espiritual. Sin embargo, si utilizamos mal la energía sexual, si la utilizamos sin motivo, el flujo puede dirigirse hacia abajo, y su color pasa a ser granate.

Este centro trabaja con otra importantísima energía denominada kundalini. Cuando está activa, la kundalini es una energía espiralada y serpentina que se eleva a lo largo de la espina dorsal. La kundalini es un poder espiritual que se halla en nuestro interior, pero que permanece dormido hasta que comienza a despertar espiritualmente. El objetivo de esta energía es fortalecer y dar energía a los centros espirituales. Cuando una persona evoluciona a buen ritmo, la kundalini se abre de forma natural, sin esfuerzo consciente alguno. El alma utiliza poco a poco el poder vital de la kundalini. De esta manera, la persona es capaz de manejar la energía kundalini, y su despliegue se convierte en una experiencia hermosa y sublime.

Hay escuelas de yoga que enseñan a abrir la kundalini mediante un esfuerzo consciente. Sin embargo, a mí me parece innecesario resaltar la kundalini en nuestro progreso espiritual natural pues, cuando trabajamos con la luz, ésta se abre a su debido tiempo y con el ritmo adecuado, sin intervención consciente. Una advertencia: no juegue con las energías kundalini. Yo he tenido que prestar ayuda a varias personas que estaban severamente traumatizadas porque abrieron la kundalini demasiado pronto. Estaban buscando la iluminación espiritual instantánea, pero descubrieron del modo más duro que las cosas no funcionan así.

Las radiaciones de los centros de energía

El flujo de nuestros centros de energía tiene diversos tipos de emanaciones. Estas radiaciones demuestran la diversidad de actividades que hay en cada centro. En el desarrollo del aura, nuestro principal objetivo es elevar e iluminar la calidad de estas radiaciones. Hay cuatro tipos diferentes de radiaciones en los centros de energía.

Emanaciones activas

Las emanaciones activas representan el flujo corriente de energía en un momento dado. Con frecuencia, son los indicadores más expresivos de los pensamientos y sentimientos inmediatos de una persona. Las emanaciones activas fluctúan con cada uno de nuestros pensamientos, palabras, sentimientos y actos. En general, se ven como rayos de luz rectos, pero pueden tomar gran variedad de formas, como podrá ver en muchas de las ilustraciones de este libro. Los colores pueden recorrer toda la gama cromática, desde el blanco más puro hasta el negro más opaco, con todos los colores que hay entre uno y otro. Estas emanaciones son las que con más rapidez reciben la ayuda de la luz espiritual.

Rayos en abanico (FIGURA 2.4B)

Los rayos en abanico están entre las más hermosas emanaciones del aura. Se extienden desde el núcleo a ambos lados en un color sólido de luz. La extensión de su irradiación depende del desarrollo de la persona, y comienzan a aparecer en el aura una vez cumplidos los siete años de edad.

Los rayos en abanico muestran la tendencia de la energía en un centro determinado (observe que no hay rayo en abanico en el centro de la garganta). Mientras que las emanaciones activas pueden cambiar con cada palabra, pensamiento y acción, los rayos en abanico permanecen del mismo color a menos que cambie toda la dirección de la energía. Por ejemplo, pongamos que una persona tiene un rayo en abanico rosa que irradia desde el centro emocional, lo cual demuestra una naturaleza amorosa. Esta persona puede tener días aquí o allí en que se sienta irritable y baja de tono. Esto no significa necesariamente que el rayo en abanico emocional vaya a cambiar de color, porque la esencia de la persona es ser amorosa. Pero si esa persona se mostrara irritable de forma regular o dejara de preocuparse por las personas, entonces el rayo en abanico cambiaría de color.

Rayos en espiral (FIGURA 2.4C)

Los rayos en espiral giran con el movimiento del centro de energía y reflejan el progreso espiritual del individuo. Al nacer, estas radiaciones son de color blanco y dorado. Después de cumplidos los siete años de edad, empiezan a desarrollarse, adquieren colores similares a los que se muestran aquí y siguen desarrollándose a lo largo de la vida.

Estabilizadores (FIGURA 2.4A)

Los estabilizadores permiten que el flujo de energía permanezca constante. Se extienden en tres o cuatro rayos y son de color dorado. No cambian de color, independientemente de lo que le ocurra a la persona.

El aura mixta, el aura involutiva y el aura iluminada

Vamos a reunir ahora todos los aspectos del aura que hemos estado explorando y vamos a echar un vistazo al campo de energía en su totalidad. Claro está que hay tantas variaciones en las auras como personas existen; pero, según mi experiencia, las auras se pueden agrupar en tres amplias categorías.

El aura mixta (FIGURA 2.5)

La inmensa mayoría de los seres humanos tiene auras mixtas. Incluso las almas que están elevadas en el sendero espiritual tienen un aura mixta hasta que están muy cerca de la cúspide espiritual. El aura mixta tiene una forma redondeada y contiene energías positivas y negativas activas al mismo tiempo.

Un alma con este tipo de aura se halla en proceso de evolución, y pasa por la condición humana en todas sus vicisitudes. Un aura mixta puede tenerla un excelente artista que tiene un problema con la bebida, o alguien que es sumamente sagaz e ingenioso, pero también egoísta y mezquino. Una persona que sea fundamentalmente buena, pero crédula y de escasa fuerza de voluntad, también mostrará un aura mixta. Las variaciones son interminables. Con el tiempo, el trabajo con un aura mixta consiste en utilizar las partes iluminadas de su aura para transformar las partes no iluminadas, hasta que todo sea Luz Divina.

En la ilustración que figura aquí, el alma está elevándose, pero todavía tiene mucho trabajo por hacer. El compartimento más oscuro, de color verde, que cruza la división emocional, revela una naturaleza celosa que conviene que supere. La formación nubosa verde oscuro que hay a su derecha demuestra que esta persona está expresando activamente sus celos de algún modo. El compartimento gris de la parte inferior del aura demuestra que está superando una gran cantidad de miedo. El compartimento marrón encubre cierta mezquindad, dando a entender que puede ser mezquina en ocasiones.

Esta persona tiene también muchas cualidades positivas. La banda de luz verde que hay a su izquierda indica que está creciendo espiritualmente, a pesar de sus debilidades. He visto con frecuencia esta banda verde alrededor de personas que han despertado a la vida espiritual y están descubriendo las verdades espirituales. La pirámide dorada que hay por encima de su cabeza indica que está buscando la verdad. Las burbujas rosadas de luz que hay a su derecha muestran que está enamorada de alguien, pero que la otra persona no le corresponde en su afecto, lo cual podría dar cuenta de las vibraciones de celos.

Esta alma tiene también energías creativas. Las formas aladas por encima de la cabeza indican pensamientos iluminados inspirados; la formación de luz azul de su izquierda indica vibraciones creativas. Sin embargo, su posición apunta a que aún no ha expresado este poder creativo. La vitalidad es evidente en la energía roja que desprende por las manos, y su buena salud se ve en las brillantes líneas de salud que se extienden a ambos lados de su cuerpo. Las emanaciones azules que proceden del centro de la garganta nos dicen que habla positivamente; las ondas de luz púrpura en sus pies nos sugieren que ha superado alguna tragedia o adversidad. La división del color es clara y con colores brillantes, y la división espiritual es bastante brillante; ha desarrollado sus poderes espirituales en algún punto de su evolución.

Desde este punto de desarrollo espiritual, podemos llevar a cabo con el tiempo el estado iluminado; sin embargo, si nos negamos a expresar nuestra naturaleza superior, podemos caer en la siguiente expresión áurica, el aura involutiva.

El aura involutiva (FIGURA 2.6)

Esta aura de forma cuadrada es el reflejo de un alma que ha hecho un mal uso constante de sus poderes espirituales. Como consecuencia de ello, muchas de sus energías están corrompidas. Esta aura ha tomado una forma cuadrada porque, con su insistente negativa a conectar con su naturaleza superior, ha restringido el flujo espiritual hasta el punto en que no puede conseguir mucha Luz Divina. Durante la década de 1960 en Estados Unidos, se solía utilizar la expresión de «Ése es un cuadrado». ¡Irónicamente, hay personas que de verdad pueden ser un cuadrado! Esta alma tiene un largo camino para volver a la luz, no sólo por todo el trabajo que tiene que hacer para reparar sus errores, sino también porque vivir en la oscuridad la impulsa a tener pensamientos aún más oscuros, así como a llevar a cabo acciones aún negativas. Un alma así puede ser un tirano o un asesino en masa, pero no tiene por qué serlo. Yo he visto esta aura en torno a una persona que usted llamaría «normal» que no llamaba la atención en nada extraño.

El aura involutiva que se ve en la FIGURA 2.6 es caótica; la mitad inferior está especialmente desorganizada. El compartimento negro indica un odio persistente que la persona ha intentado controlar. También puede indicar que está implicado en un asesinato.

Los compartimentos verde oscuro y marrón oscuro de su parte inferior izquierda indican una naturaleza maquinadora y falsa, con una gran dosis de crueldad. Todas sus emociones están mezcladas. Hay mucha ira, como se ve por la energía grumosa que hay a su izquierda, en la división emocional. Las líneas de la salud se hacen grises y comienzan a decaer en la parte inferior, lo cual significa que sus acciones desviadas le están llevando a una enfermedad física. La zona de la cabeza tiene una energía amarillo pardusco, lo cual indica mezquindad y aletargamiento de pensamiento. El brote verde oscuro de su frente indica que está planeando algún tipo de engaño. Las formas de pensamiento negras que hay alrededor de su aura son muestra del odio que siente por alguien y que recientemente ha expresado. El compartimento azul oscuro y sucio que cubre toda zona de la cabeza indica que este hombre está constantemente malhumorado y dándole vueltas a su vida. Los centelleos de la división del color son mucho más pequeños que los de la división del color del aura mixta, y muchos de los puntos de luz están apagados y sucios. Observe también que las energías que irradian de sus centros están compuestas de colores más oscuros, y no llegan tan lejos como las del aura mixta. Esto demuestra que está en un estado activo de depresión. Su división espiritual no se ve afectada, pero no podrá tener acceso a esos poderes hasta que no le dé la vuelta a su vida.

A pesar de su estado, hay algunos colores brillantes en su aura. Un compartimento de energía amarillo limón por encima de la cabeza demuestra inteligencia y una fuerte mentalidad, cuando no se ve ensombrecida por sus malas acciones. Los compartimentos rojo y naranja que cruzan su torso indican que es enérgico y que está motivado. Esta energía y esta motivación suelen ser las cualidades más redentoras en un aura involutiva. El compartimento púrpura de la parte inferior izquierda de su aura indica que puede mantener la calma cuando es necesario. Los rayos brillantes verdes y dorados que brotan del centro de su pecho nos dicen que es activo en los asuntos del mundo, y que probablemente tiene éxito en ellos. ¿Y no suele ser ése el caso? Personas muy destructivas pueden tener bastante éxito en el mundo laboral y en el campo financiero, aunque estén muy lejos de vivir la vida de un modo correcto. Esto suele confundir a la gente a su alrededor, que creen que sus acciones son meritorias.

Afortunadamente, un aura en tal estado involutivo es bastante rara. Yo habré visto quizás un centenar de auras así en mi vida, aunque un centenar ya son muchas. Un alma como ésta aún puede redimirse, pero tiene un montón de trabajo que hacer para dar la vuelta a las cosas en su vida.

El aura iluminada (FIGURA 2.7)

En claro contraste con el aura involutiva, nos encontramos con el aura iluminada. El aura iluminada es el ideal al que todos debemos aspirar. Al crear las imágenes de lo que más deseamos en la vida, ésta es la imagen áurica que conviene que implantemos en nuestro corazón y en nuestra mente.

El aura evolucionada tiene esa hermosa forma oval apuntada. También hay un aura dorada exterior que puede irradiarse hasta unos sesenta centímetros más, generando una sensación de gran expansión. Todos los componentes de esta aura están plenamente operativos y bien desarrollados. Sus colores recorren la gama más alta de los perlas, y se mueven en hermosos flujos y estrías. Los compartimentos del caparazón áurico son claros, y están bien definidos y organizados. Observe el color dorado del compartimento superior, que muestra el elevado estado espiritual de esta alma. Además de la forma apuntada, un rasgo que llama la atención del aura iluminada es que carece de colores oscuros. Ocasionalmente, puede aparecer aquí o allí una onda, pero no hay energías corrompidas dentro del aura iluminada. La ilustración que ofrecemos aquí sólo nos puede dar un atisbo de la verdadera belleza de un campo áurico como éste.

Un halo de luz amarillo limón lleno de puntos diamantinos indica la aguda inteligencia que tiene esta persona. Hay triángulos dentro de cada uno de los principales centros espirituales, lo cual significa que estos centros están trabajando al máximo de su poder. Observe la extensión de las radiaciones que surgen de estos centros: llegan casi hasta el borde del caparazón áurico. Estos hermosos flujos indican que la persona controla su naturaleza mental y emocional, y que está viviendo la vida de un modo que sólo hace que añadir más luz a su aura. El chakra corona, por encima de la cabeza, está completamente abierto, y exhibe la forma de una hermosa flor de loto blanca. Esta alma está completamente despierta a su naturaleza espiritual, y es plenamente consciente de su propósito en la Tierra.

Por toda su aura se crean formas iluminadas. Las estrellas blancas que hay a su izquierda indican la pureza de pensamiento. La mente de esta persona está completamente enfocada en Dios. Este hombre ha empleado un tiempo indecible refinando y desarrollando sus atributos divinos. La hermosa formación que hay a su derecha sugiere que está llevando a cabo una misión espiritual, un elevado propósito. Esta alma, si no es ya la de un maestro de la vida, está muy cerca de ese nivel. El púrpura de sus pies expresa la tremenda paz y la estabilidad espiritual que ha conseguido. La división del color es similar a la del aura redondeada, pero los colores son ahora principalmente el oro y el púrpura. Las bandas de luz que hay por encima de la cabeza son muy brillantes y vibrantes. Es una bendición tener a esta persona alrededor, pues sólo hace el bien, dondequiera que vaya. A partir de aquí, el aura puede expandirse aún más, pues la perfección nunca es estática: crecemos «de gracia en gracia».

He visto auras como ésta sólo algunas veces en mi vida, si bien es el destino de todo ser humano llegar a tener un aura así.

Capítulo 3

Los colores que usted es

Cuando comencé a ver auras, una de mis primeras reacciones fue preguntarme qué significaba cada color en concreto. ¿Por qué ese color está alrededor de esa persona y no de aquélla? Yo sabía que había auras que me repelían y auras que me atraían; pero, más allá de eso, no podía entender por qué una persona tenía determinados colores a su alrededor mientras que otra cualquiera tenía otros colores distintos. No muchos años después, intenté encontrar información o material acerca de lo que yo veía, pero no había maestros a los que pudiera recurrir en busca de ayuda. Y dado que nadie más veía esos colores, no encontré el modo de dar perspectiva a mis experiencias. Todo cambió cuando llegué a los once años y me introduje en una escuela privada de arte dramático que dirigía una mujer llamada Dorothy LaMoss.

Dorothy lideraba una de las mejores sociedades anónimas del Medio Oeste. También se había ganado una buena reputación en Broadway y en Hollywood. Era una mujer excéntrica. De cara al exterior, daba un aspecto de austeridad, pero en cuanto la conocías te dabas cuenta de que tenía un gran sentido del humor y que era ciertamente encantadora. Nos llevábamos bien. Conocía bien su oficio, y era una solicitada maestra en su campo, donde obtenía buenos resultados.

Un día, cuando ya llevaba seis meses con ella, me pidió que fuera a verla un sábado. Llegué allí preguntándome qué querría de mí. En aquel momento, estábamos ensayando una obra, y pensé que me iba a echar de la compañía. Cuando nos vimos, empezó a hacerme preguntas que no tenían nada que ver con la obra. Me preguntó cómo percibía las cosas. Le dije que veía las cosas igual que los demás, y entonces me preguntó si podía ver colores alrededor de las personas. Aquello atrajo mi atención.

—¿Por qué me preguntas eso? –inquirí.

—Porque tú puedes ver el aura –respondió.

Cuando dijo la palabra *aura*, salté:

—¿Así es como se llama?

Era la primera vez que yo oía ese término.

—Sí –dijo–. Y me gustaría transmitirte lo que mi abuela y mi madre me enseñaron. Soy una científica hermética. Mi madre y mi abuela, que estaban muy avanzadas en metafísica, también eran científicas herméticas. Me gustaría enseñarte lo que sé y darte información para que comprendas mejor tus dones.

Y así empezó mi primer encuentro con el verdadero conocimiento del aura. Todos los sábados, iba a estudiar con la señora LaMoss en privado. Tenía libros muy antiguos sobre ciencia hermética que cubrían muchos aspectos del trabajo metafísico. Eran libros de varios siglos atrás, que a su vez se basaban en otros escritos que tenían miles de años de antigüedad. Pasé muchas horas en su casa, copiando montones de información de las enseñanzas herméticas. Dorothy tenía también diagramas y dibujos que mostraban los distintos tipos de auras, y cuadros con los colores áuricos, sus tonalidades y matices. Éstos se desglosaban con toda claridad, y se daba todo lujo de detalles de los significados de cada color. Fue una época esclarecedora. Siempre la recordaré. Hoy en día, cuando florece el interés por el aura y la metafísica, no he encontrado aún en ninguna parte tanta información como la que me aportó Dorothy y como la que encontré en aquellos textos sagrados. Aquello se convertiría en la base de mis enseñanzas espirituales años después, y es una de las razones por las que estoy escribiendo este libro: es hora de compartir algo de esos conocimientos con un público más amplio.

Los colores espirituales en el aura van desde los hermosos y elevados colores perla del alma avanzada hasta el negro tinta, el gris metálico apagado y el granate sucio de la persona poco desarrollada. Como hemos visto, la mayoría de la gente se encuentra en la parte media de la gama, con colores superiores e inferiores moviéndose al mismo tiempo por su aura. Cuando el alma está preparada para avanzar hasta el siguiente nivel de desarrollo, lo sombrío se aclara y suele confundirse con blanco.

Las emanaciones áuricas que se ven alrededor de una persona altamente desarrollada son mucho más reales e intensas que los colores que se perciben en el mundo físico. Los azules y los verdes, tan bellos como los colores del cielo o de las hojas, son aún más intensos y potentes en la energía espiritual. Y lo contrario también es cierto. Los colores que se ven alrededor de un aura involucionada pueden resultar grotescos y espantosos. Además de lo desagradable del color, las sensaciones y las vibraciones que acompañan a los colores no existen en la esfera física. Los colores luminosos son inspiradores y chispeantes, mientras que los colores de las vibraciones bajas adquieren ciertamente cualidades depresivas y frías.

Cuando lea las definiciones de los colores, reflexione sobre cómo se relaciona cada uno de ellos con usted. De nuevo le digo que no hace falta ver los colores para reconocer que operan en usted. Conociendo su significado, podrá determinar con bastante precisión qué colores tiene usted en el aura. Por ejemplo, si es usted una persona cariñosa, seguro que hay luz de color rosa oscuro, lo cual eleva y potencia su aura. Si sabe que se enfada con frecuencia, hay muchas posibilidades de que haya un rojo sucio en su aura, algo que va a tener que trabajar para eliminar.

Colores iluminados (FIGURA 3.1)

Los colores iluminados son energías espirituales que hemos atraído y nos hemos ganado como consecuencia de nuestras acciones, obras y pensamientos positivos. Manifiestan aquella parte de nuestra naturaleza que está sintonizada con lo espiritual. Estas energías conservan su esencia y propósito divinos, y trabajan activamente para hacer realidad nuestro potencial espiritual. Es también con estas energías positivas con las que transmutamos las partes más oscuras del aura.

Blanco

Junto con el color oro, el blanco en un aura se tiene por uno de los colores más elevados. Significa pureza, y simboliza la Luz de Dios, que trae sabiduría a la humanidad. Muchos atributos espirituales están relacionados con la luz blanca. Esta energía, en cualquier grado que se halle en el aura, identifica incuestionablemente un alma espiritual y, muy a menudo, a un visionario. Las revelaciones están conectadas con el blanco. Con este color viene también en buena medida la ternura. El reflejo perlado blanco representa las cualidades de la amabilidad y del perdón. El blanco ostra, que tiene una ligerísima tonalidad amarilla, indica un alma inquebrantable y dispuesta a aprender sus lecciones, por duras que sean. El blanco cristalino, la forma más pura del blanco, demuestra que el alma ha adquirido el magisterio completo; representa la fusión de fuerza, coraje, vitalidad, determinación y perseverancia.

Oro

El oro es el color de la sabiduría, la iluminación, la confianza en sí mismo, la fe, la fuerza interior y el coraje. También es una energía fuerte y protectora. Si una persona tiene luz dorada en el aura, tendrá el poder y la voluntad para domeñar al yo inferior. La persona tiene la seguridad de saber quién y qué es. Sabe lo que quiere conseguir, lo que puede hacer. Se mueve y actúa con decisión. El oro aporta fuertes poderes dinámicos que hacen que la persona se desprenda del mesmerismo de sentirse inútil, frustrada e inadaptada.

Plata

La energía de la inteligencia espiritual es plateada. El color plata en el aura nos muestra una persona de percepción aguda y mente rápida y alerta. Será alguien que pensará por sí mismo y no dejará que otros piensen por él. Con frecuencia, se ven chispas plateadas o puntos diamantinos de luz moviéndose alrededor de la cabeza de la persona. Las células del cerebro y de la carne irradian luz plateada, así como las líneas de la salud en una persona sana y activa.

Azul

Este color se ve con frecuencia en torno de las personas que van en pos de la verdad espiritual, y en este caso es más o menos un azul violáceo. Estas personas superarán por norma todos los obstáculos en su búsqueda de la verdad. Un azul brillante en el aura indica integridad, sinceridad y sabiduría natural. Suele encontrarse de forma predominante en personas consagradas a las ciencias o las artes. El azul violáceo significa también una persona muy leal y devota. Piense en la expresión «azul verdadero». Indica honestidad, buen juicio en asuntos materiales, y puede identificar a un alma muy religiosa. El azul purpúreo, un azul claro que no llega a ser azul cielo, demuestra obediencia y cumplimiento de deberes. Esta persona obedece la voluntad de Dios. El azul primario es uno de los colores de sanación más potentes, y se ve en torno a médicos y sanadores. El azul piscina es también un color muy sanador, de elevada vibración. Junto con el violeta, trae una profunda sensación de paz, y calma el sistema nervioso. El azul pavo real indica talentos y capacidades. El azul púrpura indica logro con el poder de Dios.

Azul cielo

Es un azul claro, y conlleva una inspiración elevada y creativa. Es uno de los colores de los reflejos perlados. En el aura, apunta a una persona artística que ama la belleza. El azul claro indica devoción a nobles ideales. Los grandes artistas tendrán el azul cielo fuertemente marcado en sus auras.

Turquesa

La luz turquesa es la energía de la prosperidad, y esto se aplica a todos los aspectos de la vida: abundancia de ideas, amigos y bienes materiales. Constituye una energía de «buena suerte». La luz turquesa nos lleva a la consciencia de la riqueza y de la liberación de limitaciones y restricciones. La persona que posee esta energía en el aura piensa en términos ilimitados, y sabe que el dinero o los recursos estarán ahí cuando los necesite, aunque el mundo exterior parezca decir lo contrario.

Rosa

El rosa es el color del amor. El amor espiritual llega con la tonalidad del rosa oscuro. Esta energía está totalmente carente de celos, egoísmo o de cualquier otra emoción humana negativa. Tiene una gran belleza, y tiene su existencia en los planos de la creación. El rosa es un color universal que expresa alegría, solaz, compasión, amor humano, inspiración y abundancia. Aparece en muchas tonalidades, desde el elevado reflejo perlado hasta los rosas fucsia y rojizos. El carmesí identifica una naturaleza amorosa y modesta. El reflejo perlado del rosa, que es de una tonalidad más clara que la del rosa oscuro, indica el amor puro del alma por Dios.

Verde

El verde es reconocido como el color del crecimiento y la renovación. El verde esmeralda manifiesta equilibrio en una persona, y es un color que conviene tener pues, con él, la persona pone orden en su vida. El verde esmeralda es también el color de la armonía mental, corporal y anímica. Se ve en aquellas personas que, creciendo en conocimiento, experimentan la armonía en muchas facetas de la vida. Revela también su amor por la naturaleza y por estar al aire libre. El verde pálido y delicado es simpatía. El verde manzana indica un nuevo crecimiento espiritual y esperanza, servicio amoroso y cooperación. El verde apacigua los nervios, y es bueno para superar los miedos. El verde azulado indica una naturaleza digna de confianza y servicial.

Amarillo limón

Esta energía aporta poderes de concentración. Guarda relación con el intelecto. La persona que tiene este color prominentemente en su aura puede dedicar toda su vida al estudio de las verdades superiores. Será capaz de tomar un tema y aferrarse a él hasta que lo aprenda y lo domine. El amarillo limón en el aura apunta vigor mental en empresas artísticas, creativas y científicas. El amarillo, por ejemplo, puede verse en cualquier aula, en torno a los niños que están aprendiendo. Y, por supuesto, los maestros tienen gran cantidad de este color. El amarillo es indicio de cuerpo, mente e intelecto sanos. Es beneficioso para disipar miedos, preocupaciones y nerviosismo. Las personas brillantes y optimistas tienen este amarillo limón en su aura. El amarillo y el naranja, juntos, pueden ser muy inspiradores.

Naranja

Se trata de un naranja brillante, como la fruta. El color naranja significa que la persona posee una fuerte motivación, entusiasmo y buenas capacidades organizativas. Esta energía también puede indicar un deseo ardiente o una ambición. Las personas decididas, esas que casi siempre superan los obstáculos y alcanzan sus objetivos, suelen utilizar este color. Un naranja puro manifiesta consideración, reflexión y energía anímica. Aparece en líderes dinámicos, esos que son puro nervio. El naranja dorado es sabiduría y energía, elevadas capacidades mentales y espirituales, y autocontrol, una elevada vibración espiritual que no se suele ver.

Rojo

Es la energía de la vida, especialmente el rojo rubí, e irradia muchísima vitalidad. El rojo es un color que también puede significar honradez y rectitud. Apunta a una persona entusiasta y de elevadas aspiraciones. Es la parte pasional del ser humano. Las personas que tienen rojo en el aura disponen de una buena capacidad de penetración, de ahí que trabajen bien con los demás. No se dejan vencer fácilmente. El rojo rubí es normalmente vitalidad física y resistencia. El rojo vigoriza el cuerpo. El rojo rosáceo representa un amor activo y, junto con el naranja, genera un fulgor de bienestar, promoviendo una actitud saludable. Se trata de colores que son, predominantemente, fuertes e inspiradores, que traen luminosidad y cierta sensación de calidez, y un fuerte deseo de vivir. El rojo claro es fidelidad; el rojo anaranjado es un color curativo y purificador. El rojo coral es indecisión, desdicha en el entorno de la persona. El rojo escarlata puede indicar egotismo. El rojo púrpura representa el poder del cuerpo, y el esfuerzo individual.

Violeta

La persona que tiene violeta posee un aura serena y calmada, con aplomo, tanto interno como externo. Esta persona siempre estará dispuesta a servir a la humanidad. El violeta aporta un elevado poder espiritual, verdadera grandeza y capacidad para esfuerzos altruistas. El violeta ofrece protección mental. Si el violeta pasa al lavanda, se nos revelará un carácter venerable. El color orquídea, que tiene una tonalidad un poco más oscura, denota humildad y, como primo hermano del lavanda, es sagrado y espiritual.

Púrpura

Este color, en el aura de una persona, significa paz profunda, y se manifiesta en gente profundamente religiosa, pero de un modo místico. Sin embargo, el púrpura expresa también una gran capacidad para manejarse en materias prácticas y mundanas. El púrpura índigo identifica a aquel que está buscando poder espiritual. Las ondas de bandas púrpura bajo los pies muestran a una persona que ha superado una adversidad.

Índigo

Este color proporciona inspiración y una profunda fuerza interior de naturaleza puramente espiritual. Es un color extremadamente elevado y rara vez se ve en un grado marcado en los seres humanos. La persona que tiene este color ha recorrido un largo camino, en la medida en que ha despertado al yo espiritual. No hace falta mucha de esta energía para provocar un potente efecto en el aura. El índigo violeta identifica a alguien que está buscando experiencias espirituales.

Colores no iluminados (FIGURA 3.1)

Las energías no iluminadas muestran algún tipo de profanación o corrupción de la Luz Divina. Son energías divinas que se han utilizado indebidamente y que están ahora vacías de la esencia divina que tenían en su origen. Por ejemplo, una mente clara y brillante puede tener la energía amarillo limón en sí, pero si la persona se aletarga y se hace perezosa, ese amarillo brillante puede devenir en una energía mostaza o crema sucio. La brillantez se desvanecerá debido a que la persona no está utilizando la energía espiritual del modo que estaba previsto que la usara, por lo que la esencia divina deja de estar en esa luz como lo estaba en un principio. Ahora esta persona tendrá dificultades para tomar decisiones. El amarillo mostaza también puede ser indicio de enfermedad. Si adquiere un tono muy apagado, puede incluso identificar a una persona hasta cierto punto feroz y salvaje. El naranja brillante es el color del vigor, del entusiasmo y de la ambición, pero si se convierte en un naranja apagado, la persona será arrogante y orgullosa. El naranja oscuro, casi marrón, indica una falta de ambición como consecuencia de una represión. Además del color oscuro, estas energías tienen una vibración repulsiva y fría si son predominantes en el aura. Es decir, ¡no son nada divertidas!

Si reconocemos la presencia de alguna de estas energías en nuestra aura, veámoslo simplemente como una señal de dónde tenemos que trabajar para mejorar: no tenemos por qué preocuparnos ni darnos cabezazos contra una pared por ello. Recuerde que el aura cambia constantemente, y no existe ni un solo aspecto que no podamos elevar y transmutar. Si tenemos un pensamiento letárgico, se puede hacer astuto. Si somos mezquinos, podemos ser generosos, etc.

En un momento u otro, todos hemos generado luz oscura, y forma parte de la experiencia humana el elevarse por encima de esta situación. Lo que no hay que olvidar nunca de las energías no iluminadas es que no forman parte de las emanaciones de Dios. Son artificiales y no pertenecen a nuestra verdadera naturaleza, a nuestra naturaleza divina. Por tanto, no hace falta atribuirse estas energías negativas como algo propio. Sólo tenemos que desalojarlas de nuestra aura y no generar nuevas vibraciones destructivas. Lo mejor de todo es que estas energías negativas no tienen poder alguno frente a la Luz Divina. No tienen una influencia real, a menos que las invitemos a operar en nosotros. Cuanto mayor bien hagamos, y cuantos más colores elevados atraigamos y acumulemos, más fácil nos resultará reemplazar estas bajas vibraciones.

Gris

El gris está relacionado con el miedo, el pesimismo y la depresión. El gris es el color de la enfermedad. La persona que sintoniza con el gris es una persona que se preocupa por todo. Se puede observar en el aura de personas que no son capaces de ver la salida de cualquier situación sombría en la que se vean metidas. Sin embargo, si junto al gris aparece el color plata, nos mostrará a alguien que está pasando por la desesperación y el sufrimiento, pero que está luchando por salir de ahí. El gris carbón indica desesperación, y el gris negruzco es dureza, embotamiento, pena y pérdida.

Rojo sucio

Esta energía se presenta como un rojo granate oscuro y sucio, y denota lascivia. Identifica a personas que funcionan principalmente desde los niveles animales inferiores, desde los niveles instintivos de la consciencia. Pueden caer en la ebriedad del sexo y tener un apetito sexual insaciable. Puede sugerir también perversión, y un decidido uso indebido de la energía sexual. El rojo sucio indica también cierto deterioro de la persona. El rojo oscuro, tirando a a marrón, indica una ira intensa, nerviosismo, un temperamento malo y dominante, una persona conflictiva.

Verde aguacate

Es un verde muy oscuro, como el de la piel del aguacate, e identifica a una persona falsa y engañosa, un estafador que se aprovecha de la gente. Un traidor también tendría verde aguacate en su aura. Se presenta en personas codiciosas, así como en aquellas otras que se consumen por los celos. Es una energía ciertamente insidiosa, y la he visto muy a menudo en la gente. El verde oliva, que tiene una tonalidad más clara, indica envidia.

Marrón oscuro

El marrón, en especial el marrón cacao, descubre a una persona cruel y mezquina. Esta energía estimula el egoísmo y el deseo de poder. Puede identificar a alguien que desea hacer grandes logros y tener sentimientos intensos, pero por caminos equivocados. El marrón apagado denota avaricia. El marrón verdoso indica celos mezquinos, y una masa de color marrón puede ser indicio de tacañería. El marrón también puede ser señal de culpabilidad y de represión.

Negro

El negro tiene la vibración más baja de todos los colores. Carece por completo de vibraciones superiores. Indica a alguien que está abierto a oscuras influencias, o que incluso se inclina al mal más despiadado. Las nubes de negro tinta en torno a una persona son indicio de malicia y odio. Un alma con esta energía puede ser proclive al asesinato, o bien ha cometido ya un crimen atroz. Esta persona es capaz de cometer aún más crímenes sin vacilar y sin cargo alguno de conciencia. El negro humo, más claro, indica una «noche oscura del alma», alguien que se encuentra en las profundidades de la desesperación. Puede significar un profundo pesar e impulsos suicidas.

El aura en acción

Vamos a aplicar nuestros conocimientos sobre los colores espirituales y el aura mientras echamos un vistazo a algunas ilustraciones sobre el aspecto que toma el aura en acción. Hay personas que tienen la impresión equivocada de que su aura es algo impersonal y que no tiene nada que ver con su vida cotidiana. Nada podría estar más lejos de la realidad. El aura es parte íntima, dinámica y activa de la vida de todo ser humano.

Al igual que los copos de nieve, no hay dos auras exactamente iguales, sencillamente porque no hay dos personas que estén utilizando la fuerza vital de Dios exactamente del mismo modo. Si nos pasamos la vida plantando semillas de odio, no vamos a exhibir el esplendor áurico de aquellos que plantan semillas de amor. Si es usted violinista y yo soy corredora de bolsa, nuestras auras no se parecerán, porque nuestros empleos requieren diferentes enfoques y habilidades. Además, el aura muestra claramente que todo lo que le ocurre a una persona en su vida es por algún motivo. Tanto si está llena de conflictos como si está llena de amor, nuestra vida depende enteramente del tipo de energía que hemos creado por nosotros mismos.

En esta galería de retratos áuricos, se representan auras de personas reales que he conocido. He elegido auras que muestran un uso espectacular de la energía espiritual, tanto con propósitos positivos como negativos, y debo decir una vez más que estas situaciones áuricas no son estáticas ni permanentes. El aura es activa, y cambia constantemente, siendo sus tonalidades de expresión tan variadas como personas las expresan.

Amor romántico (FIGURA 3.2)

Aquí vemos el aura de una estudiante de universidad de veinte años de edad que se enamoró de un joven músico. El músico le correspondía en su afecto, y eso dio lugar a un intenso romance.

En esta aura, la nube rosa sobre la cabeza de la joven muestra que piensa intensamente en el amor, y en su amado en particular. En torno al aura hay una burbujeante y achampañada energía rosa que adopta un movimiento circular, y que manifiesta el estado perpetuo de euforia que genera el amor. También revela que el amor es recíproco, y que se está viviendo una vibrante relación amorosa. Para que la energía sea tan intensa como ésta, el amor debe ser recíproco.

Observe las emanaciones activas de verde esmeralda, azul violáceo y oro que irradian del centro hermético, que indican fidelidad, determinación y fortaleza de alma. A esta chica no se la podía hacer flaquear en sus sentimientos. El suyo era un amor arrollador. Las emanaciones activas de color rosa que irradian en forma de puntas de estrella desde el centro emocional muestran la expresión real de sus sentimientos de amor. Ambos se mostraban su amor constantemente. Esta energía permanecerá en el aura en tanto en cuanto se mantenga el vínculo del amor.

En tal relación, los amantes harían cualquier cosa el uno por el otro. Los sentimientos van más allá de la atracción sexual. Son buenos amigos, y ni se les pasaría por la cabeza hacerse daño uno a otro. Están siempre atentos a complacerse, y disfrutan de lo que el otro hace por ellos. Esta aura manifiesta el gozo de amar, es optimista y comprensiva. En ocasiones, puede darse un sentimiento de posesividad, lo cual atraerá algunas energías inferiores; pero, en este caso, esto no ocurría. Los sentimientos de la chica giraban en torno a su intenso deseo de estar con su amado.

Esta alma es monógama, e inmune a tentaciones externas. Sé que todo esto suena a romance de cuento de hadas, pero es real. He visto muchas auras en las que se manifestaba el amor, aunque no es tan frecuente verlas en tal alto grado.

Inteligencia (FIGURA 3.3)

Es ésta el aura de un científico nuclear que tuve ocasión de contemplar en una de mis conferencias. Naturalmente, las energías de su división mental son particularmente fuertes. Este hombre tenía una banda de luz amarilla justo por debajo de la banda dorada conectada con su división mental. Esta banda se habría creado mediante el uso continuado de sus poderes de concentración. Otro rasgo sobresaliente que suele acompañar a una mente tan brillante es el sólido triángulo plateado que se observa dentro del centro mental, que es una marca de inteligencia excepcional, incluso de un genio. Es evidente que se hallaba en medio de un intenso trabajo mental por lo que se puede observar en la parte superior de su aura, donde aparecen pensamientos forma de algo parecido a ecuaciones, algunas de las cuales eran bastante largas y complicadas. Estos pensamientos forma se proyectaban desde su subconsciente, debido a que se hallaba muy enfrascado en su trabajo. Almas tan brillantes como ésta tienen también una división magnética altamente desarrollada.

Los enlaces débiles que he encontrado al estudiar las auras de científicos e intelectuales se encuentran en las emociones. Cualquiera pensaría que las personas de inteligencia elevada deberían poseer también unas emociones bien equilibradas, pero no suele ser éste el caso. Emocionalmente, este hombre aún tenía cosas que aclarar. El desequilibrio en este caso se manifestaba en la forma de unos rayos de color verde aguacate que partían de su centro emocional. De ahí también se proyectaba una fuerte irritabilidad, manifiesta en las dentadas líneas de color rojo oscuro. Y la ausencia de colores rosa en su aura sugería que probablemente fuera un poco frío en sus relaciones con las personas.

Odio (FIGURA 3.4)

Es ésta el aura de una mujer a la que su padre había acosado sexualmente siendo niña. Aunque habían pasado muchos años, el resultado era una desconfianza básica y un odio inveterado a los hombres, algo que no era nada agradable para los hombres que había en su vida. Esta aura muestra el odio sin sentido que dirigía contra el novio que tenía en aquella época.

Cuando conocí a esta mujer, su aura no era tan mala. En realidad, era muy artística (que se muestra aquí en su activa división magnética), pero a medida que comenzaron a aparecer los problemas en su relación, fue desencadenando este tipo de reacción áurica. Le llevó varios meses llegar hasta este punto. Una nube negra empieza a formarse por encima de la cabeza, indicio de pensamientos persistentes que alimentan un odio enconado y duradero. El hecho de que estuviera encima de la cabeza significa que, aunque sus pensamientos se centraban en el odio, mantenía la mente clara en medio de sus oscuros pensamientos. De vez en cuando, puedo ver una nube de odio en la zona de la cabeza y en su entorno, lo cual indica confusión y funcionamiento deficiente, pero en esta mujer no era el caso. Ella tenía un negocio propio y lo estaba haciendo bastante bien. También había en su aura rayos como de tormenta de color granate y negro, que eran una manifestación de la furia nacida del odio. Las radiaciones negras de sus centros hermético y emocional atestiguaban los efectos agotadores y destructivos del odio: se hacía la vida muy difícil a sí misma y a los que estaban a su alrededor. Hay que controlar estrechamente a un aura como ésta, porque una persona en esta situación es proclive a actuar de forma precipitada. Esta mujer no dejaba de hablar de lo mal que se portaba con ella su novio, y comentaba a veces que sería capaz de matarlo.

Y, sin embargo, esta aura no es en modo alguno un aura malvada. La mujer tenía en realidad inclinaciones espirituales y, curiosamente, también tenía la capacidad de la clarividencia, pero alteraba mucho esas energías generando aquella luz oscura.

Ira (FIGURA 3.5)

La ira es quizás el más espectacular de los estados emocionales negativos que se pueden ver en el aura. En esta ilustración, se ven las energías de un hombre que golpeaba constantemente a su mujer. Ella no tenía que darle demasiadas razones para que él la emprendiera con ella. La situación acabó trágicamente. La mujer terminaría enfermando, para después morir, debido a lo sucedido.

La ira se extendía hasta más allá del perímetro del caparazón áurico. Formas como de garabatos y de rayos de un rojo sucio cruzaban su aura, junto con chispazos de rojo y grumos de color verde oliva, signos inequívocos de discordia extrema. En el centro hermético se veían nubes de color marrón oscuro y otros colores apagados, indicando la dureza que mostraba constantemente. Desde el centro de la garganta, surgían líneas fragmentadas de energía marrón cuando se ponía a discutir con ella, diciéndole cosas sumamente crueles y desagradables. Su centro emocional era un revoltijo de rayos viciados de cólera e irritación, y los puntos negros mostraban el odio que este hombre sentía, aunque su mujer no hiciera nada por merecerse aquello. De hecho, no era sólo con la mujer con quien solía estar enfurecido. Era como una bomba de relojería andante, lista para explotar a la menor provocación.

Consciencia de riqueza (FIGURA 3.6)

Uno de los más prósperos campos de energía que yo haya encontrado fue el de un príncipe de la dinastía real alemana. Tenía una inmensa riqueza cuando se vio obligado a huir de Alemania, tras la llegada al poder de Hitler, y se las ingenió para llevarse a Estados Unidos una gran tajada de aquella riqueza. Persona de esmerada educación y poseedor de múltiples habilidades, era diplomático y geólogo, así como un astuto hombre de negocios que tenía su propia empresa petrolífera. Pero, por encima de todo, como se evidencia en su aura, aun cuando estaba exiliado de su país natal, había mantenido su alto nivel de consciencia de riqueza. Había pasado ya de los setenta años cuando yo lo conocí, pero seguía estando muy alerta y activo.

Si echamos un vistazo a la ilustración, veremos una pronunciada energía turquesa moviéndose en torno a él, lo cual significa que esta consciencia de prosperidad era duradera. Tenía también unos cimientos de turquesa a sus pies, dando a entender que tenía una consciencia firme e inquebrantable; lo más probable es que llevara su consciencia de prosperidad en cada situación durante el resto de su vida. La preponderancia del turquesa en su aura nos muestra a un hombre que atraía y manifestaba la abundancia constantemente. El turquesa alrededor de su centro hermético indica el flujo cotidiano de actividades encaminadas a la prosperidad. Las radiaciones activas anaranjadas expresan su entusiasmo y sus motivaciones; este hombre disfrutaba realmente de lo que hacía, y no le impulsaba a ello ni la codicia ni el orgullo. Normalmente, es ésta un aura muy optimista y divertida para tenerla alrededor.

Consciencia de pobreza (FIGURA 3.7)

Esta aura nos muestra una reacción negativa ante un acontecimiento trágico. La ilustración se basa en una mujer que había quedado viuda y con tres hijos a su cargo. Encontró trabajo como criada y se desenvolvía bien en ello, pero era difícil salir adelante con tres niños que criar. Afortunadamente, sus vecinos la ayudaban en todo lo que podían, pero aun así no conseguía sacar cabeza. Y para empeorar las cosas, generó una actitud pesimista y fatalista. El motivo por el cual su aura se veía tan adversamente afectada no era tanto por su difícil situación como por el manejo negativo que hacía de ésta. Siendo totalmente dependiente de su marido fallecido, había puesto toda su confianza en él y, cuando murió, se le vino abajo todo. Si esta mujer hubiera puesto su fe en Dios, o siquiera en sí misma en esta época tan difícil, le habría ido mucho mejor y se habría recuperado con mayor rapidez.

Observe la energía negra que hay en torno a la cabeza. Se observa tristeza, opresión, miedo y desesperanza. Todo el mundo pasa por sentimientos así hasta cierto punto. Se observa también un sentimiento de fracaso, y la mujer tendría que trabajar duro para liberarse de este tipo de consciencia. La mayoría de las personas comete el error de ver las carencias económicas como algo permanente, y ése es precisamente el mayor error: al sentirse atascado y sin salida, no tienen la motivación suficiente como para hacer el esfuerzo necesario. Pero si se ve la situación como algo temporal y abierto al cambio, habrá una mayor motivación, mucha más fe y esperanza en que se acercan días mejores.

En la cabeza de esta mujer se puede observar también una densa concentración de pensamiento forma en verde aguacate, azul sombrío y marrón cacao, que refleja la oscuridad constante de sus pensamientos. Recuerdo haber visto que esta masa de energía ondulaba mientras sus pensamientos asumían esas formas mezquinas y degradadas (la mujer de esta ilustración siempre estaba triste, y solía subestimarse a sí misma). El hecho de que este pensamiento forma oscureciera parte de su cabeza demuestra que la situación ensombrecía decididamente su pensamiento. Por encima de esta energía grumosa, observe la nube gris del miedo. Cuando la conocí, tenía miedo constantemente de lo que pudiera suceder.

Alrededor del centro hermético había una energía granate que indicaba el estado negativo de sus asuntos personales. También había colores más brillantes, como el azul violáceo: lealtad a sus hijos, a pesar de las sombrías perspectivas ante la vida. El verde esmeralda mostraba su intento de mantener el equilibrio en la vida. En modo alguno era una mala persona, pero había sucumbido a los golpes que habían caído sobre ella. En su centro emocional, las radiaciones rosadas del amor la identificaban como una persona afectuosa, que amaba mucho a sus hijos. Mezclado con el rosa del amor había radiaciones grises, que indicaban miedo al futuro.

Miedo (FIGURA 3.8)

Esta ilustración áurica es la de un hombre que tenía miedo a perder su empleo. Las energías del miedo y de la preocupación son muy similares en el aura. Pueden guardar relación con una cosa o situación en particular, con un estado crónico, una fobia o la anticipación de un acontecimiento. El miedo puede ser justificado o no pero, cuando se presenta hasta este grado, desgasta muchísimo. Este hombre llevaba preocupándose meses, algo que se refleja en la nube gris carbón que hay sobre su cabeza. Si el miedo comenzara a disminuir, el gris se iría haciendo más claro. Las líneas grises caídas que emanan de su centro emocional sugieren que este hombre estaba huyendo del problema, en vez de enfrentarse a él. El hecho de que las radiaciones se movieran hacia abajo significa que la experiencia en sí le empujaba hacia abajo, generando una situación involutiva. De su garganta aún emanaba energía de color azul violáceo, pero brotaba rota, demostrando la falta de confianza y la débil voluntad que acompañaba a su temor. En este caso, los miedos de este hombre se basaban en una amenaza real, pero todo terminaría bien. Conservó su empleo. Sin embargo, la energía que malgastó con sus preocupaciones le consumió, y le llevó su tiempo recuperarse.

El aspirante espiritual (FIGURA 3.9)

El aura del aspirante espiritual es un aura de crecimiento, dado que el aura comienza a desarrollar sus poderes y su potencial espiritual. Esta aura pertenecía a una ministra de una iglesia metafísica, una persona activa, entusiasta y entendida.

Esta alma había dado inicio a su peregrinaje consciente hasta el Hogar Eterno y estaba trabajando en mejorar su condición. Por encima de la cabeza, entre la cúspide del aura y la división espiritual, se pueden ver bandas de luz de color verde manzana, así como luz azul. Yo suelo ver estas bandas en los aspirantes espirituales. Los destellos plateados que hay por encima de la cabeza indican el proceso acelerado al que se la sometía en cuanto a inteligencia divina, con el fin de que pudiera recibir nuevas ideas e inspiraciones, y de que alcanzara una mayor conciencia espiritual. El amarillo limón presente dentro del centro mental atestigua los elevados poderes de concentración que había desarrollado esta persona. Las ondas de luz púrpura, fuertes en sus pies, demuestran que había superado también muchos obstáculos. Un color verde esmeralda emana de su centro hermético, indicando que estaba trabajando duro para equilibrar sus asuntos mundanos. El naranja del entusiasmo, que emerge también del centro hermético, demuestra la emoción que le causaba el descubrimiento espiritual. Observe que el chakra corona tiene abiertos varios de sus pétalos, evidencia de que esta alma ha comenzado a despertar a su conciencia espiritual.

Sin embargo, emocionalmente, había cierta mezcolanza en su alma, que estaba trabajando sobre su naturaleza emocional inferior. Este estado se manifiesta en el rojo sucio de la ira y en el gris oscuro del miedo, indicio de la guerra que tenía lugar en su alma por la enconada resistencia a la transformación que ofrecía su falso yo. Pero, en la medida en que esta mujer siga concentrándose en su progreso espiritual, conseguirá al fin triunfar sobre su naturaleza inferior. Este tipo de aura no es extraño hoy en día, cuando cada vez son más las personas que se sumergen en las realidades espirituales de la vida.

La meditación con la Luz Divina

Capítulo 4

Los seis pasos para cambiar su aura

Un rasgo singular de la extracción de fondos de su cuenta corriente espiritual es que usted extrae energía de una fuente espiritual externa a usted, y de un lugar y de una dimensión mayor. Éste es el motivo por el cual la luz puede llegar a ser tan eficaz. Debido a que la Luz Divina procede de un lugar exaltado, tiene mucha más potencia que cualquier otra cosa relacionada con la vida física. La técnica de seis pasos que presentamos en este capítulo es una forma de meditación sencilla, aunque potente, que permite extraer luz de su reserva espiritual para introducirla en su aura. Es una técnica que procede de la tradición metafísica de todo el mundo, y tiene siglos de antigüedad. Les he enseñado esta técnica a miles de personas con resultados sorprendentes. No tiene un nombre formal, pero yo la llamo la meditación del yo superior.

Cuando explore la meditación del yo superior y las miles de formas de trabajar con la energía espiritual, tenga en mente tres sencillas claves. Estas claves representan el proceso que seguirá usted para emplear la luz en cualquier situación.

* Decida lo que quiere que la luz haga por usted.
* Introduzca la luz en su aura.
* Aplique la luz para llevar a efecto el cambio deseado.

Decida lo que quiere que la luz haga por usted

Antes de meditar, conviene tener una idea clara del modo en que quiere que la luz le ayude. Cuando usted medita con la luz, medita con un propósito. De modo que, cuanta mayor claridad tenga en cuanto a lo que quiere que la luz haga por usted, más concluyentes serán los resultados.

Hay innumerables situaciones en las cuales puede usted invocar la luz en busca de ayuda espiritual, desde el hacer frente a los problemas cotidianos hasta el trabajo con deficiencias de carácter o traumas profundamente arraigados. Si ya sabe dónde quiere concentrar la luz, entonces está preparado para comenzar con la meditación. Sin embargo, dado que usted está tomándose tiempo para desarrollarse, le recomiendo que dé marcha atrás en primer lugar y haga un inventario personal de sus fortalezas y sus debilidades. De este modo, podrá ver mejor dónde se encuentra en su progreso consciente y espiritual. Fue Sócrates el que dijo: «La vida, si no se examina, no merece ser vivida». Como parte de su rutina habitual, convendrá que saque tiempo de sus obligaciones cotidianas para reflexionar sobre lo que está haciendo, con el fin de obtener una perspectiva más fresca. La lista que usted confeccione a partir de esta investigación sobre sí mismo se convertirá en un punto de referencia no sólo de aquello sobre lo que necesita trabajar, sino que también le servirá como un indicador de sus progresos.

Reconociendo las cosas, se tiene la mitad de la batalla ganada

El primer paso en cualquier tipo de investigación sobre uno mismo es reconocer las cosas. Tenemos que reconocer que hay partes de nosotros que conviene mejorar. A pesar de que todos deseamos mejorar cosas en nuestra vida, nos solemos encontrar con resistencias que bloquean el proceso. No es fácil reconocer nuestras deficiencias o debilidades. Muchas personas se pasan la vida sin tomar conciencia de que pueden estar haciendo cosas que les hacen daño a ellas mismas y a los que están a su alrededor. El reconocimiento de una virtud o de un defecto personal es un paso gigantesco en la dirección correcta. Se da una tremenda liberación en el mero hecho de percatarse de por qué las cosas son como son.

En algunos casos, afortunadamente, el mero reconocimiento es suficiente para levantar cualquier bloqueo que pueda haber. Con frecuencia, sin embargo, reconocer los errores es el primer paso, un paso crítico, hacia la transformación. Por otra parte, no sólo tenemos que limitarnos a reconocer nuestras deficiencias. Puede haber un deseo sincero de mejora general, por lo que puede darse también el reconocimiento de una virtud o una fortaleza de la que no somos plenamente conscientes.

La asunción de responsabilidades

El siguiente paso para llevar a cabo una investigación eficaz sobre uno mismo es asumir la responsabilidad por nuestras acciones. No iremos lejos en nuestro crecimiento espiritual si culpamos constantemente de nuestros problemas a los demás o a circunstancias externas. En mi consulta, la gente viene a mí con innumerables quejas, compadeciéndose normalmente de sí mismas. Y yo les digo: «¿Qué quieres ser, dueño o víctima de tu vida?». Conviene que dejemos de proyectar nuestras propias deficiencias sobre los demás y de culpar al de al lado por lo que nos ocurre. Nosotros creamos nuestro mundo. A partir de nuestros pensamientos, de nuestros deseos y de nuestras emociones, creamos el entorno personal en el que vivimos. Así, si algo no va del modo que nos gustaría, más que decir: «¿Por qué me sucede esto a mí?», conviene decir: «¿Qué he hecho yo para generar esta situación?». Es así de simple. Hágase cargo de su vida y observe cómo cambian las cosas.

La relación de virtudes y debilidades

Para comenzar con esa investigación sobre uno mismo, tome un bloc de notas y deje espacio para seis categorías. Etiquételas así: pensamientos, emociones, asuntos personales, relaciones, carrera y finanzas.

Luego, haga simplemente una lista, sin pensárselo mucho, de lo que cree que son sus virtudes y sus debilidades en cada categoría. Haga un inventario de los rasgos de los que es muy consciente. Después, ponga por escrito sus observaciones, y compruebe en qué medida es sincero consigo mismo. ¿Está llevando un ritmo relajado, demasiado duro o adecuado? ¿Qué rasgo destaca sobre los demás? Es probable que tenga que centrarse en ese rasgo en primer lugar.

Si está teniendo problemas para verse objetivamente a sí mismo, haga una autoinspección de una semana. Tómese una semana y lleve un diario de estas seis categorías en acción. No dirija sus observaciones en una dirección determinada ni juzgue nada. No cambie sus hábitos cotidianos. Tómese esta semana tal cual venga: aburrida, normal o excitante. Cualquier actividad le va a revelar sus propias cualidades. Simplemente, observe, y tome nota en su diario de lo que hace. Al término de la semana, haga una revisión completa de la inspección. Lo bello de este tipo de inspección es que no hay que discutir con uno mismo. Si se enfada mucho esa semana, enfádese. Si se pone impaciente, impaciéntese. Las cosas se ven con más claridad tal como son. Evidentemente, no todo va a salir a la luz en estos ejercicios preliminares, pero lo que necesite saber se hará evidente.

Atraiga la luz a su aura

En cuanto sepa dónde quiere concentrar la luz, estará listo para meditar. Lo bueno de haber hecho el inventario es que no sólo le va a dar una dirección que seguir con la luz, sino que también le va a ayudar a situarse en el encuadre mental necesario para trabajar con las energías espirituales.

Puede que quiera usted trabajar con varias áreas. Le recomiendo que se centre en ellas de una en una, hasta que haya alcanzado la transformación que desea, o bien haga un gran progreso en una dirección antes de comenzar con otra. De este modo, verá los resultados con mayor rapidez y obtendrá una mayor confianza en el poder de la luz.

El yo superior

Antes de comenzar con la meditación del yo superior, convendrá familiarizarse con una parte más de su anatomía espiritual, una parte ciertamente sagrada. Como ya hemos dicho, usted puede cambiar su aura haciendo uso, en primer lugar, de su cuenta corriente espiritual. Sin embargo, ¿cómo se hace uso en realidad de este flujo creativo? Disponemos de esta magnífica fuente de poder, y usted expresa esta luz en su aura, pero ¿mediante qué mecanismo le llega a usted esta luz en realidad? Tiene que haber un vínculo entre usted y su reserva espiritual que pueda orientar la totalidad del proceso de la luz. Afortunadamente, ese vínculo forma parte de usted también. Es un aspecto esplendoroso de su diseño espiritual que tiene ya la inteligencia y la conciencia divina para relacionarle directamente con la luz, así como para relacionarle con su parte anímica. Este vínculo, o emisario de la luz, es su yo superior.

En la literatura espiritual, se ha hecho tantas veces mención del yo superior que ha entrado a formar parte de la nomenclatura de los estudios de metafísica. Muchos maestros lo tienen por una fuerza directriz en la evolución del hombre. Helena Blavatsky, la gran metafísica, cofundadora de la Sociedad Teosófica y autora de obras maestras como *Isis sin velo* o *La doctrina secreta*, llamaba al yo superior «el prototipo divino», «el reflejo del espíritu universal [del espíritu divino]». El famoso místico europeo Rudolf Steiner llamaba al despertar de la consciencia del yo superior «el renacimiento espiritual». Otras enseñanzas lo llaman «línea vital», o lo comparan con un faro mediante el cual un barco, perdido en el mar, puede encontrar el camino de vuelta a casa; el alma despierta es responsable únicamente ante el yo superior, y sólo en él busca su guía.

Toda la luz espiritual que recibe usted de su cuenta corriente espiritual ha de pasar primero por el yo superior. Tras recibir la luz de las esferas del más allá, puede entonces transmitirse hasta usted. Esto se hace de forma automática; pero, cuando se atiende al proceso de un modo consciente y directo, se incrementa enormemente la luz que su yo superior puede aportarle. Si no fuera por el yo superior, usted no tendría modo alguno de conectar con la Luz Divina.

Lo hermoso de su yo superior estriba en que él está ya en su conciencia divina y, por tanto, en un estado de perfección. Es una parte de usted más grande, completamente consciente de los reinos espirituales que hay por encima y, al mismo tiempo, plenamente consciente de lo que le ocurre a usted aquí y ahora. De modo que puede usted confiar plenamente en su yo superior. No tiene defectos, ni rasgos humanos que puedan decepcionarle a usted. Es totalmente digno de confianza y es una fuerza directriz que orienta a su alma en su evolución. El yo superior siempre está con usted y siempre trabaja para usted, tanto si es consciente de ello como si no. En la medida en que usted sintonice con su poder, su efectividad se multiplicará enormemente.

Suelen establecerse contrastes entre el yo superior y lo que comúnmente denominamos el «yo inferior». El yo inferior hace referencia a aquellas partes de su consciencia humana que no están iluminadas, esas partes de usted que aún no ha desarrollado espiritualmente. Para muchas personas, el yo inferior es lo único de lo que son conscientes en este punto de su evolución espiritual.

Además de canalizar la luz, el yo superior es una de las herramientas que utilizará usted para trascender su conciencia humana y llegar a su conocimiento espiritual. Esta consciencia le ayudará a despertar al sendero espiritual y a su potencial divino, y también le ayudará a tomar conciencia del proceso de la luz.

Afortunadamente, el yo superior no es simplemente un concepto metafísico. Es una parte íntima y sagrada de usted. En el aura, el yo superior aparece como un punto de luz a unos sesenta centímetros por encima de la cabeza física. Si lo desea, puede llamar a ese punto el octavo centro espiritual. Su nombre completo es Punto de conocimiento espiritual del yo superior (véase FIGURA 4.1). Tiene alrededor de siete centímetros y medio de diámetro (algo parecido al resto de centros), pero no rota. Es dorado, con un punto de oro más claro en el centro. Desde este centro, miles de rayos filiformes de colores oro y blanco irradian en todas direcciones hasta unos treinta y cinco centímetros. En muchas representaciones de bendiciones espirituales, como en *La coronación de la Virgen*, de Velázquez, se sitúa curiosamente la fuente de la bendición en el punto del yo superior. Cuanto más desarrollada y conectada con su yo superior esté una persona, más radiante será este punto y más lejos alcanzarán sus rayos. Cuando se atraiga una energía en particular a este punto, muchos de los rayos adquirirán el color y la cualidad de la luz que se está invocando.

El punto del yo superior es capaz de recibir la luz de forma clara y directa, debido a que está por encima de su cabeza y por encima de los elementos mixtos de su aura humana. Piense en el punto del yo superior como en un satélite en órbita espacial. Un satélite en órbita puede recibir una señal desde lo profundo del espacio con mucha mayor claridad que una estación en la Tierra, debido a que el satélite no sufre las interferencias de la atmósfera. Sin las interferencias del ser humano, el punto del yo superior se convierte en una puerta hacia los reinos de la luz y de la vida. Es una visión indescriptible. Yo tenía poco más de veinte años cuando empecé a ver el punto del yo superior, y aún me llevó bastante tiempo más aprender a trabajar con él.

La meditación del yo superior

Para hacer la meditación del yo superior, busque primero un lugar tranquilo y relajante. Debe ser un lugar donde usted se sienta bien y donde pueda concentrarse sin que le interrumpan. No querrá que haya gente alrededor cuando esté haciendo esta meditación. Si no dispone de un lugar así, le recomiendo que busque un lugar en su casa que sea favorable para la meditación. Lo ideal sería una zona donde los demás no pasen demasiado tiempo. Puede ser un rincón de su dormitorio, donde puede poner una silla; cualquier lugar donde pueda trabajar de forma adecuada. De esta forma, tendrá ocasión de generarse energía, cosa que hará que la luz opere con más eficacia. Si vive con otras personas, hágales saber lo que está haciendo, y que su tiempo de meditación es un tiempo sin interrupciones. También puede hacer este trabajo al aire libre, lo cual es excelente. Se puede trabajar muy bien en la naturaleza, pero también aquí tendrá que buscar un lugar donde no haya demasiada gente, como puede ocurrir en un patio trasero o en un parque. Yo, incluso, he llegado a salir con mi automóvil a la calle, he buscado un barrio tranquilo y me he puesto a meditar dentro del coche.

Lo importante en cualquier tipo de meditación es estar tranquilo y olvidarse del mundo, para que pueda sintonizar con su propia naturaleza divina. La meditación es una forma de acercarse a Dios. En las actividades de la vida diaria, es difícil sentir la unidad divina a menos que uno sea capaz de desconectarse periódicamente de esas actividades. Una vez tuve una alumna que decía que meditaba a diario, pero que no avanzaba demasiado en su empeño. De modo que fui a su casa, y ella me mostró cómo meditaba. Para empezar, tenía la radio puesta a todo volumen. También tenía el teléfono justo al lado, y atendió dos llamadas durante la «meditación». Tenía la comida en el fuego, y se levantaba de vez en cuando para echarle un vistazo. Es decir, que estaba haciendo de todo menos entrar en contacto con la unidad divina. ¿Cómo va a trabajar bien la luz de esta manera?

La meditación del yo superior es en realidad una forma de meditación y de oración. Meditación es sumirse en la quietud para recibir, y oración es pedir a Dios (sea amor, iluminación, fe o enviar luz y oraciones a otras personas). Usted tendrá que entrar en la quietud para recibir la luz, así como para pedirle a Dios el tipo de luz que necesita.

Al principio de su trabajo con la luz, bastará con diez o quince minutos. Encienda una vela blanca y ponga un cuenco de agua junto a la vela. Esto le permitirá establecer la vibración correcta en la habitación para que pueda trabajar. También puede poner flores cerca si lo desea. No importa en qué momento del día haga la meditación. A mí me gusta meditar por la mañana, porque me ayuda a empezar bien el día. Yo sugiero incluso que se elija una ropa especial, una ropa que llevará cada vez que medite porque, con cada meditación, usted estará añadiendo luz a esa ropa. Con el tiempo, habrá tanta luz en su ropa de meditación que, sólo con ponérsela, entrará en la disposición de meditar.

Los seis pasos para la meditación del yo superior son:

1. relájese
2. establezca la protección
3. compruebe sus centros espirituales
4. conecte con su yo superior
5. haga descender el rayo de luz
6. arráiguese

Paso uno * Relájese

Tómese unos instantes simplemente para relajarse. Deje ir el mundanal ruido y sus preocupaciones. No importa lo que ocurra a su alrededor. Ahora está en un lugar sagrado, donde está conectando con el Poder Superior, y quiere estar tan claro y lúcido como le resulte posible. Este estado de relajación y de pasividad no es un estado de somnolencia, sino un estado de serena vigilia.

Si está usted enfadado o molesto por algo, asegúrese de calmarse antes de comenzar con el trabajo de la luz. No querrá comenzar el trabajo airado o alterado. Respire profundamente y vaya a caminar un rato o a darse un paseo, y no piense en lo que le está preocupando. Si tiene problemas para relajarse, empiece por poner un poco de música que le serene. También puede comenzar haciendo algunas respiraciones lentas y profundas.

Paso dos * Establezca la protección

Cuando usted hace meditación, sea del tipo que sea, se está poniendo en una situación sumamente abierta y receptiva. La protección espiritual es importante en todos los niveles de la vida, y doblemente importante cuando se está en estado de meditación. Hay mucha actividad en el mundo, muchas energías negativas que le llegan de otras personas y de lugares, y que le pueden afectar, si usted lo permite. Por tanto, antes de empezar a meditar, asegúrese de invocar una luz protectora en torno a usted.

Una vez haya encontrado su lugar para meditar y esté relajado, empiece por ponerse dentro de una burbuja de luz. Para ello, póngase de pie, extienda los brazos y visualícese envuelto por una burbuja dorada de luz de más o menos la longitud de sus brazos a partir de su cuerpo. Esta burbuja de luz está en torno suyo, por delante, por detrás, por encima de usted, por debajo y a cada lado. Visualice siete corrientes de luz viva que le envuelven, y siéntase perfectamente seguro mientras pronuncia la siguiente oración:

PROTECCIÓN DE LA BURBUJA DORADA
Circúndame con una burbuja dorada de luz protectora. Pido que los siete flujos de esta luz me envuelvan y me mantengan perfectamente protegido.

Una vez sienta que la protección está establecida, ya puede comenzar. Con el tiempo, si tiene constancia en sus meditaciones, levantará un campo protector muy fuerte, y no necesitará ponerse de pie. Será capaz de reforzar su protección estando sentado.

Paso tres ✳ COMPRUEBE SUS CENTROS ESPIRITUALES

Al trabajar con la Luz Divina, usted va a enviar normalmente la luz desde su punto del yo superior hasta cuatro centros espirituales. Estos centros son:

* ✳ el centro mental
* ✳ el centro de la garganta
* ✳ el centro hermético
* ✳ el centro emocional

Estos cuatro centros van a ser los puntos focales para la recepción y la distribución de la luz por toda su consciencia. No es que los otros centros no entren en juego; simplemente, es que no están diseñados para ser centros de recepción y transmisión como lo están estos cuatro.

Cuando los centros se mueven con el flujo y el ritmo adecuados, giran en la dirección de las manecillas del reloj (véase la FIGURA 4.2). Imagínese un reloj pegado a su pecho con la esfera hacia fuera, mientras las manecillas giran en su sentido habitual. Eso es en la dirección de las manecillas del reloj. Si sus centros se mueven en dirección contraria, puede estar abriéndose usted a todo tipo de desarmonías, y los centros serán por tanto unos puntos de contacto deficientes para la Luz Divina. Sólo con que uno de estos centros se mueva en dirección contraria a las manecillas del reloj, puede inutilizar el trabajo de los demás. Comience por poner las manos, la derecha sobre la izquierda, sobre el centro que quiere comprobar. Empiece por el centro emocional y proceda luego hacia arriba. Estese muy quieto e intente sentir cómo se mueve ese centro. Si tiene la sensación de que se mueve en la dirección de las manecillas del reloj, pase al siguiente centro. Si no, visualice una luz blanca y pura que entra en el centro y cambia su dirección, haciendo que se mueva en la dirección correcta. Continúe hasta que haya comprobado los cuatro centros.

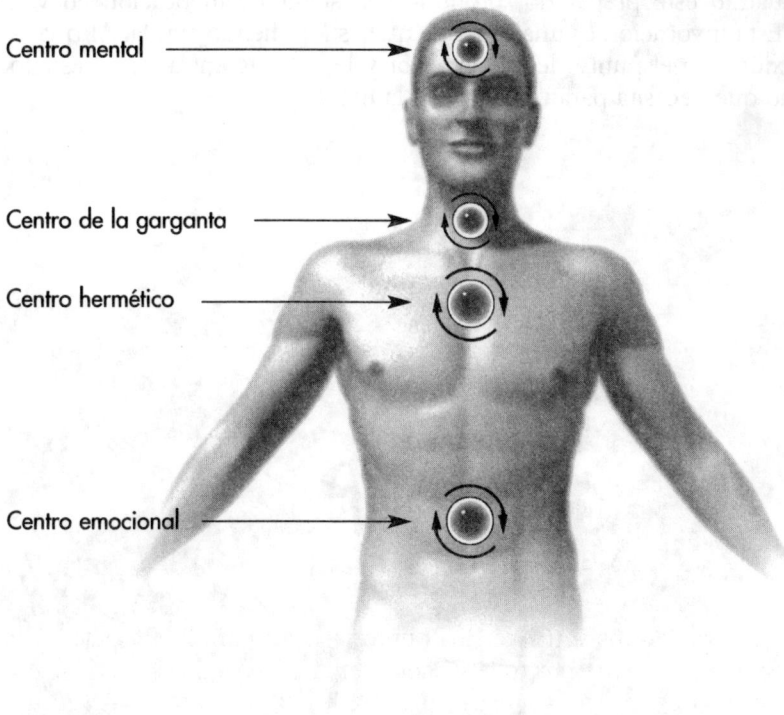

FIGURA 4.2: Movimiento de los centros en la dirección de las manecillas del reloj

Paso cuatro ✳ CONECTE CON SU YO SUPERIOR

Ahora se encuentra usted preparado para entrar en contacto con la luz. Para comenzar con la meditación del yo superior, siéntese derecho en la silla, sin cruzar las piernas, y quítese los zapatos para que la energía pueda fluir libremente (véase FIGURA 4.3). Durante la meditación, mantenga las manos sobre el centro emocional, la derecha sobre la izquierda, para polarizar la energía a medida que fluye a través de usted. Comenzará la meditación situando la atención en su punto del yo superior, a unos sesenta centímetros por encima de su cabeza. Para ubicar de forma efectiva su atención consciente en este punto, tiene que conectar fuertemente con su yo superior. Es muy posible que sienta cierta euforia, o que sienta la elevación de la conciencia del yo superior, pero esta experiencia no es un requisito necesario para llevar a cabo una meditación efectiva.

Cuando esté preparado, pronuncie la siguiente invocación en voz alta. Esta invocación es una señal de que está pidiendo ayuda. Afirma la conexión con el punto del yo superior y le permite entrar en el estado divino que necesita para trabajar con la luz.

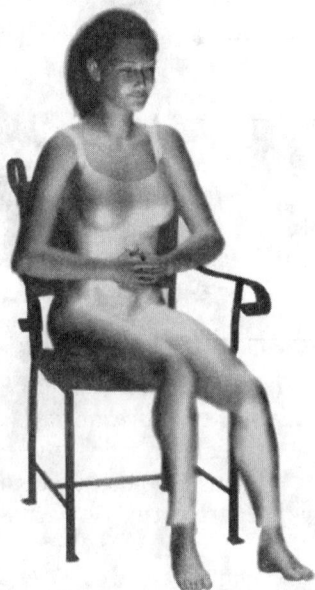

FIGURA 4.3: La postura de meditación

INVOCACIÓN

Padre Celestial, Santa Madre Dios, eleva mi consciencia hasta Tu consciencia para que me haga uno contigo. Ruego recibir lo que necesito y lo que conviene que sepa ahora.

Mientras pronuncia estas palabras, ponga su atención en el punto del yo superior, haciéndose uno con su esencia divina. Sienta y perciba que está en la claridad del conocimiento espiritual, en un lugar de paz, de serenidad y de armonía. Los centros en el interior de su cuerpo se pueden viciar y corromper, pero no su yo superior. Usted ha situado su consciencia por encima de los niveles humanos de su ser; ha entrado en una parte divina y pura de usted.

Paso cinco * HAGA DESCENDER EL RAYO DE LUZ

Una vez haya establecido la conexión con el yo superior, puede pedir verbalmente la luz. La verbalización es importante porque le permite un buen enfoque, al tiempo que le hace mucho más activo como participante en el trabajo de la luz. Usted está invocando un rayo de luz en concreto para una tarea en particular. Si lo dice en silencio, puede darse la tendencia a que la mente se extravíe un poco. Verbalizar sus oraciones es una fuerte afirmación de la luz, y también pone en juego el tono espiritual a través del centro de la garganta.

Al invocar la luz, el verbo clave que debe utilizar es descender el rayo.[1] La Luz Divina ha de ser irradiada hacia abajo desde los reinos superiores hasta su aura. Recuerde que no se trata de una aportación espiritual que provenga de dentro de usted; más bien, es energía que está usted extrayendo de una fuente que está por encima y más allá de usted.

Mientras pide la energía que necesita, visualícela descendiendo en un rayo de luz hasta su punto del yo superior. Visualice el color de la energía con la que está trabajando, vea cómo alcanza y activa este punto. Desde el punto del yo superior, visualice un rayo de luz que desciende hasta los cuatro centros espirituales con los que está trabajando (véase FIGURA 4-4), o dondequiera que usted pida que vaya la luz. A medida que la luz vaya alcanzando cada centro, manténgala ahí durante unos instan-

---

1. Nota del traductor: En el inglés original, el verbo que se propone es *down-ray*, que se podría traducir como «irradiar hacia abajo». Por una cuestión de forma, hemos preferido traducirlo por «descender el rayo».

tes hasta sentir que se realiza la conexión, sabiendo que estos centros se están encendiendo mediante el poder espiritual. Visualice el centro completamente lleno de la luz coloreada que solicita, y vea cómo irradia esa luz unos treinta centímetros en todas direcciones. Luego, pida la cualidad divina en concreto que desea que la luz le traiga.

Usted estará invocando la luz al pronunciar una oración meditativa. Estas oraciones dan las direcciones que usted quiere que tome la luz. Hay muchos ejemplos de oraciones meditativas en este libro, adecuadas para diversas situaciones y estados. Le recomiendo que las utilice textualmente al principio, palabra por palabra. Con el tiempo, usted se adaptará al ritmo del trabajo de la luz y pronunciará su propia oración según la necesidad exacta que usted tenga. No se preocupe si se equivoca en el fraseo exacto. Sí, hay una nomenclatura para el trabajo con la luz pero, a medida que trabaje con ella, le irá viniendo sola. Trabajar con la luz se convertirá en un arte, así como en un ejercicio espiritual. Si puede memorizar las oraciones de la luz, estupendo. Si no, lea simplemente la oración.

Cuando el rayo de luz descienda sobre usted, lo sentirá como un torrente de energía o como una sensación de hormigueo o un estremecimiento. Quizás sienta calor, dependiendo de lo que esté haciendo y del grado de sensibilidad que tenga usted. Repito: aunque no sienta nada, la luz estará, aun con todo, trabajando para usted. Con el tiempo, se acostumbrará a la sensación de la luz. Si siente resistencia, no se oponga a ella. Sea amable, y vaya al paso en el que se sienta cómodo. Si está trabajando con más de una energía, deje pasar unos cuantos minutos entre una energía y otra, para permitir que cada una se asiente antes de invocar la siguiente.

Si no está seguro de algo, pida a la Inteligencia Divina que le guíe. No se preocupe de si está haciéndose daño por elegir la energía «equivocada». A veces, he pedido un rayo y he visto descender otro completamente distinto. Su yo superior sabe exactamente cuáles son sus necesidades. Pida siempre recibir la luz «en la medida de mis necesidades». No va a tener una «sobredosis» de luz, porque el yo superior se encarga de que le llegue sólo la luz que usted puede manejar, pero usted desea llevar el ritmo del trabajo de la luz, y es bueno decir esto. Además, tiene que pedir que la luz alcance «todos los niveles de mi consciencia». De este modo, la luz se puede dirigir a otras áreas del aura que necesitan trabajo, además de a los centros.

Paso seis * ARRÁIGUESE

Después de recibir la luz, quédese quieto y en silencio durante unos instantes para dejar que se estabilice por toda su consciencia. De este modo, se arraigará en la luz. No querrá levantarse de repente y seguir con sus actividades cotidianas. Cuando sienta que la luz se ha arraigado en usted, pida que se fije en cada punto, sellándolo de luz. También será una buena idea que el rayo dorado protector envuelva la luz que acaba de recibir. Mediante la meditación, ha recibido usted la bendición de la más preciosa energía de luz. No querrá perder esta luz o que se la quiten. Al terminar, acuérdese de pronunciar la siguiente oración para dar las gracias al Poder Superior por el trabajo que ha realizado en usted, y para reconocer todo lo que ha recibido.

ORACIÓN FINAL

Pido que la luz que acabo de recibir quede protegida, sellada y fijada en mis centros y en todos los aspectos de mi aura. Te doy las gracias a Ti por hacer esto posible, y porque sea así siempre. Así sea.

Una vez se sienta arraigado, levántese y continúe con sus actividades cotidianas.

Cómo aplicar la luz para efectuar el cambio deseado

Ahora que ha llevado a cabo los seis pasos de la meditación, finalice su trabajo con la luz aplicándola en su vida. De vez en cuando, la meditación puede hacer por sí sola el cambio que usted desea; pero la mayor parte de las veces va a tener que aplicar activamente la luz después de recibirla. No puede esperar que el cambio tenga lugar haciendo simplemente el trabajo de la luz y no aplicando la energía espiritual donde hace falta. Usted tiene que convertirse en ejemplo de lo que quiere. La clave de la meditación de la luz es integrar la luz recibida en su vida activa. Si la preocupación es uno de sus puntos débiles, tiene que hacer un esfuerzo concertado no sólo trabajando con la luz, sino también negándose a ceder a la preocupación y, en su lugar, dejando paso a la fe y a la confianza espiritual. Con el trabajo de la luz, usted liberará las energías de la preocupación con mucha mayor rapidez; pero, si no deja de meterse en esas aguas cenagosas, la luz tendrá escaso efecto positivo. Si usted está realmente decidido a corregir una falta, tendrá que ser muy firme con ella. No puede perderla de vista. Del mismo modo, si está cultivando la confianza en sí mismo, trabajará con la luz dorada en gran medida, pero cuando aparezcan las oportunidades para materializar esa confianza tendrá que aprovecharlas. Mediante la aplicación repetida, cultivará el poder en su aura hasta que sea una parte inamovible de ella. El sendero espiritual no es una huida de los compromisos de la vida, sino la plena realización de éstos. Supone una elevación de todos los procesos de la existencia. La luz le da una inyección espiritual muy necesaria, pero no es un atajo para el desarrollo espiritual. A despecho de sus conocimientos o de su talento, usted tendrá que recorrer todavía todos los peldaños del crecimiento. El hacer uso de su cuenta corriente espiritual simplemente le ayuda a ir más rápido.

Esté receptivo después de hacer la meditación. A veces, la luz trabaja de maneras que usted no espera. Sin embargo, en el proceso hay una buena parte de alegría y libertad. En cuanto la luz empiece a trabajar en su vida, se dará cuenta de que algunas personas que creía que eran amigas en realidad no lo eran. Usted va a necesitar coraje para perdonarlas y dejarlas marchar, y para dejar que unos nuevos amigos, con mentalidad parecida, entren en su vida. O quizás descubra que su empleo no es el adecuado, y tendrá que empezar a buscar un empleo nuevo y mejor. Conviene que sea adaptable y que confíe en la luz. La luz le llevará siempre por el camino recto.

Capítulo 5

Cómo utilizar los rayos de poder

La naturaleza es una muestra de la magnificencia de Dios. Allá donde mire, puede llegar a emocionarse con la abundancia y el esplendor de Dios. La naturaleza produce una variedad casi interminable de creaciones físicas: árboles, flores, insectos, animales. Ni siquiera la luz física está compuesta por un solo color, sino por muchas bandas de colores. Y la misma variedad se puede percibir en la luz espiritual. Hay innumerables energías espirituales, cada una de las cuales sirve a su propio propósito. Usted precisa de esta diversidad, porque cada rayo de poder aporta un atributo espiritual diferente, y hay muchos atributos de la vida espiritual a los que va a tener que recurrir. Los diez rayos de poder de los que se habla en este capítulo representan diez cualidades diferentes de la vida espiritual que puede usted incorporar a su vida física. Estas energías espirituales se han diseñado especialmente para ayudarle en su búsqueda espiritual.

Cuando trabaje con estos rayos, convendrá que visualice el color del rayo que está operando. Si realmente puede ver el poder, será estupendo, pero tampoco es necesario. El no ver la energía en modo alguno disminuirá su capacidad para recibir la luz espiritual. Por encima de todo, no se preocupe por eso. Yo he tenido alumnos que se cuestionaban si realmente habían recibido la energía, y que se preguntaban por qué ellos no podían ver la luz mientras que otros sí que la veían. La duda es contraproducente, dado que puede interferir en la forma de recepción. Simplemente, sepa que está recibiendo la energía. Los rayos de poder no son una fantasía. No es un ejercicio intelectual o un juego de la imaginación. Son reales. Usted estará atrayendo realmente estas energías hacia sí; y, mientras trabaja con ellas, estará entrando en un lugar de conocimiento.

Las funciones de estos rayos de colores se pueden superponer. A veces, el rayo rosado del amor purificará las energías negativas de un modo más eficaz que la llama rojo naranja. En otras ocasiones, llegará el oro para la iluminación, en lugar de la luz del blanco puro. Poco a poco, irá sintiendo cómo utilizar exactamente estos rayos. Pero lo mejor de todo es que su yo superior sabe exactamente lo que necesita. Si usted invoca un rayo, pero resulta que el más apropiado en ese momento para usted es otro, le llegará el rayo que necesita.

Tenga en cuenta que estos rayos de poder no operan como la luz física en el sentido en que el azul y el amarillo dan lugar al verde. Cada rayo es un poder que funciona de forma independiente de los demás.

A cada rayo le acompaña una oración meditativa. En general, son oraciones que puede utilizar siempre que necesite estos rayos de poder. Por ejemplo, si está temblando como un flan, puede hacer uso de la oración meditativa para la paz divina con el fin de calmarse. En los capítulos siguientes, entraremos en las distintas formas de trabajar con la luz en situaciones particulares, y en las oraciones meditativas individualizadas que van con ellas.

La purificación

El rayo de poder que se utiliza para la purificación espiritual se denomina llama rojo naranja. Este rayo está diseñado específicamente para ayudar a liberar las acumulaciones negativas en el aura. La energía dominante es naranja, que es la purificadora, pero el rojo es fuerte también, lo cual hace que la purificación sea más rápida, además de aportarle una gran vitalidad. La llama rojo naranja purifica «quemando» la energía negativa que hay en el aura. Este rayo desintegra la energía destructiva y la convierte en una sustancia fina, como un polvo, que denominamos átomos negros y grises. Una vez desprendidos, estos átomos van a parar al reino mineral, desde donde se reconstituyen en la Luz Divina. Nada se pierde. Incluso la energía corrompida se recicla.

La purificación espiritual es esencial en el desarrollo de su aura. En la vida física, el cuerpo es capaz de acumular gran cantidad de toxinas de diversas procedencias. Y conviene liberarse de estas toxinas o, de lo contrario, el organismo estará cada vez más contaminado, estresado y enfermo. En la purificación espiritual, usted va a tener que liberarse de las toxinas espirituales para que el aura trabaje adecuadamente. Estas toxinas espirituales son las energías negativas que usted ha generado o ha recogido de los demás. Estas energías se acumulan en el aura, alterando y minando el campo de energía en su totalidad. Afortunadamente, el aura tiene un sistema incorporado de reaprovisionamiento que opera en ciclos de ocho horas para limpiar el campo de energía. Sin embargo, a veces no es suficiente.

Por ejemplo, pongamos que mi aura está en buena forma, sin radiaciones oscuras. Me pongo a discutir y tengo un enorme acceso de ira. La ira provocará cambios en mi aura, y lo que antes eran hermosas energías se transformarán ahora en un rojo sucio. Es decir, he contaminado mi aura como consecuencia de mi estallido emocional. Eventualmente, las radiaciones negativas remitirán, pero llevará tiempo. Aun con el sistema de limpieza trabajando las veinticuatro horas del día, un acceso intenso de ira necesitará alrededor de dos semanas para abandonar el aura por completo. Durante esas dos semanas, y si no voy con cuidado, seré susceptible de tener más accesos de ira y seré más vulnerable ante otras energías negativas. Si sucumbo a otros estallidos emocionales, no haré otra cosa que acumular energía negativa, restringiendo así el flujo natural del aura. Y si no estoy atento, atraeré otros tipos de energías destructivas, empeorando enormemente el problema. El resultado puede causar verdaderos estragos en mi vida, dando lugar a tensión, accidentes, enfermedades y otros problemas.

La llama rojo naranja es habitualmente el primer paso antes de efectuar un cambio, por lo que va a tener que invocar a menudo este rayo. La purificación es un requisito casi diario, y es probable que tenga que estar purificándose hasta el mismo día en que abandone este mundo. Es casi imposible no generar o recoger energía negativa por el camino. Siempre puede haber algo que quiera llegar hasta usted, y usted puede absorber estas energías negativas involuntariamente. Con la llama rojo naranja, no tendrá de qué preocuparse. Esta energía le sacará de cualquier lío espiritual. La llama rojo naranja es también una herramienta esencial para liberarse de la acumulación de energías destructivas acumuladas del pasado. Va a tener que utilizar esta fregona con frecuencia para liberarse de malos hábitos y de deficiencias. Es un rayo que posee un tremendo poder. Sin esta energía, el hombre no podría elevarse jamás por encima de la energía negativa que ha generado o recogido.

ORACIÓN MEDITATIVA
PARA LA LLAMA ROJO NARANJA
Que descienda la llama rojo naranja de la purificación a todos los niveles de mi consciencia, liberándome de todos los átomos negros y grises y llevándoselos al reino mineral para que se disuelvan en la luz.

Nueva fuerza vital

El rayo que hay que invocar para atraer nueva fuerza vital es el fuego blanco azul de vida eterna. Este rayo es muy potente, y está conectado con lo que se denomina «el aliento de Dios». Es una de las energías más elevadas que puede usar. Con frecuencia, digo que si uno sólo tuviera tiempo para utilizar una energía, que use el fuego blanco azul. Es una energía poderosa y reparadora que aporta nueva fuerza vital a su consciencia. Y es muy espectacular de ver. El color predominante es un rico azul zafiro, casi como la llama azul de una cocina de gas, con destellos de luz blanca y plateada que generan un efecto electrizante. También aquí, se parece más a un rayo que a un fuego, pero opera en usted como un fuego espiritual que da la vida. En realidad, este rayo de poder tiene siete atributos, y muchas veces se puede ver un calidoscopio de colores moviéndose entre el azul y el blanco, y que es la razón por la cual es tan beneficioso este rayo.

El fuego blanco azul tendrá un efecto muy potente en conjunción con la llama rojo naranja. Una vez haya llevado a cabo la purificación espiritual, siga siempre con el fuego blanco azul. Cuando termine de utilizar un rayo, reponga con otro. El fuego blanco azul tiene una sorprendente capacidad para rejuvenecer y cargar su aura, permitiendo así asimilar mejor otras energías. Del mismo modo que arrancamos las malas hierbas antes de plantar nuevas flores en el jardín, usted tendrá que preparar el suelo de su aura para que las semillas nuevas germinen bien. El uso del fuego blanco azul es como labrar en suelo nuevo.

Además de esta propiedad de recarga, el fuego blanco azul tiene muchas aplicaciones. Si está usted deprimido, el fuego blanco azul le puede ayudar a salir de la depresión. El fuego blanco azul es también una de las mayores energías curativas, y ayuda a sostener el cuerpo físico. Usted puede ver su poder mientras corre a través de sus órganos y de su flujo sanguíneo. Sin el fuego blanco azul, el cuerpo físico perdería la vitalidad y sería incapaz de funcionar bien. En esencia, forma parte de la fuerza vital cósmica, que sana y restaura la energía vital en todas las capas de su ser.

Oración meditativa
para el fuego blanco azul
Que descienda el fuego blanco azul de vida eterna cargando y recargando todos los niveles de mi consciencia con nueva y electrizante fuerza vital con el movimiento de las manecillas del reloj.

Sabiduría

El rayo para la sabiduría y la iluminación es el rayo dorado de la luz de la sabiduría. Se ve como un brillante rayo dorado y es la esencia espiritual del poder dinámico de Dios. Usted utilizará esta energía en gran medida en conjunción con la guía divina. Si hay una decisión importante que tomar, atraiga el rayo dorado de la luz de la sabiduría, en especial para su cuerpo mental, y pida la iluminación que le permita tomar la decisión correcta. Si se encuentra en general indeciso, el rayo dorado es la energía que le ayudará a hacerse más decidido.

La sabiduría es uno de los principales atributos de un alma madura. La palabra *sabiduría* nos habla de percepción y conocimiento espiritual, de fortaleza de carácter y de fuerte fibra moral. Una persona sabia toma sus decisiones desde algún lugar del conocimiento interior. La sabiduría espiritual es el resultado del conocimiento aplicado, y no de una información repetida y trillada. Un estudiante puede memorizar muchos principios espirituales, pero eso no le hace espiritualmente sabio. Hasta que el estudiante no haya asimilado los conocimientos en su conocer, no habrá sabiduría. Hay un antiguo dicho espiritual que dice: «Tú sabes lo que sabes que sabes». Cultivar la verdadera sabiduría lleva tiempo. Y ése es el motivo por el cual un aura con un color oro predominante es una de las más elevadas auras. Demuestra que el alma ha pasado por innumerables experiencias, pruebas y tribulaciones, y que alcanzó la victoria del verdadero conocimiento y magisterio espiritual.

La luz dorada es el más dinámico de todos los rayos, y usted tiene que manifestar su naturaleza dinámica. Sería muy difícil conseguir algo en este mundo, en especial algo espiritual, sin la energía dinámica.

Muchas personas malinterpretan la naturaleza dinámica de la vida en el trabajo espiritual. Suelen confundir el ser espiritualmente dinámico con ser humanamente agresivo, y así terminan por no manifestar su naturaleza dinámica. La naturaleza dinámica de la vida es el aspecto «distribuidor», el constructor y el iniciador de la vida. Ser espiritualmente dinámico es un rasgo divino que opera bajo la dirección de la voluntad divina para que sus acciones estén en armonía con la vida. De este modo, sus acciones no van en modo alguno en detrimento de los demás. Pasa a ser una situación de ganar/ganar. Las personas que son dinámicamente activas irradian una hermosa luz dorada. Por el contrario, ser agresivo es un rasgo exclusivamente humano, que se manifiesta como voluntad humana, reclamando lo que se desea sin tener en cuenta cómo va a afectar esta agresión a los demás. Con frecuencia, las acciones agresivas o coercitivas tienen un efecto adverso sobre los demás. Pasa por ser una situación ganar/perder. Y, en vez del rayo dorado de la acción dinámica, las personas abiertamente agresivas irradiarán una energía de color granate sucio.

Debido a su poder dinámico, la luz dorada tiene muchas aplicaciones, además de cultivar la sabiduría y la iluminación. El rayo dorado se puede invocar para cultivar una voluntad, una confianza, un coraje, un poder divino, una fe y una fuerza interior dinámicos. Es también la mejor energía para la protección, incluso mejor que la luz blanca.

ORACIÓN MEDITATIVA
PARA LA LUZ DE LA SABIDURÍA
Que descienda el rayo dorado de la luz
de la sabiduría a todos los niveles de mi ser,
trayéndome Tu sabiduría y Tu iluminación,
y todos los atributos dinámicos divinos
de este poder que necesito.

Amor espiritual

El rosa oscuro es la energía que invoca el amor espiritual. Mientras el rayo dorado aporta una sabiduría, una voluntad y una acción fuertes, el rayo rosa oscuro aporta amor, compasión y amabilidad. Su esencia es la naturaleza magnética de Dios. En los elevados reinos espirituales operan básicamente dos fuerzas: la Mente Divina y el Corazón del Amor Espiritual. El amor es el vínculo que mantiene unido el universo. Más que ninguna otra cosa, el Amor Divino puede llevarle a la unión con Dios. Una vez se encuentre usted en esa unión, dispondrá de amor para sí mismo y de compasión para los demás, porque estará conectado con la fuente del amor.

El rayo del amor es una de las energías que más fácil resulta percibir. Cuando trabaje con ella, podrá sentir su suavidad y su dulzura. Suele darse una sensación de dicha cuando se trabaja con este rayo, y la gente ve esta energía más a menudo que ninguna otra. El rayo rosa oscuro se puede utilizar para crear un entorno más amoroso para usted y para los que están a su alrededor. También puede funcionar como una potente energía de curación, si le han hecho daño, o se siente solo y no se siente amado. Es una energía esencial para sanar relaciones, para trabajar con el perdón, para incrementar la confianza y la comprensión y para hacerse menos egoísta. Es la gran sanadora del alma, y es capaz de curar las heridas más profundas del corazón.

Todo miedo, frustración, soledad y preocupación se puede disolver mediante el rayo rosa oscuro del amor. El Amor Divino inspira una actitud no egoísta ante la vida. Es el amor puro e incondicional que da sin esperar nada a cambio. No es el amor de los deseos y los intereses egoístas; es el amor del sacrificio, el amor del servicio a la humanidad. Este elevado amor lleva al definitivo amor universal de Dios, que ama a toda la creación incondicionalmente y por igual.

ORACIÓN MEDITATIVA
PARA EL AMOR DIVINO
Que descienda el rayo rosa oscuro del amor,
acelerando mis centros espirituales e inundando
toda mi consciencia con este amor Tuyo,
llevándome hasta la belleza, el ritmo y el tono
perfectos, como un cuerpo en Tu cuerpo
de Amor Divino.

Paz divina

El púrpura oscuro es el rayo que hay que invocar para la paz divina. Hay también una versión más suave, que es de tonalidad violeta. El rayo púrpura oscuro es esencial para aquietar la mente y las emociones. Da la impresión de que la palabra que más se utiliza en el mundo hoy en día es *paz*. La gente pide paz. En este estresante y acelerado mundo, en medio del torbellino, cualquiera necesita serenar su consciencia y estar en comunión con su propia naturaleza divina y con Dios. Y la única manera de hacerlo es buscando la paz de Dios. Este rayo le ofrece una de las mejores maneras de liberarse del estrés y de las tensiones del mundo, y de entrar en un estado de calma, al tiempo que le libera de cualquier sensación de carga o pesar de corazón.

Ésta es la energía que hay que invocar para entrar en la serenidad divina, el silencio espiritual. Cuando está usted en paz consigo mismo, no hay conflicto que valga, sólo la relajación del conocimiento divino. La persona que tenga mucho púrpura en su aura deberá estar sumamente avanzada, puesto que será una persona que se estará dejando llevar por Dios, al haber puesto el control en sus manos.

Muchas son las personas que se aferran tanto a sus preocupaciones y sus problemas que no dejan espacio para que Dios entre en sus vidas. Dejan que las tensiones les agobien hasta un punto en que difícilmente pueden funcionar. Cuando hay mucha ansiedad, el aura se ve afectada. La energía no fluye como debiera, y se hace irregular y dentada. Este rayo puede resolver estas irregularidades en el aura. Es muy bueno para calmar los nervios y, si está apenado o ha tenido alguna experiencia traumática, el rayo púrpura es la energía que debe usar para salir de ese dolor.

ORACIÓN MEDITATIVA
PARA LA PAZ DIVINA
*Que descienda el rayo de la paz divina a todos
los niveles de mi consciencia, y que me sumerja
en el silencio de la paz y la paz del silencio.*

Equilibrio y armonía

El rayo de poder que hay que invocar para equilibrar y armonizar es el rayo verde esmeralda. Sin armonía y sin centrarse en la consciencia, nada le irá bien en la vida. Cuanto más centrado espiritualmente esté usted, mejor le irán las cosas. El rayo verde esmeralda ayuda a equilibrar y armonizar los diferentes aspectos de su vida para que discurran con suavidad. En la música, la armonía se define como la combinación agradable de dos o más sonidos musicales. Del mismo modo, usted debe desear que los distintos aspectos de su vida se lleven bien, por lo que puede utilizar esta energía para mantener el equilibrio entre mente, cuerpo y alma.

El rayo verde esmeralda es muy importante en su vida diaria. Es una energía que le ayudará a mantener el equilibrio espiritual, a despecho de los obstáculos que tenga que afrontar. Si se siente desorientado en sus asuntos mundanos, invoque esta energía para equilibrar las cosas. Sin duda, usted lleva muchas cosas adelante al mismo tiempo, y precisa que todas ellas discurran con suavidad. Quizás su vida en el hogar es buena, mientras su vida profesional es un caos. Las relaciones con sus amigos pueden ser buenas, mientras que en la familia las cosas pueden no ir bien. Quizás haya sufrido un trauma que haya sacado de quicio su vida. Todas éstas son situaciones que necesitan del rayo verde esmeralda. Una persona cuya vida esté equilibrada será capaz de manejar muchas cosas eficiente y fácilmente. Habrá pocas situaciones extremas en su vida y, cuando las haya, sus efectos serán mucho menos devastadores.

Su centro hermético necesita particularmente este rayo, dado que muchas de las actividades de este centro están relacionadas con el mundo exterior. Esta energía ayuda también a invertir el movimiento contrario a las manecillas del reloj en el aura.

ORACIÓN MEDITATIVA
PARA EL PODER EQUILIBRADO
*Descienda el rayo verde esmeralda del poder
equilibrado y que fluya directamente en mis
centros y en todo mi ser, poniéndome en armonía
perfecta de mente, cuerpo y alma.*

La inteligencia divina

Al igual que la luz plateada en el aura, el rayo plateado nos trae la inteligencia divina. La inteligencia es algo diferente a la sabiduría en el sentido en que se basa firmemente en la percepción. Muchas personas son inteligentes, pero no son sabias. Sin embargo, se necesita inteligencia para percibir la sabiduría. El rayo plateado trabaja intensamente en los niveles mentales del aura para acelerar los poderes de percepción. El rayo plateado aporta claridad y acelera la percepción cuando uno tiene problemas para comprender gran cantidad de información.

Este rayo acelera el progreso. Supongamos que lleva usted entre manos una transacción comercial que no avanza. Es evidente lo que hay que hacer, pero los papeleos son interminables. No se firman los papeles, la gente no devuelve las llamadas telefónicas, etc. Usted puede invocar el rayo plateado para acelerar todo el proceso y poner fin al estancamiento. Es el rayo de la elección cuando uno necesita orientación en su rutina diaria, en los asuntos cotidianos humanos. El rayo plateado trabaja muy bien con la luz dorada, la amarillo limón y la blanca, y potencia también la efectividad de los otros rayos, para que usted pueda integrarlos más fácilmente en su aura. Puede invocarlo también como guía cuando no está seguro de qué rayo utilizar en sus meditaciones.

La persona que utiliza sus divinos poderes de inteligencia podrá comprender y resolver mejor los problemas que surgen en la vida. ¿Se ha dado cuenta de que hay personas que parecen manejarse bien bajo presión, que toman decisiones claras que luego resultan ser correctas? Este tipo de persona está muy cerca de la naturaleza divina de este poder, sea de forma consciente o inconsciente.

ORACIÓN MEDITATIVA
PARA LA INTELIGENCIA DIVINA
Descienda el rayo plateado de la inteligencia divina hasta mi cuerpo mental, acelerando mi cerebro y las células de mi cuerpo en todos lo niveles de mi mente/cerebro consciente, agudizando mis poderes de percepción.

La concentración

El rayo amarillo limón genera un magnífico poder de concentración. Si está estudiando para un examen o pretende dominar un tema, este rayo es esencial, pues le permitirá concentrarse sobre un tema sin distraerse.

Cuando cultive este poder, estimulará su capacidad para el estudio y disfrutará mucho más con ello. Si tiene necesidad de disipar el letargo mental, éste es el rayo que tiene que utilizar. Aunque se trata principalmente de una energía mental, se puede utilizar por toda el aura para mantener la vibración estable.

El rayo amarillo limón es importante para convertirse en un clarividente cualificado. Cuando yo estaba desarrollando mi propia clarividencia, me pasé nueve meses trabajando solamente la concentración con el fin de conseguir el nivel necesario para desarrollar mis potencialidades. Es difícil mantener ciertas percepciones clarividentes durante cierto tiempo y, sin este nivel de concentración, sería incapaz de mantener mi visión espiritual a lo largo de toda una conferencia, que puede suponer la lectura de muchas auras.

ORACIÓN MEDITATIVA
PARA LA CONCENTRACIÓN
*Descienda el rayo amarillo limón hasta mi
cuerpo mental, acelerando mi pensamiento
mente/cerebro, y trayéndome el poder
de concentración.*

La prosperidad

El rayo turquesa es la energía espiritual de la prosperidad y la abundancia. Su color es un verde azulado, muy parecido al tono azulado de la piedra turquesa. Si cree que carece de la conciencia espiritual de la prosperidad, ésta es la energía con la que tiene que trabajar. Este rayo de poder está especialmente diseñado para ayudarle a cultivar la conciencia y el flujo de una riqueza ilimitada. En la vida física, solemos tener la tendencia a limitarnos a nosotros mismos. Este rayo le puede ayudar a salir de su estrecha y encajonada consciencia de limitación y le va a permitir una expansión del flujo de la luz. Esta energía trabaja especialmente bien en el centro hermético, multiplicando y amplificando las condiciones positivas en su vida. Puede ayudarle a hacer más dinero, así como a atraer amigos, ideas y asistencia en la creación de nuevas circunstancias.

Como explicaremos en el capítulo 8, la consciencia de prosperidad es uno de los atributos naturales del alma, una de sus cualidades innatas. Como hijo de Dios, usted tiene el poder de crear prosperidad pero, para manifestar estos dones, hay que alimentar y desarrollar estas cualidades innatas. El hecho de que usted carezca de recursos físicos no significa otra cosa que el hecho de que usted tiene desconectada esta área de su legado espiritual. Por algún motivo, la energía turquesa no está equilibrada en su aura. Para cultivar la prosperidad, tendrá que extraer esta energía a menudo. También tiene que pensar, hablar y sentirse próspero. Es especialmente importante sumergirse en la sensación de esta energía; tiene que sentirse rico para fijarlo en su consciencia. Su cuerpo emocional necesita sentir esta riqueza espiritual, tanto si su bolsillo está de acuerdo como si no.

Si usted pasa por dificultades económicas, puede utilizar este rayo para aumentar los ingresos. Si está ansioso por el dinero en general, puede utilizar este rayo para cultivar una mayor consciencia espiritual del dinero. De este modo, su fe y su conocimiento le permitirán superar cualquier época económicamente difícil. Si se halla usted en la verdadera consciencia de prosperidad, no tendrá importancia qué cantidad de dinero tenga, porque estará conectado directamente con aquello que lo provee todo, y usted sabrá que siempre tendrá lo que necesite.

ORACIÓN MEDITATIVA
PARA LA PROSPERIDAD
*Descienda el rayo turquesa de la abundancia
y la provisión, alcanzando mi centro hermético
y activando a personas, lugares, cosas,
condiciones y situaciones para que
me traigan la perfecta prosperidad.*

La luz blanca pura

La luz blanca pura es una energía maravillosa que eleva y redime, y que lleva a la misma esencia de Dios. Tiene una gigantesca capacidad para transmutar las energías negativas. Si ha hecho usted algo que sabe que está mal, invoque a esta energía para que le ayude a reparar su alma, para que le saque de la energía oscura que ha generado y para que repare cualquier daño que le haya hecho a los demás. No importa cuán profundo sea el hoyo en el que usted ha caído. La luz blanca puede sacarle de cualquier cenagal. Este rayo está fuertemente conectado con su desarrollo evolutivo. La luz blanca pura le sumirá en la pureza y la santidad de la experiencia de Dios, algo que normalmente no podría experimentar en el campo de los asuntos humanos. Funciona magníficamente bien en las relaciones enfrentadas y conflictivas, sacándole de esa energía abrasiva. Es esencial su utilización durante las relaciones sexuales, para mantener el movimiento de la energía en un nivel elevado. Es una de las principales energías que hay que utilizar para el desarrollo de la clarividencia.

La luz blanca pura es también un rayo de iluminación y de revelación, en especial cuando se pide una iluminación de tipo puramente espiritual. También tiene propiedades protectoras, y funciona muy bien con el oro para la protección.

Al igual que la llama rojo naranja, la luz blanca pura puede liberarnos de la energía negativa, pero se centra particularmente en redimir las energías negativas. Con la energía negativa, usted tiene dos opciones: puede desprenderse de ella o puede transmutarla. Al redimir la energía negativa, usted estará restaurando a su divina esencia la energía corrompida. Es como las células del cuerpo. Hay células de las que el organismo se desprende cuando están viejas y ya no se pueden utilizar; pero otras se restauran, porque aún son útiles y se pueden reponer, aun cuando se hayan podido contaminar con algunas impurezas.

ORACIÓN MEDITATIVA
PARA LA LUZ BLANCA PURA
«Descienda la luz blanca pura para ecualizar, alinear, centrar y armonizar todos los niveles de mi consciencia, elevándome y sumergiéndome en la pureza de Tu unidad.»

La energía en acción

Al principio, habrá que habituarse un poco a trabajar con estos rayos. Tendrá que familiarizarse con todo el proceso, así como sentirse cómodo con los flujos de energía, cada vez mayores, que irá recibiendo. Sin embargo, en cuanto se adapte al ritmo de la luz, ésta no tardará en convertirse en su segunda naturaleza. Lo que usted hace realmente cuando lleva a cabo la meditación del yo superior es seguir el curso natural que toma la luz para llegar hasta usted. Al cooperar conscientemente con este proceso natural, lo único que hace es elevar el poder espiritual que puede recibir.

Poco a poco, a medida que se adapte al ritmo de trabajo con la luz, usted irá adquiriendo maestría. Al principio, pronunciar las oraciones puede parecerle como si recitara algo absurdo; pero, con el tiempo, esas palabras surgirán de su propia alma y serán expresión propia. La nomenclatura del trabajo de la luz se convertirá en su propia lengua sagrada, y descubrirá su propia forma de expresión y su belleza. Dese tiempo también para habituarse al aumento de las vibraciones de la luz que irá recibiendo. Llegará en pequeñas dosis al principio, hasta que se aclimate a este nuevo nivel de actividad espiritual.

En sus procesos de transformación, la luz hace esencialmente las tres cuartas partes del trabajo, mientras que la otra cuarta parte la tiene que implementar usted con su esfuerzo y su trabajo. Esas tres cuartas partes suponen un proceso integral e intrincado mediante el cual se le envía a usted la luz, algo de lo cual usted no tiene que preocuparse. Su parte en el trabajo estriba en hacer las meditaciones espirituales y, por encima de todo, intentar ser un canal de la luz tan fuerte y tan equilibrado como le resulte posible. No puede usted trabajar con la luz durante el día y echarlo todo a perder por la noche. ¡He tenido alumnos que decidieron no trabajar con la luz porque suponía demasiado esfuerzo para ellos! Como si todo lo que uno tuviera que hacer es desear que algo ocurra para que ocurra. Como ellos decían, «¡Si los deseos fueran caballos, hasta los mendigos irían a caballo!». Usted va a tener que hacer todo lo que pueda por convertirse en el ejemplo de lo que desea ser.

Mucha gente me ha preguntado cuántas meditaciones hacen falta para aclarar algo del aura. Pero ésta es la pregunta del millón, y la respuesta depende de muchos factores. En primer lugar, de lo profunda que sea la situación. Una irritación reciente se limpiará con mayor rapidez que un resentimiento largo tiempo albergado. Otro factor es la determinación de la persona. Si nos aproximamos al trabajo de la luz con cierta indolencia y poco motivados, el trabajo tendrá menos eficacia que si nos aproximamos con resolución. Pero quizás el mayor impedimento sea el de las recaídas. En un mundo perfecto, hasta las energías más enredadas se podrían aclarar en un corto espacio de tiempo. Sin embargo, en la realidad, hay casi siempre altibajos. El proceso de la luz comienza, pero entonces algo da nuevas energías a la condición negativa, y el proceso de la luz debe comenzar de nuevo. Y esto puede suceder durante algún tiempo, hasta que el impulso vence la resistencia en favor de la luz.

Vea el trabajo de la luz como el de verter agua limpia en una copa que estaba llena de agua sucia. Si usted no deja de verter agua limpia, el agua sucia terminará por desaparecer, y sólo habrá agua limpia. En general, una energía negativa aislada, una energía solitaria en el aura que no haya ganado impulso, se puede limpiar con cinco o diez meditaciones efectivas.

Los efectos del proceso de la luz

La mayoría de las veces, el proceso de meditación es un catalizador para el cambio. Genera un movimiento inicial de energía espiritual que da inicio al proceso de transformación. Se parece un poco a una pequeña bola de nieve que rueda pendiente abajo por una colina cubierta de nieve, aumentando su impulso y creciendo cada vez más. El trabajo de la luz es el que mantiene rodando la bola.

El destino inicial de la luz son los centros de energía. La luz baja desde el yo superior en la cantidad que se necesita, y hace el trabajo para el cual está diseñada. Cuando termina, se retira y vuelve a la fuente de la que emanó. Durante este proceso, la luz se conserva en los centros de energía, desde donde se irradia como emanaciones activas, y son estas emanaciones las que mantienen a la bola rodando (véase FIGURA 5.1). Éste es el motivo por el cual es tan importante hacer uso de la energía que acaba de recibir, o comenzará a desvanecerse casi de inmediato.

Con el tiempo, y con un esfuerzo constante en la meditación del yo superior, el aura adquirirá un resplandor y una vibración totalmente diferentes. Se puede ofrecer un ejemplo ciertamente espectacular. Se trata del caso de una mujer a la que atendí antes de que me pusiera a enseñar a tiempo completo. Ella trabajaba en una compañía de seguros por aquel entonces, y trabajaba en mi departamento. En aquella época, yo aún no le había dicho a la gente que podía ver el aura. Pero, dado que podía ver los problemas que tenían, intentaba ayudarles de una forma indirecta; o bien, de cuando en cuando, les enseñaba algunos principios a los amigos que tenían verdadera necesidad y se mostraban abiertos a tales ideas. Debía tener cuidado al hacer esto, dado que en aquella época no se aceptaban las ideas metafísicas como se aceptan ahora.

En el aura de esta mujer pude ver que tenía problemas. Un día, le pregunté como por casualidad si había algo que la preocupara, y me contó sus problemas. Resultaba que su marido, con el que llevaba trece años casada, acababa de dejarla, con sus seis hijos a cargo de ella. Se habían casado cuando ella tenía sólo diecisiete años, y ahora se encontraba con treinta años y seis hijos que sacar adelante. Profundamente conmocionada, había caído en una grave depresión.

La depresión se veía con toda claridad en su aura (véase FIGURA 5.2). Su centro mental giraba en dirección contraria a las manecillas del reloj, y había una energía cremosa a su alrededor, que indicaba su confusión mental. Además, había una nube gris por encima de la cabeza que denotaba su intensa preocupación. Los rayos en abanico del resto de centros eran grises, es decir del color de sus pensamientos y sentimientos depresivos. También emanaban radiaciones activas de color azul oscuro desde su centro hermético, manifestando una actitud de pesimismo y melancolía. De su centro emocional partían emanaciones activas de un verde aguacate, indicio de las oscuras emociones que le generaba el sentirse engañada. Y esto se traducía en sus intentos por escabullirse de sus responsabilidades en el trabajo y en su vida personal.

Los rayos de la llama rojo naranja y del fuego blanco azul permitieron que se liberara de la depresión y de la suposición pesimista de que nunca encontraría otro amor. La luz verde esmeralda le dio cierto equilibrio, dado que el abandono la había dejado conmocionada y muy desorientada. Hizo falta luz rosa oscuro para darle un empujón a su autoestima. Ésta fue probablemente la parte más dura para ella. Pero el sentimiento más doloroso, más que el de la ira que sentía hacia su marido, era el que le venía al pensar que nadie la querría ya nunca más. Pero lo cierto era que seguía siendo una mujer joven y atractiva, y que no había razón para que no se enamorara y se casara de nuevo. Ella siempre se repetía: «¿Quién me va a querer a mí, teniendo seis hijos?».

Alrededor de ocho meses después del inicio de todo el proceso, su aura tenía un aspecto magnífico. Las nubes oscuras y las zonas marrones habían desaparecido por completo. Su cuerpo mental era claro y penetrante. En lugar de nubes grises, ahora había puntos de luz plateados y diamantinos, lo cual atestiguaba la adquisición de unos poderes de percepción mucho más agudos. La energía en abanico amarillo limón que surgía de su centro mental demostraba un pensamiento alerta y centrado. El centro hermético tenía rayos en abanico de un verde esmeralda, que ilustraban el equilibrio y la armonía que había alcanzado en su vida. Había hermosas y brillantes emanaciones activas azules que surgían también de este centro, indicando la dedicación y la lealtad que mostraba por sus hijos. Su división emocional estaba también en gran forma. De su centro emocional surgía una hermosa energía en abanico de un color rosa oscuro, que expresaba su renovado amor por la vida. También había emanaciones activas de un azul brillante en este centro, que apuntaban una calidad emocional estable e imperturbable. Evidentemente, su visión general de la vida era mucho más prometedora.

Un día, mientras almorzábamos juntas, vi la imagen de un hombre en su campo áurico. No podía ver ningún rasgo específico, pero sentí intuitivamente que se trataba de un hombre con el que se iba a encontrar, alguien que podía ser potencialmente su marido. Curiosamente, cuando le dije que pronto conocería a alguien, se mostró escéptica. Si hubiera sido capaz de ver lo bien que estaba su aura, no habría dudado de mis palabras.

Antes de que transcurriera un mes, recibió una invitación para una reunión de antiguos alumnos del instituto. Fue y, ¿a quién se encontró allí? Se encontró con un antiguo novio del instituto. Y resultó que aquel hombre se había casado, había tenido dos hijos y también se había divorciado. La atracción seguía estando ahí. Un mes después se casaron, y asistieron a la boda sus seis hijos y los dos hijos de su nuevo marido. Esta experiencia tuvo también un profundo efecto sobre mí. La ayuda que le presté a ella marcó el inicio de mi carrera como profesora porque, a partir de entonces, esta mujer no dejaba de decir a todos aquellos que tenían problemas: «Ve a Barbara; seguro que te dice algo». Como consecuencia de todo aquello, empecé a dar mis primeras conferencias en público sobre metafísica.

El desarrollo de un punto de vista espiritual

Un último aspecto que deseo resaltar es el de la importancia de trabajar con la luz desde un punto de vista espiritual. Recuerde que la vida opera de dentro afuera. Todo lo que experimentamos en la vida física se generó primero en el plano espiritual. Éste es el motivo por el cual el aura manifiesta cualquier proceso de transformación antes que el cuerpo. Lo que suele entorpecer nuestro desarrollo espiritual y reducir la eficacia de nuestra conexión con la luz es que vemos la vida desde un punto de vista físico. Incluso al tratar de temas espirituales, la mayor parte de nuestros conocimientos y de nuestra comprensión se percibe y se interpreta a través de los cinco sentidos. Yo he visto describir el aura como un campo electromagnético, como si fuera solamente una radiación del cuerpo físico. La gente intenta equiparar la luz espiritual con la luz física. Y es natural que lo hagan, porque nos sentimos más cómodos y más familiarizados con el entorno y las experiencias del mundo físico.

La luz espiritual y el aura tendrán poco sentido si las vemos estrictamente desde un punto de vista físico, porque la Luz Divina no pertenece al mundo físico. Puede afectar enormemente al mundo físico, pero la luz forma parte del mundo interior, del mundo espiritual. Aunque el mundo espiritual y el mundo físico forman parte de la vida toda, en la práctica operan de un modo muy diferente.

El mundo espiritual es el mundo creativo, el mundo donde se origina todo. Es el mundo de Dios. Todo lo que vemos con los ojos físicos se concibió y se originó en el mundo espiritual. De ahí que la dimensión espiritual existiera antes que la física. Es de esta fuente divina de donde extraemos la luz, y es en esta vida espiritual donde existe y se percibe el aura. Y dado que el mundo espiritual es el mundo original, no depende de la vida física para su supervivencia: su vida es independiente de la vida física.

Además de ser creativo, el mundo espiritual sustenta también la vida. Sustenta toda la vida en la Tierra, inclusive la suya y la mía. Sin este poder divino que mantiene unido a todo el universo, la creación dejaría de existir en un instante. Por tanto, el mundo espiritual está constantemente dando. La Divinidad derrama voluntariamente su vida para compartirla con todo, lo cual nos pone en íntima y constante relación con la fuente de nuestro ser. Y en este proceso hay un gran gozo, porque es en el hecho de dar donde reside la creación. Esta naturaleza creativa del dar es también la esencia de nuestro carácter espiritual. Cuando tenemos un punto de vista espiritual, somos creativos, originales, y estamos dando constantemente.

El mundo físico, por otra parte, es un mundo creado. Es el resultado de los actos creativos que tienen su origen en los reinos espirituales. El poder no existe por sí mismo. Sin el mundo espiritual que lo nutra y lo sustente, el mundo físico sería incapaz de mantener su forma, y retornaría a su fuente de emanación. Debido a esto, el mundo físico está en un estado constante de recepción, está recibiendo constantemente. Al recibir la vida desde el mundo espiritual, la materia del mundo físico se organiza y se sostiene. Así pues, la naturaleza de la vida física estriba en recibir. Mientras el espíritu quiere dar, la materia quiere recibir. El mundo físico intentará atraer hacia sí todo lo que pueda para mantenerse, y se resistirá a cualquier cosa que ponga en peligro su objetivo. La forma siempre está intentando mantenerse a sí misma. Por ello es inherentemente egoísta. Depende de este poder sustentador para sobrevivir. Y lo mismo nos ocurre a los seres humanos. Si pensamos sólo desde un punto de vista físico, mantendremos siempre una mentalidad estrecha y egoísta, y seremos incapaces de comprender lo que les estamos haciendo a nuestros semejantes.

El secreto para comprender el aura estriba en reconocer que, si la vida es en primer lugar espiritual, la conclusión lógica estribará en que los seres humanos somos, por encima de todo, seres espirituales. Esto significa que los mismos atributos que se le aplican al mundo espiritual se nos aplican también a nosotros. Por tanto, nuestro carácter espiritual es la esencia de lo que somos. Es el núcleo de nuestro ser, nuestro verdadero yo. Y todas las cualidades espirituales que admiramos se encuentran ya en nuestra verdadera naturaleza.

La única razón por la que no somos automáticamente conscientes de nuestra naturaleza divina es porque estamos en proceso de desarrollo espiritual. Este desarrollo forma parte de nuestro diseño. Los atributos divinos que hay en nosotros son poderes potenciales que esperan ser desarrollados. Y a medida que desarrollamos estos poderes, se van haciendo cada vez más parte de nuestra vida activa. Si nuestra vida no refleja en el presente la esencia espiritual que hay dentro de nosotros, es sólo porque aún no hemos desarrollado estas cualidades latentes.

Esa parte de nuestra naturaleza espiritual que estamos desarrollando es lo que llamamos alma. El alma es como una semilla plantada en la tierra. Una semilla empieza siendo algo muy pequeñito. Sin embargo, en su interior se encuentra todo el potencial para convertirse en una hermosa rosa o en un poderoso roble. Todo lo que necesita es tener los elementos adecuados en los cuales crecer: aire, agua, sol y tierra. La semilla, si recibe alimento y no se la molesta, no podrá hacer otra cosa que convertirse en una hermosa flor o en un gran árbol. Del mismo modo, el alma del hombre es como una semilla que Dios planta en el jardín de la creación. Todo el potencial para la realización de su naturaleza divina está ya en el núcleo del alma. Para realizar ese potencial, el alma tiene que embarcarse en un peregrinaje a través de la creación en la que crece, emprendiendo con el tiempo el camino de regreso, plenamente realizada, hasta Dios. Y, al igual que la planta, que necesita agua, el alma necesita el alimento espiritual de la Luz Divina para crecer.

Así pues, para cambiar eficazmente algo, tenemos que empezar desde el fundamento espiritual, aun cuando pueda parecer que no guarda relación con nuestros problemas físicos inmediatos. Trabajando desde una perspectiva espiritual se puede mejorar todo. Los problemas, las imperfecciones del carácter y los dilemas que afrontamos en esta Tierra son el resultado de una desconexión con la raíz divina de la vida. Reestablezca la conexión, y corregirá el problema.

El desarrollo
del poder espiritual

Capítulo 6

Cómo cambiar estados materiales y emocionales

Los pensamientos y las emociones son las áreas más importantes en las cuales comenzar la transformación áurica. Se dará cuenta de que la mayoría de los problemas que tiene en la vida surgen de algún pensamiento o sentimiento erróneo que se oculta en algún lugar de su consciencia. Del mismo modo, la mayoría de los problemas que hay actualmente en el mundo se pueden rastrear hasta algún pensamiento o sentimiento erróneo. Trabajando sobre estas áreas, estará haciendo una aportación inconmensurable para elevar su aura y aliviar su vida de mucho estrés.

Los estados mentales/emocionales negativos no son permanentes; uno puede cambiar cualquier estado que encuentre en su interior, a despecho de lo abrumador que pueda parecer un pensamiento o una emoción, o del tiempo que haya estado operando en uno. Y estos estados negativos se pueden transformar debido al hecho de que no forman parte de la realidad espiritual que somos. Del mismo modo, es usted quien tiene el control de sus reacciones ante influencias externas. Nadie le puede decir cómo pensar o cómo sentir, a menos que usted lo permita. Y, sin embargo, eso es exactamente lo que hace mucha gente. Dejan que los demás dirijan sus vidas y se preguntan por qué tienen los problemas que tienen.

Afortunadamente, el uso de la Luz Divina es sumamente efectivo en la transformación de los estados mentales y emocionales, y en la liberación de las energías negativas que hay en el mismo centro de éstos. Si tiene usted cuidado de no volver a generar condiciones negativas, se verá libre también de sus impulsos destructivos. La luz puede ayudarle también a cultivar un nuevo poder espiritual que sustente elevadas energías positivas en los niveles del pensamiento y de la emoción.

El primer paso en el proceso de la transformación es reconocer que su parte espiritual es la verdadera fuerza directriz que hay tras todos sus pensamientos y sus emociones. Si usted separa los pensamientos y las emociones de su fundamento espiritual, estará generando pensamientos y sentimientos erróneos que tomarán el control de su vida. Esto no puede hacer otra cosa que generar problemas por todas partes, y nunca recibirá las respuestas que busca. Quizás vea el problema, pero su resolución le eludirá siempre, porque usted no está conectado con la fuente desde la que realmente se le puede ofrecer ayuda.

Los pensamientos y las emociones tienen un enorme poder en el campo áurico. Juntos, tienen un papel vital en el movimiento armónico de la consciencia. En la división mental y en la división emocional es también donde vemos las mayores fluctuaciones en el aura. Y esto es especialmente cierto en el caso de la división mental, porque usted está siempre pensando en algo. A medida que cambie la tendencia de sus pensamientos, los colores del aura cambiarán también; y, a medida que reaccione emocionalmente a esos pensamientos, sus colores emocionales cambiarán también. Los pensamientos de una mente no iluminada son como monos en una jaula, que no paran ni un instante. Ése es, exactamente, el aspecto que ofrece el aura, como algo caótico y desorientado. Evidentemente, las emociones reaccionarán de acuerdo con eso.

Al trabajar con pensamientos y emociones, tenga en cuenta el siguiente principio, un principio que describe la relación operativa fundamental entre su naturaleza mental y su naturaleza emocional. Este principio está siempre activo y, comprendiéndolo bien, tendrá usted la clave para crear la armonía mental/emocional que busca. Este principio se puede definir simplemente como:

pensar ▸ *sentir* ▸ *hacer*

En primer lugar, usted concibe algo mentalmente, después tiene una respuesta emocional ante ese pensamiento y, basándose en esa reacción, usted actúa. Esta secuencia de actividad es muy sencilla y, sin embargo, la relación se confunde en muchas ocasiones... con resultados desastrosos.

En el contexto espiritual, la parte mental es la directora de la consciencia. Es esa parte que se supone que tiene que dirigir a las emociones. La parte emocional o sentimental es la que hace. La emoción no tiene lugar así como así; tiene que haber un pensamiento tras ella. Primero he de pensar: «Me encanta esto» para mí o «Detesto aquello», para poder reaccionar emocionalmente a ese pensamiento. A partir de esta respuesta emocional surge la acción.

Los pensamientos. El reino interior

En el Nuevo Testamento, cuando los fariseos le preguntaron a Jesús cuándo llegaría el Reino de Dios, éste les dio una respuesta que no esperaban: «El Reino de Dios viene sin dejarse sentir... porque el Reino de Dios ya está entre vosotros» (Lucas 17:20). Esta afirmación se ha interpretado de diversas formas. Para algunos, significa el reconocimiento de la presencia de Dios o de la chispa divina dentro de nosotros. Para otros, significa que, para cambiar, hay que mirar dentro en lugar de fuera. Estas dos interpretaciones son bastante buenas; pero, si comprendemos el carácter del pensamiento, esta afirmación se convierte en una revelación especialmente importante.

En metafísica, el cuerpo mental es el reino interior. Es el reino que alberga nuestros pensamientos. La división mental es la parte más elevada de nuestra naturaleza consciente. Establece un puente entre el yo divino superior y el yo humano inferior. El cuerpo mental es un factor decisivo en nuestra evolución, que determina si nos elevaremos hasta el yo divino o permaneceremos en el yo inferior.

El modo en que pensamos determina el resto de lo que somos. Así pues, el primer sitio donde habrá que hacer cambios en nuestra vida es en el pensamiento. Si sabemos cómo pensar, probablemente sabremos cómo vivir. La mente es la que construye. En la vida, imaginamos, diseñamos y lo creamos todo a partir de la mente, que es la primera en emprender la acción. Los pensamientos crean el mundo en que vivimos, así como todos y cada uno de los aspectos de nuestra naturaleza. Incluso el universo fue una idea divina antes de que fuera una realidad física. Así pues, si rediseñamos nuestros pensamientos, podremos rediseñar también cualquier aspecto de nuestra vida. Sin la mente, seríamos como las amebas. Éste es el motivo por el cual, por encima de todo, conviene que mantengamos un pensamiento diáfano, y conviene que no nos descuidemos en esta área. Los pensamientos son mucho más que pequeñas corrientes de actividad eléctrica cerebral. Son entidades vivas cargadas de energía.

Los pensamientos son tan reales como nuestro cuerpo físico. De hecho, son más reales, porque los pensamientos tienen menos limitaciones. Los pensamientos crean cuando les permitimos entrar en la consciencia y formar parte de nosotros. Como hemos visto, los pensamientos iluminados pueden adoptar la forma de una radiante corona de luz. Resplandecen con colores perlados y embellecen el aura. Los pensamientos involucionados pueden adoptar formas desagradables, atascando y limitando el campo áurico.

Lo triste de todo esto es que la mayoría de las personas tenemos un pensamiento hasta cierto punto confuso. Aunque creamos pensar con claridad, podemos estar confundidos o llevarnos a engaño. La clave para tratar con los pensamientos negativos estriba en recordar que son artificiales en su origen. Se crearon en algún momento en el tiempo, en algún lugar de nuestra experiencia, pero no forman parte de nuestra verdadera naturaleza. En algún punto de nuestra vida, consideramos y aceptamos una falsa percepción, generando un pensamiento oscuro y dejando que ese pensamiento echara raíces.

El pensamiento es el primer paso en el proceso de *pensar* ➼ *sentir* ➼ *hacer*. La mente siempre va primero. Hay personas que intentan invertir este proceso, poniendo las emociones primero. Sin embargo, aun cuando «actuemos sin pensar», todavía tendremos que darnos permiso mental para hacerlo así. Por tanto, el pensamiento no deja de ir primero, aunque permitamos que las emociones corran desenfrenadas. Es la ignorancia de este principio la que puede echarlo a perder todo, permitiendo que nuestras emociones gobiernen nuestros pensamientos, en lugar de ser como en realidad es.

En el habla común de la metafísica, el yo pensante tiene tres niveles: la mente superior (divina), la mente consciente y la mente subconsciente. Cuando se trata de cambiar algo, hacemos uso de la mente consciente. La mente consciente es la mente intelectual. Su centro de poder está, como ya hemos visto, en el centro mental. La mente consciente es esa parte de nosotros que razona las cosas, y tiene poder para aceptar o rechazar pensamientos. La mente consciente es esa parte del ser humano que ejerce el libre albedrío, tomando decisiones conscientes. Usted puede estar leyendo este libro y puede rechazar o aceptar las ideas que se presentan. Nadie puede quitarle ese derecho sin su consentimiento. Y mediante la aceptación o el rechazo, usted alterará o reforzará sus percepciones, y de ahí sus experiencias vitales.

La palabra *consciente* es muy importante. Indica la capacidad de ser consciente de sí, de estar al tanto de uno mismo. Y uno tiene que ser consciente de sí mismo para tomar una decisión consciente. Los animales toman decisiones, pero lo hacen por instinto. Todavía tienen que desarrollar la capacidad de la consciencia de sí. Los seres humanos disponemos también del subconsciente, pero claro está que no somos autoconscientes de nuestra mente subconsciente, a menos que extraigamos algo desde el subconsciente para llevarlo a la mente consciente. También disponemos de los niveles del instinto, pero están asimismo subordinados al pensamiento consciente.

Dios nos ha dado la opción de elegir, con el fin de aprender a diferenciar entre lo correcto y lo erróneo, a distinguir lo iluminado de lo no iluminado. Estamos aprendiendo a abrazarnos a los pensamientos iluminados, que fortalecen el cuerpo mental, y también estamos aprendiendo a rechazar los pensamientos negativos y las energías negativas de los demás, así como los propios. Evidentemente, hasta que aprendamos realmente esta lección, las líneas pueden parecernos borrosas. Con mucha frecuencia aceptamos las ideas negativas y rechazamos las buenas, y luego pagamos el precio de todo lo que está por debajo de la línea, cuando lo que generamos no es de nuestro gusto. Con el tiempo, mediante ensayo y error, aprenderemos la diferencia.

Cuanto más iluminado esté el cuerpo mental, más fácil será que se establezca el poder espiritual. La luz se expande, generando colores radiantes y bandas de luz. Pero lo más bello del pensamiento iluminado es el poco esfuerzo que supone. Hay una claridad total, una fuerte decisión y verdadera inspiración cuando la mente consciente se ilumina. Ése es el objetivo del pensamiento. Eche la vista atrás a aquellos momentos en que tenía un estado mental claro, y recuerde lo bien que le iban las cosas. Todo parecía discurrir sin esfuerzo, ¿verdad? Ése es el estado mental que se supone que ha de tener usted de forma regular.

La mayoría de las personas obstruimos nuestra mente consciente con un montón de cosas que en realidad no necesitamos, o le pedimos que haga cosas que es incapaz de hacer. La mente consciente se condiciona y se colorea para pensar en función de determinadas líneas y dentro de unos bucles cerrados creados por el hábito. La educación, el entorno y nuestras propias tendencias mentales generan este condicionamiento. Y, mientras el cuerpo mental no se libere del lastre de los pensamientos negativos, la Luz Divina tendrá dificultades para hacerse cargo de la situación. La mente está confusa y nebulosa, y discurre muy lejos del pensamiento iluminado, que opera sin esfuerzos.

Pensamientos y energías espirituales

Abraham Lincoln dijo en cierta ocasión: «La mayoría de las personas son tan felices como están dispuestas a serlo». En otras palabras, usted crea los parámetros de lo que se va a permitir hacer o no, y eso lo hace con el pensamiento. Hay que reconocer que, sea cual sea el estado en el que esté su propio pensamiento, siempre tiene la opción de cambiar de pensamiento, si en verdad lo desea. ¡Es usted quien controla su pensamiento! Si usted ha renunciado a ese control, tendrá que reclamarlo. Luego, preste atención a sus preocupaciones negativas particulares y concéntrese en una cualidad o rasgo positivo que desee tener. Si tiene usted un pensamiento agrio y persistente acerca de otra persona, es obvio que no convendrá ponerse a meditar pensando en todo aquello que no le gusta de esa persona. Primero, tendrá que liberarse de esa acritud, y tendrá que liberarse del odio, si lo hubiera. O mejor aún, véase simplemente en un lugar de amor espiritual donde esa acritud no exista.

Tendrá que trabajar mucho con la llama rojo naranja. Este rayo de poder no sólo hará que se desprenda de pensamientos negativos, sino que también disipará las nubes de energía negativa que posiblemente le circundan. Usted puede trabajar con la llama rojo naranja para liberarse de pensamientos destructivos concretos o para llevar a cabo una limpieza mental generalizada. La siguiente oración meditativa es excelente para esa limpieza generalizada. Haga uso de ella cada vez que se sienta confuso de ideas. Si ha tenido un mal día en el trabajo o en casa y no sabe por dónde salir, ésta es una magnífica oración meditativa de la que puede hacer uso. Por otra parte, si está intentando aclarar su mente antes de tomar una decisión importante, pronuncie esta meditación. Le sugiero que la memorice; deje que se convierta en una especie de himno para limpiar el cuerpo mental.

ORACIÓN MEDITATIVA
PARA LA PURIFICACIÓN MENTAL
Descienda la llama rojo naranja
de la purificación sobre mi cuerpo mental,
liberándome de toda confusión, de toda
ilusión y engaño, de toda imagen superpuesta,
distorsionada y trastocada. Que se irradie
en todas direcciones, liberándome
de todo apego y bombardeo mental.
Pido que todos esos átomos negros y grises
se disuelvan en el reino mineral, en la luz.

Sienta cómo la llama desciende hasta el centro de su cuerpo mental y cómo se irradia desde ahí por toda la división mental, inundándola con su llameante luz y desmenuzando todas las energías negativas. Si puede visualizar o ver incluso este proceso, tanto mejor. Sienta cómo los átomos negros y grises se desprenden de usted, del mismo modo que se desprenden y caen las gotas de sudor en su cuerpo cuando está en una sauna. Y, luego, vea como los átomos se van directamente al reino mineral, disolviéndose en la luz, fuera para siempre de su consciencia.

Desde el centro mental, deje que la luz se derrame hasta el centro de la garganta, el centro hermético y el centro emocional, limpiando cualquier resto de negatividad. Deje que la luz llene y active estos otros centros, al tiempo que disuelve cualquier otra energía negativa en el reino mineral.

Quizás se sorprenda de cuánta negatividad tenía en su interior y de lo bien que se siente uno cuando se desprende de todo eso. Usted no tiene que calificar ni justificar nada. Si se trata de energía negativa, tendrá que desaparecer de su vida. A medida que la llama rojo naranja va liberándole de los pensamientos negativos, es posible que afloren inesperadamente imágenes o emociones. Todo esto forma parte del proceso de purificación, y significa simplemente que la luz está haciendo su trabajo. Vea estas imágenes como el que mira una película; simplemente, obsérvelas. Reconózcalas por lo que son, pero sin darles poder alguno. Si se siente inspirado, puede poner nombre a cualquier pensamiento concreto que quiera liberar a medida que surge. Simplemente, añada al final de la oración meditativa: «Libérame de…» y cite el pensamiento del que quiere liberarse.

Este trabajo purificador puede adquirir el carácter de una confesión, de una descarga, sea cual sea el torrente de pensamientos negativos que albergaba en su interior. Es el momento de someterlo todo ante la Luz Divina, ante el mismo altar de Dios. Quizás reciba revelaciones que no esperaba. Y, sí, es posible que su parte vieja luche por conservar esos pensamientos negativos; pero, simplemente, déjelos ir.

Antes de proseguir con el proceso de recarga, contemple más de cerca los pensamientos negativos.

Confusiones

Esta palabra proviene del latín, y significa 'entremezclar'. El pensamiento confuso aparece cuando dos o más pensamientos compiten por la atención y la supremacía. Quizás usted se esté diciendo que quiere algo y, al mismo tiempo, se diga que eso que quiere no es bueno para usted. Estos pensamientos conflictivos generan confusión en su mente, y el resultado es la inacción. La confusión se ve en el aura normalmente como una energía cremosa similar a los colores pardos claros del pensamiento letárgico.

Ilusiones

Las ilusiones son ideas y percepciones que usted ha aceptado como reales, pero que no son reales. En un momento u otro, todos tenemos ilusiones acerca de algo y, durante la mayor parte del tiempo, no somos conscientes de estar en un estado ilusorio. Si usted ve de color de rosa todo lo relativo a otra persona, entonces es que se encuentra en un estado ilusorio. Puede que albergue ilusiones sobre sus padres, sobre sus amigos, sobre intereses amorosos y sobre usted mismo. Pero, cuando estalle la burbuja, puede encontrarse con una intensa sensación de decepción y desilusión. No obstante, parte de la belleza del trabajo espiritual consiste en desprenderse de estas ilusiones y en entrar en realidades mayores.

Engaños

El engaño es parecido a la ilusión, pero el engaño es más intencionado, implica una acción con un propósito. Usted se engaña a sí mismo porque no quiere enfrentarse a algo, y opta por escapar de ello. Quizás se engañe pensando que las cosas le van bien en el trabajo, cuando en realidad no es así. O quizás se engañe pensando que tiene usted grandes talentos o aptitudes, cuando lo cierto es que no es así.

Imágenes superpuestas

Si toma usted dos imágenes, las pone una sobre otra y las observa, se encontrará con una mezcolanza indescifrable. Es éste un ejemplo de imágenes superpuestas. Suponga que yo tengo una imagen maravillosa de algo, y que viene usted y me dice que aquello que tanto me encanta es terrible. Si yo acepto su imagen, me encontraré en conflicto con la imagen que yo tenía. Las imágenes superpuestas suelen venir desde el exterior. No se las impone uno a sí mismo.

Imágenes distorsionadas

Aquí, uno retuerce la forma natural de las cosas, creando situaciones hipotéticas que pueden tener poco o nada que ver con la realidad. Las personas paranoicas suelen tener cuadros distorsionados de las cosas, pintando situaciones normales como situaciones hipotéticas fatídicas.

Cuadros invertidos

Consiste en ver las cosas de un modo totalmente opuesto a como son en realidad, como ocurre con ideas del tipo de «la ambición es buena» o «lo erróneo es correcto». Las personas que tienen pensamientos invertidos han llevado sus cuadros distorsionados hasta el extremo. Este tipo de pensamiento puede ser muy peligroso. Uno ve a un amigo donde en realidad hay un enemigo. Observe que la imaginería satánica suele ofrecer imágenes invertidas para dar a entender lo opuesto, como se indica en los pentagramas o en las cruces invertidas. Y esto no es por accidente; es un intento deliberado de invertir las leyes naturales con propósitos desnaturalizados.

Bombardeos mentales

Se trata de pensamientos que le llegan a usted desde el mundo exterior, procedentes de personas que piensan negativamente de usted, tanto si usted es consciente de ello como si no. El problema con los bombardeos es que uno no sabe normalmente que está siendo bombardeado. Usted puede creer que «no se encuentra bien», cuando en realidad se le está sometiendo a un ataque. Éste es el motivo por el cual es tan importante la protección espiritual (véase el capítulo 11).

Intrusiones

Mientras que los bombardeos pueden llegarle desde cualquier lugar o en cualquier parte, las intrusiones son mucho más específicas. Le llegan como estiletes, agudos y afilados, que penetran en su aura. Hay personas que tienen un pensamiento muy agudo, y usted puede sentirlo. Las intrusiones no son tan habituales como los bombardeos, pero no dejan de ser algo de lo que conviene protegerse.

Una vez haya terminado con su purificación, invoque el fuego blanco azul. Esta energía recargará las zonas que los pensamientos negativos han mermado. Ofrecerá también un terreno espiritual fresco donde sembrar una nueva cosecha de pensamientos e ideas.

ORACIÓN MEDITATIVA
PARA RECARGAR EL CUERPO MENTAL
Descienda el fuego blanco azul de la vida eterna para cargar y recargar todas las zonas mermadas de mi pensamiento mental/cerebral con nueva fuerza vital, insuflando un nuevo pensamiento espiritual.

Dedique un tiempo similar al fuego blanco azul. Quizás sienta cierto movimiento o cierta inspiración mientras el fuego hace su trabajo. También aquí, sienta cómo irradia esta energía desde el centro mental en todas direcciones, cargando y recargando todos los niveles de la división mental e irradiándose a través de las células del cerebro, introduciendo nueva fuerza vital.

Vea cómo esa fuerza vital electrizante genera nuevas corrientes de vida divina en todos los aspectos de su ser mental. Y, también aquí, deje que alcance asimismo al resto de centros energéticos.

Una vez se haya recargado con el fuego blanco azul, puede comenzar con el proceso de reconstrucción. Los rayos clave con los cuales tendrá que trabajar son el plateado, el amarillo limón, el dorado y la luz blanca. El color plateado incrementa los poderes de percepción y acelera el pensamiento. El amarillo limón incrementa los poderes de concentración, en especial si ha habido desorientación y negligencia. El dorado aporta sabiduría, fuerza interior y todas las cualidades dinámicas que pueda estar necesitando. La

111

luz blanca es especialmente buena para elevar todas las frecuencias vibratorias, que incrementarán los poderes de iluminación y de visión.

Después de la meditación, vigile las tendencias de su pensamiento. ¿Son sus pensamientos más positivos, o siguen estando en el mismo estado negativo? Prosiga con su trabajo con la luz para cimentar un nuevo pensamiento, un pensamiento más constructivo, dándole a la luz que ha atraído la ocasión de expresarse en todas las áreas de su vida.

Las emociones. El motor espiritual

Las emociones son los motores que dan impulso a las ideas para que se transformen en acciones. En cuanto una emoción se casa con una idea, esa idea adquiere un enorme poder, e iniciará un impulso hacia su realización. Para poner algo en acción, tenemos que combinar el esfuerzo de la mente y de las emociones. Puede que yo sueñe con ser artista o médica pero, a menos que le añada a ese sueño una fuerte emoción, no habrá posibilidades de que se haga realidad. Las emociones se pueden equiparar a la pólvora, y los pensamientos a las balas. Sin la potencia de fuego de la pólvora, la bala no saldría de la recámara, por mucho empeño que pusiéramos en apuntar y apretar el gatillo. La mente diseña el plan de lo que hay que crear pero, una vez está hecho el diseño, son las emociones las que aportan las energías para llevarlo a cabo.

No siempre es fácil equilibrar las emociones con los pensamientos. Tendemos a poner más énfasis en una dirección o en otra. Las personas que se adhieren demasiado a lo mental son más intelectuales, y concebirán más cosas de las que lleguen a crear. Los «hacedores», que se adhieren demasiado a lo emocional, terminan viéndose en apuros, porque no piensan antes de actuar. Si equilibramos los dos aspectos de un modo positivo, nos conduciremos de un modo estable, centrado y dinámico.

Y necesitamos este equilibrio porque las emociones no piensan. Quizás sea esto lo más importante que debemos recordar acerca de las emociones. Las emociones sienten. Las emociones precisan de pensamientos que las dirijan. ¿Ha intentado razonar alguna vez con alguien que sufre un acceso de ira? No podrá razonar con él, porque en ese momento no trabaja desde el nivel del pensamiento. Tiene que abordar a la persona de forma amable, desde el cariño. Tendrá que esperar a que se calme, para que los niveles del pensamiento vuelvan a funcionar, antes de poder comunicarse con ella.

Las emociones están hechas para que discurran en claras corrientes de amor, compasión, fuerza interior y demás atributos superiores de la vida. De este modo, la división emocional del aura irradiará mucha luz. Cuando nos hallamos en nuestras emociones superiores, somos sumamente expresivos en nuestros afectos, y los que nos rodean se sienten atraídos por nuestro campo de fuerza emocional. Sin embargo, como sabemos, nos sumimos en muchas ocasiones en el odio, los celos, el miedo y todo un ejército de emociones insanas; y, cuando nos hallamos en esos estados oscuros, nuestra aura se oscurece y se sobrecarga, y las energías se arremolinan de forma caótica.

Nuestra tarea consiste en desarraigar las emociones negativas que hay en nuestro interior. No basta con decir solamente: «No estoy enfadado», por ejemplo, cuando intentamos abordar nuestra ira. Tenemos que liberarnos de esa cólera, porque de lo contrario irá requemándose por dentro a la espera de una ocasión para manifestarse. Al igual que ocurre con los pensamientos, la Luz Divina puede llegar hasta la raíz de las emociones negativas y liberarnos de ellas.

Con frecuencia, creemos que estamos funcionando desde los niveles mentales, cuando en realidad nos estamos moviendo desde las emociones. En este estado, es casi seguro que tomaremos decisiones equivocadas y que actuaremos mal. La mayoría de las personas vive más cerca de su yo emocional que de su yo mental, y deja que sus emociones se impongan a sus pensamientos. Tomar decisiones únicamente a partir de las emociones, es como dejarse llevar por el viento. Puede que nos lleve adonde queremos ir, o puede que no.

Por ejemplo, supongamos que tengo un cargo directivo en una empresa y que decido despedir a uno de mis subordinados. Le doy algunas buenas razones por las cuales tengo que hacerlo, y le digo que lamento mucho la decisión. Sin embargo, si observamos la situación con más detenimiento, se nos hace evidente que el desempeño laboral de mi subordinado no es la verdadera causa de su despido. Lo cierto es que le tengo celos. Aun siendo nuevo en el trabajo, me he dado cuenta de que mi subordinado tiene un gran potencial, y tengo miedo de que, si mis superiores se percatan de ello, terminen por promocionarlo por encima de mí. Así, liberándome de él, dejo de sentirme amenazada. Pero, dado que no quiero reconocer que le tengo celos, tengo que inventarme una razón plausible para despedirlo, una razón que sea capaz de creerme yo misma. Y así, escudriño en su desempeño en el trabajo, buscando cualquier deficiencia para agigantarla. Aunque la fuerza motriz que subyace a mis acciones son los celos, he terminado convenciéndome a mí misma de que ha sido una decisión lógica. Según el principio de pensar-sentir-hacer, la secuencia de esta situación se parecería a ésta:

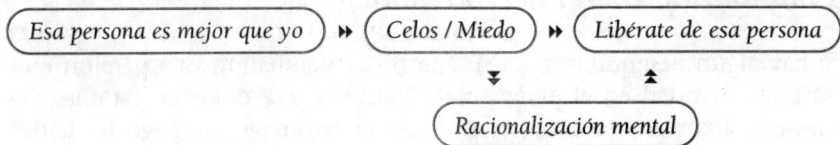

FIGURA 6.1: Patrón mental/emocional

En esta situación, hay un paso más antes de la acción, el de la racionalización mental; pero los resultados son los mismos. La racionalización que he hecho me ha llevado a creer que estoy actuando desde el pensamiento, cuando en realidad mis acciones provienen de mis reacciones emocionales ante el pensamiento negativo original, que he apartado de mi mente consciente.

En el momento damos una respuesta emocional ante un pensamiento negativo, podemos hacer una de tres cosas. Primero, podemos actuar en función de esa emoción negativa, que lo único que va a hacer es empeorar la situación y generar más energía destructiva. Segundo, podemos contenernos, lo cual demostrará control y disciplina. Esto es mejor, pero la energía negativa seguirá estando en nuestro interior, esperando salir de otras maneras. O, tercero, transmutar nuestros pensamientos y sentimientos. Sea cual sea la reacción emocional, siempre podremos intervenir en nuestros pensamientos y darle la vuelta a esa reacción. Siempre podremos «contar hasta diez» y «poner la otra mejilla» para evitar conducirnos de un modo precipitado. Desgraciadamente, la mayoría de las personas se inclina automáticamente por la primera opción, y actúa en función de sus emociones negativas, parándose a pensar poco o nada.

Las emociones negativas son engañosas. Es fácil justificar nuestros sentimientos negativos. Si alguien nos hace daño, sentimos justificado el enfadarnos o incluso sentir odio contra esa persona. Y ahí está la trampa: como estudiantes espirituales que somos, debemos prepararnos para no reaccionar con nuestras emociones bajas cuando alguien nos hace daño. Nunca podemos justificar la venganza, el devolver mal por mal, golpe por golpe, ojo por ojo. «Dos errores no hacen un acierto.» Tanto si tenemos «razón» como si no, ¿qué es lo que hacemos cuando reaccionamos ante esa energía negativa? Nos estamos atando a la misma situación que generó esa energía, lo cual sólo puede generar más energía negativa. El resultado es que nos vemos arrastrados al lodo, junto con la persona que «lo empezó» todo. Claro está que, como seres humanos, vamos a tener una reacción. Es algo inevitable. Lo que hay que hacer es aprender a reaccionar positiva y constructivamente. Con el tiempo, nos convertiremos en dueños, en vez de en víctimas, de nuestras propias emociones.

Emociones y energías espirituales

Si hay algún desequilibrio en su cuerpo emocional, lo va a percibir con bastante claridad en el plexo solar. Quizás sienta dolor de estómago o náuseas. Expresiones como «me duele el estómago», «tengo las tripas revueltas» o «tengo un nudo en el estómago» dan a entender que el centro emocional gira en sentido contrario a las manecillas del reloj.

Al igual que con los pensamientos, la primera energía que hay que canalizar es la de la llama rojo naranja. Esta energía espiritual puede alcanzar hasta las emociones más profundas y cortar todos los nudos emocionales. Si es usted una persona sumamente emocional, esta energía le ayudará a liberarse de las emociones negativas que pueda haber acumulado. La siguiente meditación genera una purificación generalizada de la naturaleza emocional.

ORACIÓN MEDITATIVA
PARA LA LIMPIEZA EMOCIONAL
Descienda la llama rojo naranja hasta
mi cuerpo emocional, liberándome
de toda emoción destructiva, de todo
trastorno, confusión, falsa compasión
y bombardeo. Pido que todos los átomos
negros y grises vayan al reino mineral
y se disuelvan en la luz.

También aquí, sienta cómo la energía espiritual alcanza el centro de su naturaleza emocional y se irradia por toda su división emocional, liberándole de toda emoción negativa. El trabajo en este centro es como el de la doma de caballos salvajes. Si usted está pidiendo liberarse de una emoción en concreto, nómbrela y visualice cómo se disuelve en la luz. Si aparece de repente cualquier otra emoción de la cual desee liberarse, nómbrela y pida a la luz que le libere de ella. Al igual que cuando trabajamos con el cuerpo mental, permita que la luz llegue también al resto de centros, purificando así todos los enlaces destructivos que puedan haberse creado.

Antes de proseguir con el fuego blanco azul, miremos más de cerca algunas energías emocionales destructivas.

Trastornos

Un trastorno es un movimiento en sentido contrario a las manecillas del reloj dentro del centro emocional, y viene causado habitualmente por una situación perturbadora. Quizás tiene un problema en casa, un problema que no cede, y usted lleva el trastorno allá donde va. Quizás alguien le haya hecho un comentario cruel que le ha disgustado. A veces es difícil determinar de dónde viene exactamente el trastorno, o qué tipo de emoción es exactamente. Sin embargo, usted sabe que está ahí, y que está interfiriendo su actividad normal.

Confusión emocional

La confusión emocional aparece cuando dos o más emociones compiten por atraer la atención. Las relaciones de amor-odio son un ejemplo de confusión emocional. Al igual que la confusión mental, la confusión emocional tiende a generar indecisión y parálisis, porque no sabe uno adónde ir con sus sentimientos.

Falsa compasión

Es fácil ligarse a las energías emocionales de las personas que nos rodean, y esto puede causar estragos en su cuerpo emocional, así como en todo su ser. Usted puede estar esforzándose por mantener su aura limpia y en buena forma, para luego echarlo todo a perder abriéndose a influencias externas. Aunque todo el campo áurico pueda ser vulnerable a una influencia exterior, la división emocional lo puede ser en mayor grado debido a la falsa compasión. Por ejemplo, yo puedo sentirme en paz pero, si una persona en estado de agitación se me acerca, puedo «pillar» esa agitación si me abro a ella. Esto puede suceder muy especialmente cuando se trata de una persona emocionalmente cercana, como la pareja, los padres o los hijos. Si tengo un vínculo estrecho con usted, me relacionaré emocionalmente con usted. Si usted está triste, yo me entristeceré también. Si usted es feliz, yo también lo seré. Esta transferencia puede tener lugar con suma rapidez porque, en este caso, no hay mucho pensamiento implicado.

Bombardeos emocionales

Al igual que la falsa compasión, los bombardeos suponen la asunción de una energía emocional externa que no tiene nada que ver con uno. Mientras que la falsa compasión tiene que ver más con personas a las que usted quiere, los bombardeos pueden proceder de cualquier fuente. Existen demasiadas corrientes emocionales en el mundo con las que usted puede conectar sin querer. Los bombardeos también pueden ser intencionados: energías emocionales negativas dirigidas específicamente contra usted. Si usted le cae mal a alguien o le odia por algún motivo, esa persona le transmitirá a usted su propia corriente emocional. Y usted puede recoger esta energía si no presta atención, y absorbe y agrava la situación en su integridad. Desprendiéndose de estos bombardeos emocionales, conseguirá evitar esos lodazales.

En cuanto haya terminado usted con su purificación emocional, podrá continuar con el fuego blanco azul. Su cuerpo emocional beberá con fruición esta energía. Sienta cómo recarga sus emociones y repone todas las zonas mermadas, llevándole a un lugar más vibrante, en especial si se siente emocionalmente exhausto.

ORACIÓN MEDITATIVA
PARA LA RECARGA EMOCIONAL
Descienda el fuego blanco azul de vida eterna para cargar y recargar mi cuerpo emocional, llenándolo con nueva fuerza vital, para que mis sentimientos y mis acciones sean positivos y creativos.

También aquí, dedique todo el tiempo que necesite para recargarse con el fuego blanco azul. Sienta cómo irradia desde la zona del plexo solar y atrae nuevo poder espiritual. Deje también que fluya por el resto de centros espirituales.

Además del fuego blanco azul, convendrá que reciba también luz blanca pura. Cuando las emociones fluyen positivamente, éstas discurren suave y calmadamente. Tras un acceso de emociones negativas, lo más probable es que la calma y la suavidad sea lo último que puede sentir. La luz blanca pura le dará a sus emociones el aplomo necesario para sustentar emociones positivas y creativas. Utilice la siguiente oración meditativa para transmutar cualquier huella oculta de luz oscura que no haya purificado la llama rojo naranja.

ORACIÓN MEDITATIVA PARA LA INSPIRACIÓN
EMOCIONAL CON LUZ BLANCA PURA
«Descienda la luz blanca pura hasta mi cuerpo emocional para estabilizar los niveles sentimentales de mi consciencia, llevándolos a una serenidad y armonía perfectas.»

A veces, una reacción emocional puede encontrarle desprevenido. Quizás reciba de pronto malas noticias y se sienta sumido en una espiral de sentimientos que trastoque todo su cuerpo emocional. Si es capaz de atraer hacia sí luz espiritual justo en ese momento y lugar, podrá evitarse un montón de complicaciones más tarde. Podrá manejar la situación mucho mejor, especialmente si tiene que tomar decisiones importantes y necesita tener la cabeza fría. En esta situación, el rayo púrpura serenará sus emociones. Las siguientes meditaciones son para situaciones de emergencia. Si puede encontrar un sitio tranquilo para la meditación, estupendo. Pero, si no puede, cierre simplemente los ojos y visualice el calmante rayo púrpura exactamente en el lugar en el que está.

ORACIÓN MEDITATIVA
PARA SERENAR LAS EMOCIONES
Descienda el rayo púrpura oscuro
para traerme paz y serenidad,
y para aquietar mi cuerpo emocional.

Si la emoción negativa ha tenido tiempo suficiente como para ganar impulso, pida también el rayo verde esmeralda para equilibrar las cosas.

ORACIÓN MEDITATIVA
PARA EQUILIBRAR LAS EMOCIONES
Descienda el rayo verde esmeralda, que me
traiga Tu equilibrio y lo difunda por todo mi
cuerpo emocional, y que haga girar mi centro
emocional en la dirección de las
manecillas del reloj.

Capítulo 7

Meditaciones transformadoras

Habrá muchas ocasiones en las que una limpieza general mental/emocional no sea suficiente para darle la vuelta a una situación negativa. Quizás se encuentre en un estado mental destructivo que se resiste a sus esfuerzos conscientes. En estos casos, tendrá que dirigir hacia un objetivo sus meditaciones y concentrar la luz sobre ese aspecto concreto de su naturaleza mental/emocional que necesita transmutar. Lo bueno de las meditaciones dirigidas hacia un objetivo es que demuestran lo bien que se puede aplicar la luz hasta en las situaciones más intrincadas y exigentes.

En estas difíciles situaciones, intente identificar el pensamiento que dio origen al impulso negativo. La mayoría de estas situaciones son el resultado de ver las cosas con los ojos físicos en lugar de con los ojos espirituales. Si identifica la idea falsa original, tendrá mucho adelantado para resolver el problema. En estas meditaciones, se incluyen tanto los estados mentales como los emocionales, debido a que están estrechamente conectados. Sin embargo, si usted se da cuenta de que la situación es más bien emocional, enfoque más luz en esa zona, y viceversa. En todos los casos, pida que la luz llegue a los cuatro centros principales y que se difunda por toda su consciencia, impregnando la totalidad de su campo áurico.

En la mayoría de las afecciones mentales/emocionales, deberá comenzar con la llama rojo naranja y proseguir con el fuego blanco azul. He incluido ligeras variaciones en estas meditaciones para mostrarle cómo pueden variar las peticiones de luz en función de la necesidad específica.

Por favor, tenga en cuenta que si la afección mental/emocional es grave o crónica, será conveniente que busque la ayuda de un profesional cualificado. No intente remediar la situación por sí solo. El trabajo personal con la luz le será de gran ayuda; pero si los problemas son muy serios precisará de las competencias de un médico, un psicólogo o un sanador cualificado. Buscar ayuda es parte esencial del proceso de crecimiento espiritual cuando la situación lo exige.

El resentimiento

El resentimiento incrusta sus raíces en los sentimientos de ira que se albergan. Normalmente, el resentimiento se dirige hacia alguien cercano, sea el padre, la madre, la pareja, un hijo o un amigo. El sentimiento de haber sido agraviado suele tomar la forma de una herida, que se convierte en ira y, más tarde, en resentimiento.

El resentimiento es una de esas emociones engañosas y obstinadas que justificamos con facilidad. Usted puede decir: «Esta persona me hizo esto, y por tanto tengo derecho a sentirme así». Ahí ha caído ya en la trampa emocional. Lo único que consigue cuando da vía libre al resentimiento es engendrar multitud de reacciones negativas, como la de sentirse herido, la amargura, la ira y el ansia de venganza, cosas que le desgarrarán y debilitarán su aura. El resentimiento consume energía, una energía que se podría utilizar de forma constructiva, potenciando la vida.

En el aura, el resentimiento toma normalmente la forma de unas energías de color rojo sucio y gris, que se observa en torno al centro emocional y al centro hermético. Estas energías tienen una cualidad deformadora y amenazadora. Se mantienen en el centro hermético porque usted las ha dejado entrar en su corazón. El rojo sucio indica ira; en ocasiones, se puede oscurecer hasta llegar al negro, si el resentimiento es muy intenso y vira hacia el odio. El gris aparece por la depresión que normalmente acompaña a esa ira o ese odio. Evidentemente, los centros girarán en sentido contrario a las manecillas del reloj, y si el resentimiento persiste, terminará por aparecer también en otras partes del campo de energía.

Para romper el hechizo con el cual el resentimiento le envuelve, evalúe primero la situación. ¿Qué es lo que ha ocurrido realmente? ¿De verdad esa persona le hizo eso a usted? Muchas veces, el resentimiento se construye en torno a desaires imaginarios o malas interpretaciones. Yo puedo resentirme con alguien por haber logrado un ascenso que yo creía merecer, cuando, en realidad, esa persona puede estar mejor cualificada que yo. También debe usted asegurarse de que tiene todos los datos de la situación: de que alguien no le haya mentido, o de que usted no haya malinterpretado los acontecimientos. Puede trabajar usted con la iluminación espiritual para que se le revele la verdad, con el fin de que pueda abordar la situación desde la claridad.

Sin embargo, supongamos que alguien le ha ofendido de verdad, y usted se resiente con esa persona. La primera energía que tendrá que invocar es la de la llama rojo naranja, para purificar toda la energía negativa que le llega de ella o que ha generado usted mismo.

ORACIÓN MEDITATIVA PARA PURIFICAR
ENERGÍAS DE RESENTIMIENTO

Descienda la llama rojo naranja de la purificación para que me libere del resentimiento hacia [nombre de la persona] *y de cualquier energía negativa que me llegue de* [nombre de la persona]. *Tengo por cierto que se me está liberando de esta energía y que se está disolviendo en la luz. Ahora estoy libre de cualquier resentimiento o animosidad.*

Después de invocar la luz, quédese quieto y manténgase receptivo a la purificación. Visualice cómo sus heridas, sus iras, sus odios y todo lo que le ha llevado hasta esta situación se desprenden de usted. Si quiere verbalizarlo, deje que su corazón vierta sus sentimientos, dando ocasión a que esta energía negativa se purifique con la llama rojo naranja y se disuelva en el reino mineral. Deje ir en esta luz catártica toda imagen, palabra, impresión o recuerdo que pueda surgir. Intente sentir esta liberación de forma tan vívida como le resulte posible. Sienta la energía divina fluyendo libremente, alcanzando todos los lugares oscuros generados por el resentimiento. Tenga por cierto que esta energía está atravesando todos los centros y todos los aspectos de su ser, liberándole de todos y cada uno de los alfileres del resentimiento.

Después de finalizar, deje unos cuantos minutos para que se purifique cualquier energía residual, y luego continúe con el fuego blanco azul y la siguiente meditación.

ORACIÓN MEDITATIVA
PARA LA REPOSICIÓN ESPIRITUAL
Descienda el fuego blanco azul de vida eterna para que restablezca la fuerza vital en todos los niveles de mi ser.

De nuevo, quédese quieto y sienta la corriente de esta energía electrizante y vital. Está usted restaurando su aura de los destrozos del resentimiento, que tanto ha minado su campo áurico. Sienta esa energía fresca que entra en su consciencia y que le aporta nuevo entusiasmo y motivación. Sienta el poder restaurador del fuego blanco azul, que va hasta cada uno de los lugares adonde llegó la llama rojo naranja y eleva el nivel de energía hasta el punto donde debería estar. Se encuentra usted ahora lejos de aquellos sentimientos y pensamientos oscuros. Esa energía ya no forma parte de usted. Deje que las cualidades sanadoras de esta fuerza vital divina restablezcan su equilibrio espiritual e impregnen todos los aspectos de su ser. Sienta cómo le recarga, dándole una nueva visión, una visión positiva de la existencia.

En cuanto termine este trabajo, puede continuar con cualquier energía adicional que sienta que necesita. Fortalecido espiritualmente, está usted ahora listo para comenzar con su trabajo de perdón (véase el capítulo 9). Pueden hacer falta varias meditaciones para que la luz prenda en el aura, dependiendo de lo abierto que sea usted y de lo profundo de su resentimiento. Si el resentimiento es ya antiguo, tendrá que trabajar intensamente en los niveles mentales, porque habrán tenido ocasión de fijarse pensamientos forma y patrones de pensamiento. Le llevará más trabajo hasta que se desprendan, pero el trabajo de la luz sigue siendo el mismo.

Una vez se haya puesto en la luz esta situación, tendrá que decidir qué va a hacer. Puede hacer frente a esa persona desde el amor, y puede llegar a sorprenderse con su reacción. Si no es capaz de encontrarse con la persona de la que se siente resentida, o esa persona no está respondiendo a la luz, conviene que deje pasar las cosas y que las ponga en manos de Dios. Si la persona que le ofendió no se encuentra cerca o ha fallecido, entonces envíele luz a su alma allá donde esté, y siga perdonando.

El odio

El odio es la más baja y destructiva de todas las emociones. Ninguna emoción negativa es buena, pero el odio opera en una frecuencia vibratoria bajísima, y trae grandes dosis de infelicidad a todas las personas implicadas. En el aura, se presenta en color negro tinta. La persona que se halla inmersa en un campo de energía de odio es capaz de cualquier cosa, incluso puede llegar al asesinato. Al igual que con el resentimiento, la persona odia algo o a alguien que le ha hecho daño, sea un daño imaginario o real. Sin embargo, a diferencia del resentimiento, que puede no confesarse y guardarse en secreto, el odio tiende a manifestarse abiertamente. Normalmente, la persona que odia está deseando decirte que te odia, a menos que tenga una razón específica para contenerse. Si no te lo dice a ti, no dudes que se lo dirá a otras personas. La única ventaja de tal comportamiento es que uno sabe a qué atenerse con esa persona. Pero lo malo es que el odio busca siempre acompañantes. Si yo te digo que odio esto o aquello, te animo a ti para que respondas del mismo modo. Y dado que el odio lleva en sí una energía tan poderosa, la pasión de mi propio odio puede influirte a ti, aun cuando en un principio tú no albergues estos sentimientos.

El odio es especialmente fuerte cuando se hace masivo. La mayoría de las atrocidades del mundo tienen su origen en el odio. Si se fija en esos dictadores y gobernantes malvados y agresivos que ha habido a lo largo de la historia, se dará cuenta de que el odio constituyó la fuerza motriz de sus conquistas. El terrorista que está deseando matar a otros, perdiendo incluso su propia vida por la idea que tiene de Dios, cree que su sacrificio será agradable a los ojos de Dios. Sin embargo, lo que le hace apretar el gatillo no es el amor a Dios, sino el odio que siente por las personas o las ideas que se interponen en su camino. La persona que vive sumida en el odio puede ser también muy metódica. Cuando una persona está colérica puede hacer algo de forma impulsiva y no ir más allá, pero el que odia puede estar alimentando sus malos sentimientos durante mucho tiempo, dándose sobradas oportunidades para llevar a cabo acciones premeditadas.

El odio vacía a la persona de esencia divina, y ése es el motivo por el cual es tan peligroso. Absorbe energía activamente y, al igual que un agujero negro, lo arrastra todo hacia sí. El odio puede destrozarle la vida a cualquiera. Y lo mismo se puede decir si el odio se dirige contra uno. Es una energía muy agresiva, que conviene contrarrestar con los atributos supremos de la Luz Divina. En el aura, el odio puede adoptar formas diferentes, pero la energía predominante es siempre de color negro. Observe la FIGURA 3.4, si desea ver qué aspecto tiene esta profunda emoción. No posee armonía alguna con la naturaleza divina de la vida. Y, como sabemos, el odio puede albergar pensamientos crueles y sádicos.

Si hay odio en su aura, convendrá que le dé prioridad absoluta en su trabajo con la luz pues, con una energía como ésa en su campo de energía, será muy difícil, si no imposible, que pueda hacer progreso espiritual alguno. Puede resultar sumamente difícil deshacerse del odio. Al igual que con el resentimiento, existe la posibilidad de que usted esté justificando su odio. Los errores que se cometen suelen ser extremos. No intento justificar en modo alguno la conducta de aquellas personas que le han hecho daño intencionadamente, pero sí que es decisión suya, de usted, el cómo va a reaccionar. El odio es algo que usted puede controlar, pues es usted el que decide odiar.

Hay que seguir varios pasos para liberarse del odio. También aquí, comience por invocar la llama rojo naranja. Conviene que esta energía le llegue torrencialmente, para que empiece a desprender la energía negra de su aura. Ha habido veces en que he visto aparecer esta llama casi como una espada, cercenando las energías destructivas. Y usted puede visualizarlo de este modo en su meditación.

ORACIÓN MEDITATIVA
PARA PURIFICAR EL ODIO

Descienda la llama rojo naranja, para que me libere de todo el odio que [nombre de la persona] *dirige contra mí, y para que me libere de todo el odio y la animosidad que haya en mi consciencia, que he generado y he dirigido contra* [nombre de la persona]. *Te ruego a Ti que lleves estas energías negras y grises al reino mineral, para que se disuelvan en la luz.*

Tiene que ser usted muy tajante en su invocación de la llama rojo naranja, y tiene que ordenar que estas energías destructivas desaparezcan de su vida. Luego, quédese quieto y sienta cómo trabaja en usted este poder. Con emociones intensas como las del odio, puede que tenga que repetir el ejercicio varias veces para alcanzar su objetivo. Con cada meditación, esas energías oscuras se irán diluyendo, hasta que desaparezcan finalmente. Debe tener usted mucho cuidado de no volver a darle vueltas al asunto, pues no haría otra cosa que alimentar nuevamente el odio, y entonces tendría que repetir el trabajo hasta que consiguiera estabilizar su consciencia.

ORACIÓN MEDITATIVA
PARA LA REPOSICIÓN ESPIRITUAL

Descienda el fuego blanco azul de vida eterna para que cargue y recargue todo mi interior, trayendo nueva energía vital y elevándome a la consciencia de Tu Luz.

Después de invocar el fuego blanco azul, haga el trabajo sobre el perdón que se ofrece en el capítulo 9. También puede trabajar con el rayo del amor sobre sí mismo, para que le ayude a comprender y a tener compasión.

Si se ha dejado llevar usted por el odio, es especialmente importante terminar el trabajo con la luz blanca pura. Le ayudará a liberarse de los restos de odio que hayan podido quedar prendidos, y a neutralizar cualquier impulso negativo que haya podido generar usted. Es también una energía elevadora, que le ayudará a salir de la consciencia de odio en la que está viviendo.

ORACIÓN MEDITATIVA PARA LA INSPIRACIÓN
CON LUZ BLANCA PURA
Descienda la luz blanca pura a todos
los niveles de mi ser, elevándome hasta
la vibración de Tu santidad.

En función de su sensibilidad a la luz, puede llegar a sentir cierto alivio durante este proceso, a medida que vaya saliendo del estado de oscuridad en el que se encuentra. También empezará a darse cuenta de lo destructivo que era el odio.

La ira

La ira es una emoción bastante habitual que todos hemos sufrido en algún momento. Por término general, la ira es más efímera que el odio. Hay personas que se enfadan con frecuencia y que se olvidan de su enfado con la misma rapidez. Si la ira se desenfrena, puede crecer hasta convertirse en furia, y las personas en este estado son como una bomba a punto de estallar que pueden explotar a la menor provocación. La ira tiene también una cualidad que escapa al control. La persona no tiene planeado enfadarse, y a veces puede tener lugar en contra de su voluntad, tras lo cual suele sentir cierto malestar. Esto no indica otra cosa que un escaso control sobre la naturaleza emocional.

La ira es una energía explosiva en el aura. En la FIGURA 3.5, se pueden ver los estallidos de las energías, de color rojo sucio y verde oscuro, que se generan con los constantes estallidos de cólera. Como ya dijimos anteriormente, el aura puede necesitar hasta dos semanas para liberarse de los efectos de un fuerte estallido de cólera. Es difícil vivir con una persona iracunda, pues suelen ser personas insensibles e irritables, y es probable que digan cosas terribles, espetando lo primero que les viene a la cabeza sin una buena razón. A través de la ira, pueden desarrollarse muchos rasgos de personalidad desagradables.

Para liberarse de la ira, comience con la llama rojo naranja, que disipará esos rayos de color rojo sucio. Visualice cómo esta energía baña toda su aura, así como sus centros de energía.

ORACIÓN MEDITATIVA PARA PURIFICAR LA IRA
Descienda la llama rojo naranja de la purificación
sobre mi ser, liberándome de toda ira relacionada
con [nombre de la persona o situación]
y disolviendo toda energía negativa en la luz.

Siga luego con el fuego blanco azul.

ORACIÓN MEDITATIVA
PARA LA REPOSICIÓN ESPIRITUAL
Descienda el fuego blanco azul de vida eterna,
para que cargue y recargue todo mi ser,
aportándome nueva fuerza vital y energía creativa.

Además, tendrá que trabajar con el rayo del amor, para que le lleve a la consciencia de la unidad divina y le libere de la irritación vinculada a la ira.

ORACIÓN MEDITATIVA
PARA LA COMPASIÓN Y EL AMOR DIVINO
Descienda el rosa oscuro del amor espiritual,
que alcance todo mi ser, y que transforme la ira
en amor, para que pueda sentir compasión.
Que fluya en todos los niveles de mi ser,
y que me lleve a Tu cuerpo de Amor Divino.

También recomiendo trabajar con el rayo violeta, que es una versión más sutil del rayo púrpura. Este rayo es excelente para generar mansos sentimientos de paz. En la ira, se da una violencia y una agitación que el rayo violeta puede ayudar a suavizar.

ORACIÓN MEDITATIVA
PARA SERENARSE Y HALLAR LA PAZ
Descienda el rayo violeta de Tu paz sobre todo mi
ser, liberándome de toda irritación y llevándome
a la serenidad y la ecuanimidad divina.

También existe lo que denominamos la justa ira, pero esto es algo que usted no va a mostrar con tanta frecuencia. Usted mostrará una ira justa frente a las injusticias que se puedan cometer contra alguien que no puede defenderse, o cuando alguien se dirige cruelmente contra usted. Supongamos que alguien está hablando mal de usted, que está mintiendo y está dañando su reputación. Usted estará en su derecho de decirle a esa persona, de forma vehemente, que deje de comportarse así.

126

En este caso, la emoción no es un estallido incontrolado, sino una manifestación claramente controlada. Nadie tiene el derecho de entrometerse en su aura, y usted tiene todo el derecho del mundo de defender su buen nombre. La justa ira no es la ira de la que hemos estado hablando en esta sección. La justa ira aparece en el aura con un rojo brillante, no como un rojo sucio. Es una energía positiva. Se dará cuenta de la diferencia entre una y otra en que, con la justa ira, no sentirá malestar alguno tras su manifestación.

Los celos

Los celos son señal de baja autoestima. Si es celoso, usted piensa que otra persona tiene algo que usted no tiene o cree que debería tener, y esto puede generar todo tipo de engaños y manejos turbios, cada vez que usted intenta conseguir lo que quiere.

De lo que no se da cuenta es de que está deseando algo del exterior que, en realidad, ya posee dentro de usted. Si tiene celos del talento o de las capacidades de otra persona, tendrá que darse cuenta de que usted puede desarrollar ese mismo talento, siempre y cuando lo desee lo suficiente. El hecho de que un talento esté activo en otra persona no significa que no pueda llegar a estar activo en usted. Simplemente, significa que esa persona ya se lo ha trabajado, mientras que usted aún no lo ha hecho. En la vida, siempre habrá alguien que haya ido más lejos que usted en algún aspecto o cualidad, del mismo modo que habrá personas que no hayan llegado hasta donde usted ha llegado. Todo esto forma parte del vínculo evolutivo natural que nos une a todos, y es el motivo por el cual no conviene que usted se compare con los demás. Porque, si lo hace, «puedes volverte vanidoso y amargado», como advierte el Desiderata. Siempre estará mirando por encima del hombro lo que está haciendo el que está a su lado.

En el aura, los celos se ven como una energía verde aguacate sucio. Es un color que resulta bastante desagradable a la vista, y cuando alguien manifiesta sus celos a través de las palabras, veo a veces energías con forma de serpiente que surgen de su centro de la garganta. El aura se descentra y desbarata con las energías de los celos. A menudo se ven borrones o manchas de color marrón y rojo sucio, dado que los celos suelen ir acompañados por la mezquindad y la ira. Si los celos tienden a la envidia, el tono será más claro, parecido a un verde oliva.

Los celos constituyen una de las formas más seguras de perder las amistades. Recuerdo a dos hermanas que se llevaban muy bien, hasta que se interesaron por el mismo hombre. Ambas tenían poco más de veinte años, con una diferencia entre ellas de uno o dos años. El hombre parecía estar interesado en la hermana mayor, que era más agraciada, y la pequeña se puso muy celosa. Hizo todo lo que pudo por ganarse el afecto de aquel hombre, pero no le funcionó. Cuando hablaba con su hermana, yo veía surgir energías con forma de serpiente desde su centro emocional. Era una visión muy desagradable. Evidentemente, esta joven no sabía lo que estaba generando. Con el tiempo, el hombre se casó con la hermana mayor, y la pequeña terminó trasladando su residencia, sin resolver los sentimientos que tenía en contra de su hermana. Estas dos mujeres dejaron de ser amigas, y perdieron su otrora hermosa relación fraternal, debido al «monstruo de los ojos verdes», los celos.

Los celos pueden ser ciertamente insidiosos. Comience con la llama rojo naranja y pida que le libere de todo sentimiento de celos, allá donde se hallen en su consciencia.

ORACIÓN MEDITATIVA
PURIFICAR LOS CELOS
Descienda la llama rojo naranja para
que me libere de los celos y de la envidia
allá donde se encuentren en mi consciencia.
Que se lleve los átomos negros y grises
al reino mineral, para que se disuelvan en la luz.

Sienta este rayo como una ducha que cayera sobre su ser. Si los siente más en las emociones, deje que la luz permanezca allí un poco más. Si ha estado dando rienda suelta a sus celos a través de la palabra, quizás lo sienta con más fuerza en el centro de la garganta. Posiblemente se sorprenderá de cuánta energía negativa puede llegar a generar con los celos. Pero no le dé más vueltas. Simplemente, sienta cómo se libera. Después, pase a recargar las áreas mermadas con el fuego blanco azul, y pida conservar el poder allí donde se necesite para fortalecer su campo de energía.

ORACIÓN MEDITATIVA
PARA LA REPOSICIÓN ESPIRITUAL
Descienda el fuego blanco azul de
vida eterna y que traiga nueva fuerza vital
a todos los niveles de mi ser, conservando
su poder allá donde se necesite.

Utilice luego el rayo del amor para fomentar la compasión, tanto para usted como para la persona de la que estaba celoso. Pida también para

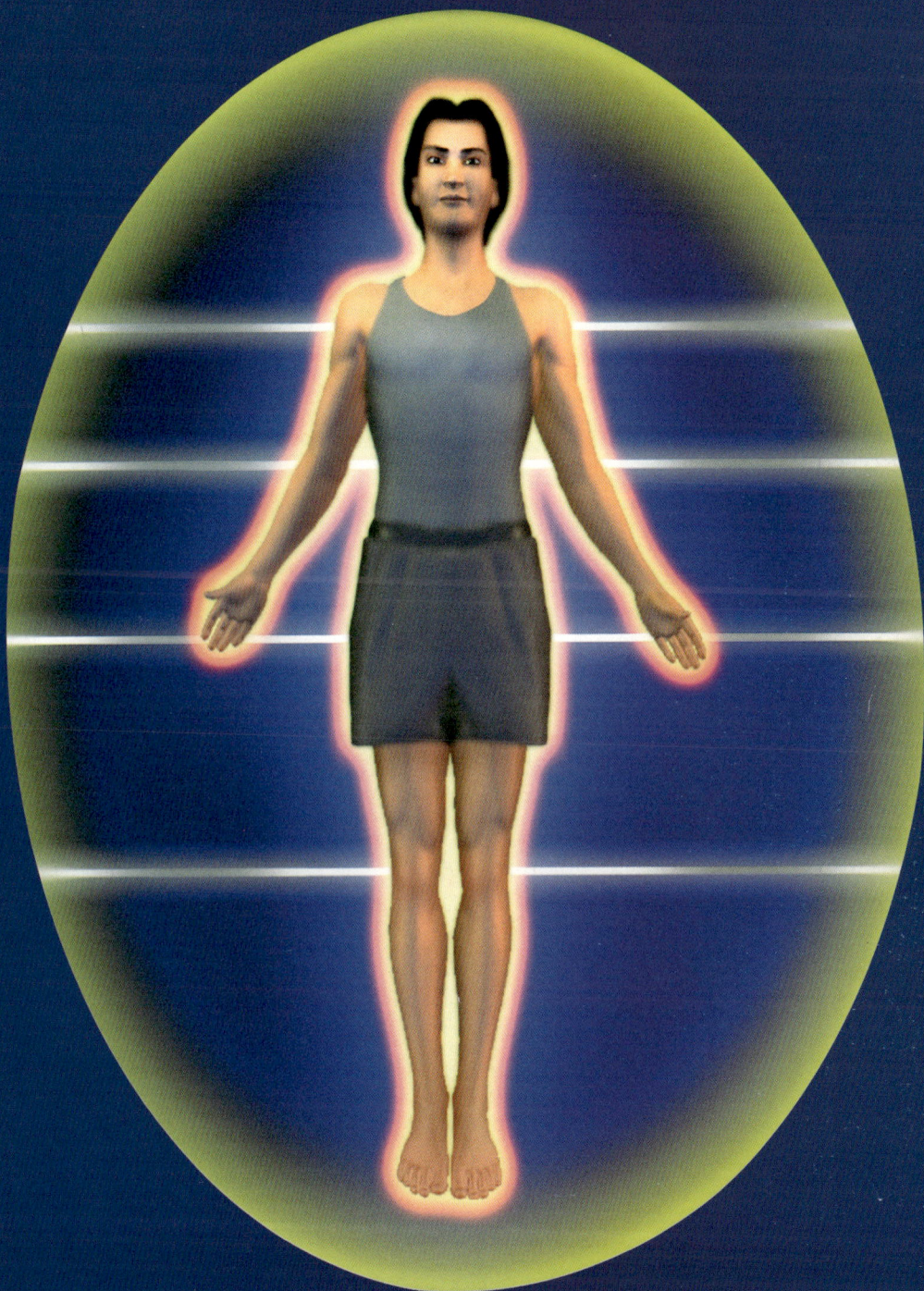

A. División de la salud

FIGURA 2.2: Divisiones del aura, A

B. División mental

C. División emocional

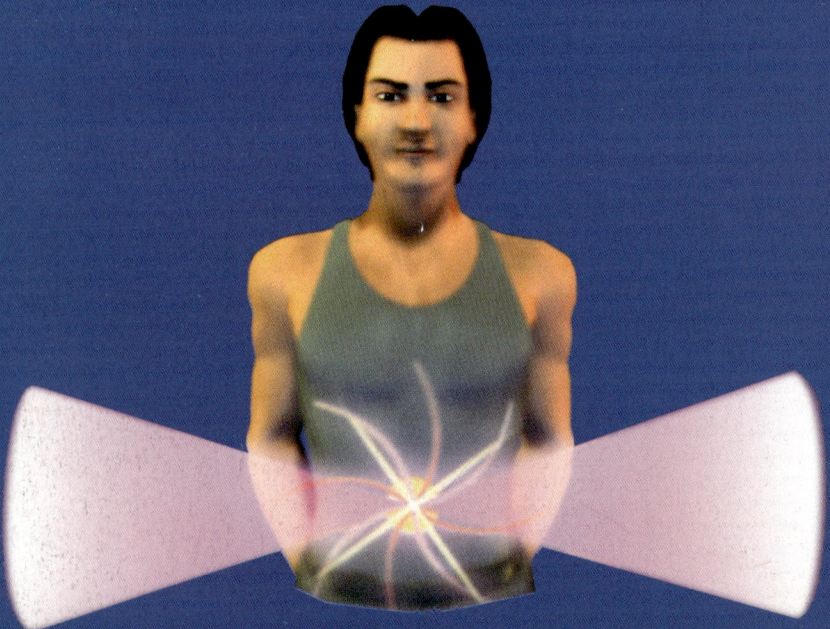

FIGURA 2.2: Divisiones del aura, B, C

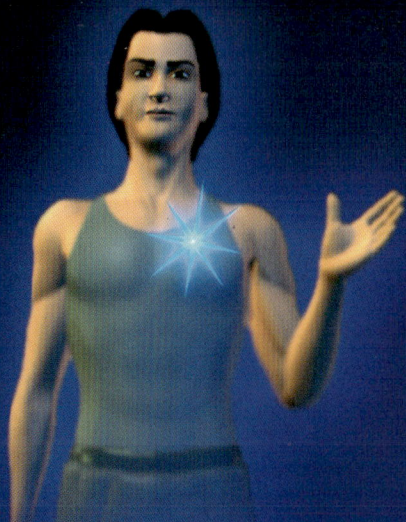

D. División magnética
(talentos y capacidades)

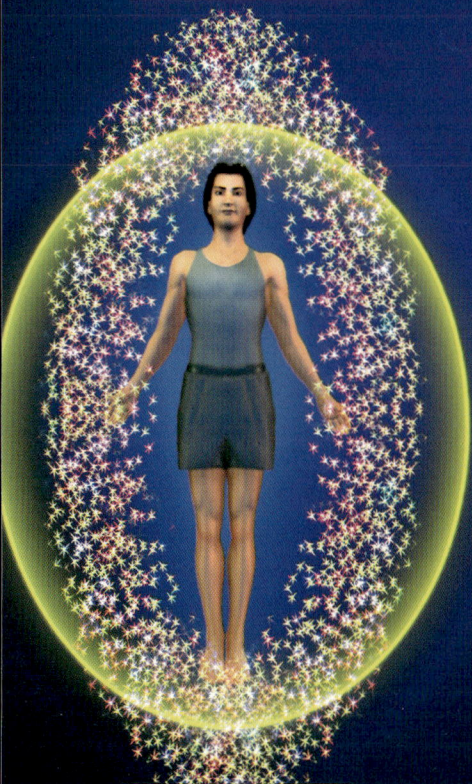

F. División espiritual

E. División del color
(rasgos del carácter)

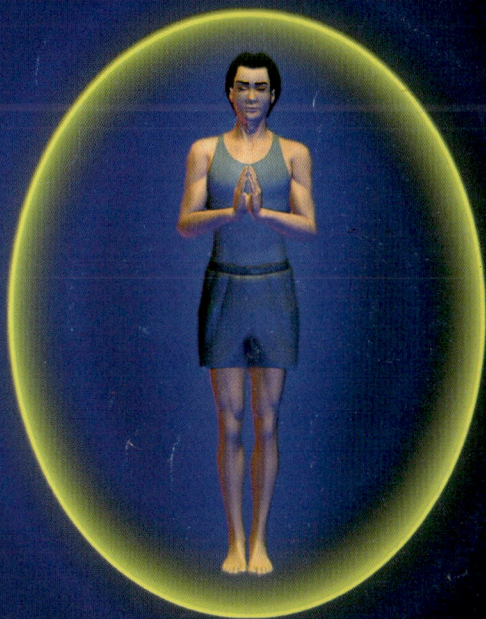

FIGURA 2.2: Divisiones del aura, D-F

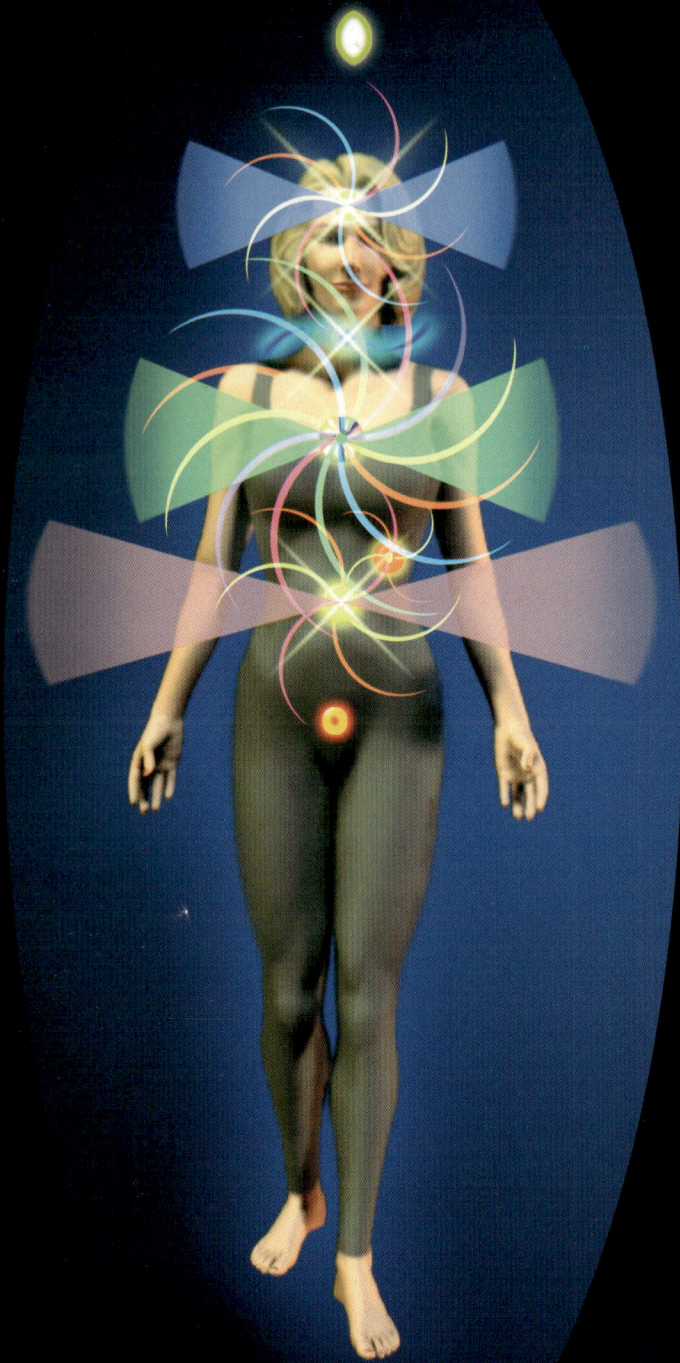

FIGURA 2.4: Radiaciones de los centros de energía (I)

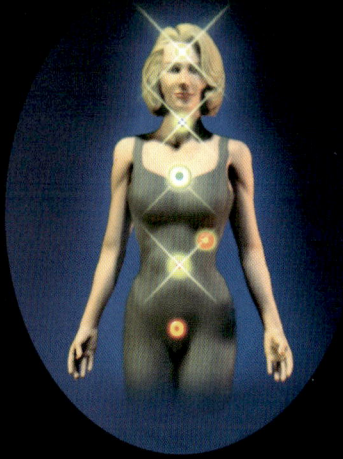

A. Estabilizadores

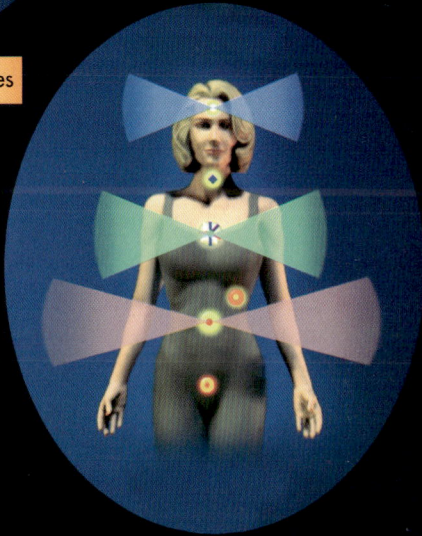

B. Rayos en abanico

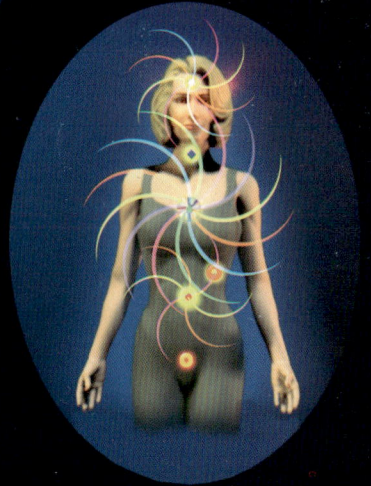

C. Rayos en espiral

FIGURA 2.4: Radiaciones de los centros de energía (II)

FIGURA 2.5: El aura mixta

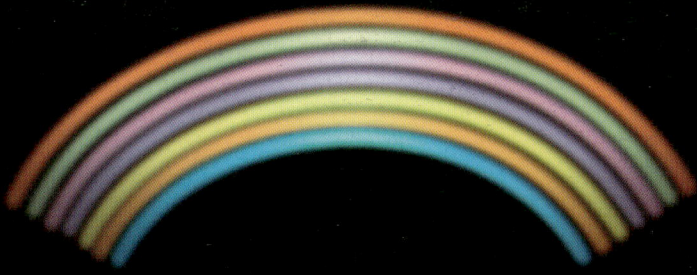

FIGURA 2.6: El aura involutiva

FIGURA 2.7: El aura iluminada

Colores iluminados

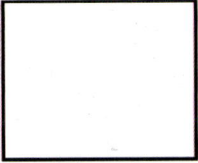

BLANCO
pureza, iluminiación

ORO
sabiduría, coraje

PLATA
inteligencia, percepción

AZUL ELÉCTRICO
talento, maestría

AZUL CIELO
inspiración

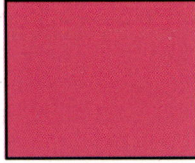

ROSA OSCURO
amor, compasión

VERDE ESMERALDA
equilibrio, armonía

VERDE MANZANA
crecimiento espiritual

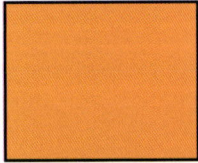

NARANJA
motivación, entusiasmo

ROJO RUBÍ
vitalidad, atletismo

ROJO CLAVEL
energía

AMARILLO LIMÓN
poderes de concontración

PÚRPURA
paz profunda

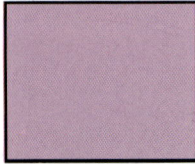

VIOLETA
ternura, serenidad

TURQUESA
prosperidad, abundancia

ÍNDIGO
fuerza espiritual

Colores no iluminados

GRIS CARBÓN
desesperación, depresión

GRIS CLARO
preocupación, miedo

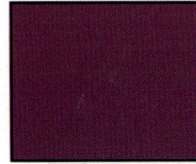

ROJO SUCIO
lujuria, ira

VERDE AGUACATE
engaño, celos

VERDE OLIVA
envidia

MOSTAZA CREMOSO
aletargamiento

MARRÓN CACAO
crueldad, mezquindad

NEGRO
malicia, odio

FIGURA 3.1: Cuadro de colores áuricos

FIGURA 3.2: El amor romántico

FIGURA 3.3: La inteligencia

FIGURA 3.4: El odio

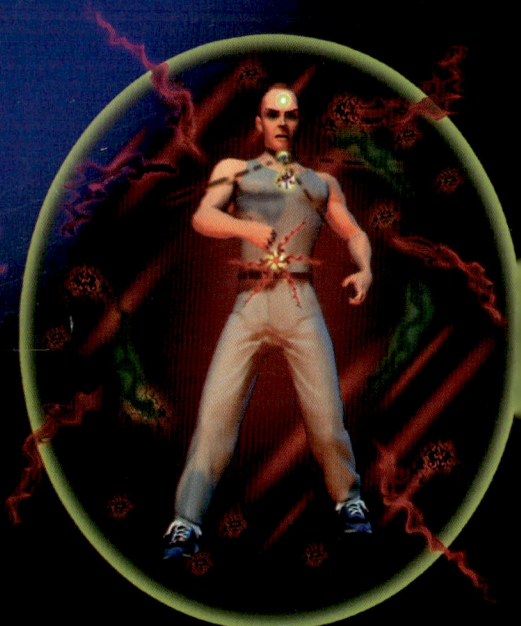
FIGURA 3.5: La ira

FIGURA 3.6: Consciencia de riqueza

FIGURA 3.7: Consciencia de pobreza

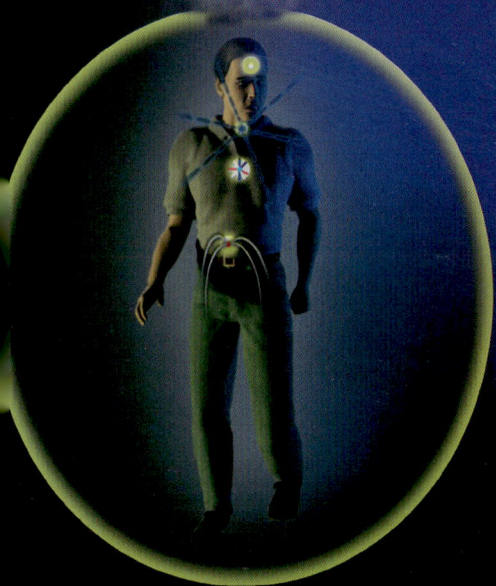
FIGURA 3.8: El miedo

FIGURA 3.9: El aspirante espiritual

FIGURA 4.1: El yo superior, punto del conocimiento espiritual

FIGURA 4.4: Proceso lumínico durante la meditación

FIGURA 5.1: La luz después de la meditación

Situación original

FIGURA 5.2: Superación de la depresión con la energía espiritual (I)

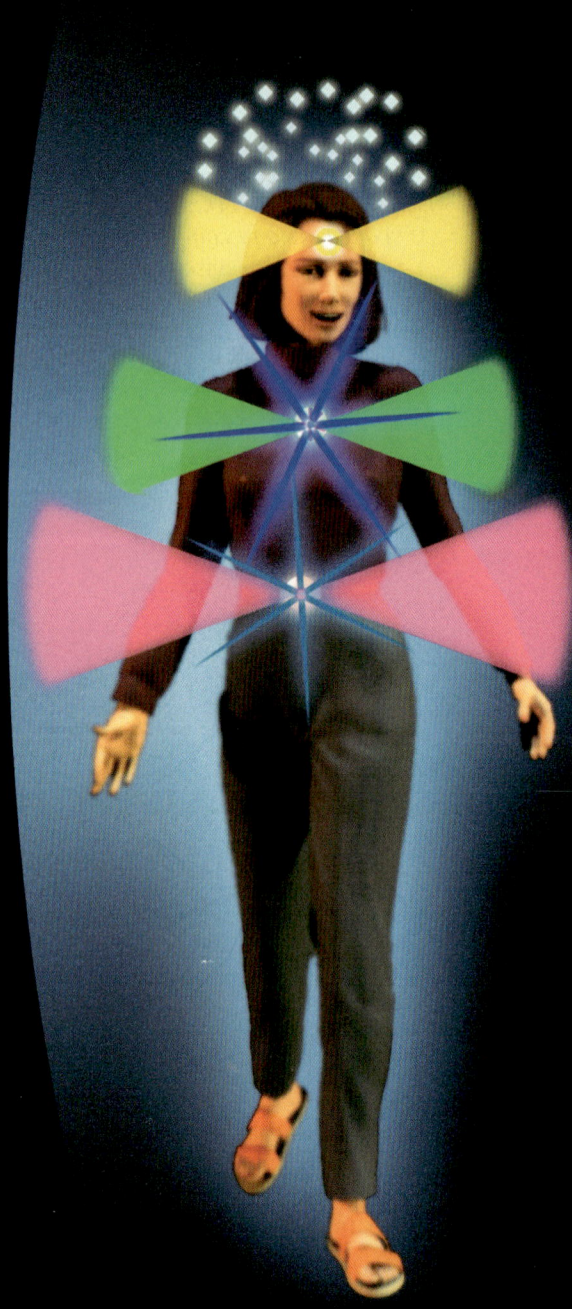

Después de ocho meses de trabajo con la luz

FIGURA 5.2: Superación de la depresión con la energía espiritual (II)

que este amor venga cargado de dulzura, porque es muy probable que sea usted muy severo en el manejo de la situación. Luego, puede continuar con el trabajo del perdón (capítulo 9).

ORACIÓN MEDITATIVA PARA LA INSPIRACIÓN
EMOCIONAL CON EL AMOR DIVINO
Descienda el rosa oscuro del Amor Divino
para que traiga la compasión a todo mi ser, y para
que me lleve a la consciencia del Amor Divino.

Para coronar sus esfuerzos, quizás desee finalizar con el verde esmeralda, con el fin de armonizar y equilibrar el aura en su integridad. Pida que este rayo le aporte serenidad junto con la armonía. Si siente que podría ser conveniente también el rayo de la paz para fijar esa serenidad, no dude en hacerlo.

ORACIÓN MEDITATIVA
PARA EL EQUILIBRIO
Descienda el rayo verde esmeralda para
armonizar y equilibrar todos los niveles de mi ser.

Cuando termine con su trabajo de la luz, convendría que hiciera un esfuerzo por retirar su atención del objeto de sus celos hasta que la energía negativa esté completamente fuera de su consciencia. Si existe algún tipo de fricción abierta, quizás sea bueno abordarlo de un modo franco. Reconozca sinceramente el talento de esa persona, confiésele sus sentimientos y pídale perdón. Puede que esa persona le sorprenda y hasta se convierta en amiga suya. Recuerde, la chispa divina brilla en todos los seres humanos, y reconocer la chispa de Dios en los demás es un rasgo ciertamente sagrado. La madre Teresa veía a Cristo en todas aquellas personas con las que se encontraba. ¿Cómo vamos a sentir envidia de Cristo?

Posteriormente, una vez haya limpiado íntegramente su aura de las energías de los celos, puede trabajar con la guía divina, para que le ayude a crear lo que desea. Si aquella cualidad/objeto/situación que tanto codiciaba sigue siendo un fuerte deseo, dé inicio al proceso de construcción por sí mismo. Si resulta que no lo deseaba tanto como había pensado, entonces se dará cuenta de que el asunto no tenía tanta importancia.

129
✹

La depresión

Se trata de un problema complejo. La depresión suele hacer presa en aquellas personas que se toman muy a pecho las cosas que les ocurren. Aun cuando usted esté centrado en sí mismo, es difícil no absorber las circunstancias del mundo exterior hasta cierto grado. Una gran decepción, una pérdida repentina, un trauma no resuelto, así como un trastorno fisiológico, pueden llevar fácilmente a la depresión.

Un principio espiritual que con frecuencia se pasa por alto con respecto a la depresión es que los acontecimientos o las circunstancias de la vida nunca son permanentes: «Todo pasa». Si usted está deprimido, no va a ver el cuadro espiritual en su integridad. La negatividad que parece envolverle es una condición generada, una condición que sólo es temporal. En su verdadera esencia espiritual, estos estados no existen y, por tanto, no constituyen la realidad originaria. En el reino de Dios, todo fluye con perfección y, dado que formamos parte de esa perfección, una parte de usted se encuentra, exactamente en este mismo momento, en ese flujo perfecto.

Desgraciadamente, la depresión es uno de esos trastornos con los que una persona se puede sentir extrañamente cómoda, y que pueden llevar a muchos hábitos destructivos. Los alcohólicos suelen hacer uso de la depresión como fuerza motivadora que les lleva a beber. Hay personas a las que parece que les encanta contemplar el mundo desde un punto de vista fatalista o cínico. Sin embargo, el tener un punto de vista fatalista o pesimista sólo sirve para ensombrecer la realidad espiritual de la vida y convertirle en presa fácil de la depresión. Las negatividades que usted alberga seguirán con usted todo el tiempo que usted decida mantenerlas ahí.

Admitamos que, en ocasiones, quizás sienta que no tiene el poder espiritual para elevarse sobre su actual situación. Pero es aquí donde el trabajo espiritual llega en su ayuda. La Luz Divina le dará esa «inyección» que le ayudará a reconectar con su Fuente, para que vea las cosas desde su verdadera perspectiva. Además, usted sabe ahora que, conectando con su yo superior, podrá adquirir una conciencia espiritual superior, una conciencia que está por encima de los infortunios de la vida terrestre. Al entrar en esa consciencia mayor, uno deja momentáneamente sus problemas y los pone en manos de Dios. Él le dirigirá y le ayudará a sortear todos los obstáculos que se le presenten en su sendero espiritual, y aliviará el pesar de su corazón.

En el aura, la depresión suele aparecer como una nube gris por encima de la cabeza. Si la depresión es severa, puede verse como una energía gris que circunda a toda la persona. La depresión se manifiesta patentemente en el centro hermético y en el centro emocional debido a la conexión que hay entre los acontecimientos perturbadores y la respuesta emocional a esos acontecimientos.

Lo primero que tendrá que hacer es desprenderse de esas nubes con la llama rojo naranja. Al igual que la mayoría de los trabajos que se le han mostrado en esta sección, hay que intentarlo varias veces antes de que las nubes grises comiencen a disiparse, en especial si la depresión es de larga duración.

ORACIÓN MEDITATIVA
PARA PURIFICAR LA DEPRESIÓN
Descienda la llama rojo naranja para que
desprenda las nubes grises de la depresión
y cualquier energía negativa, allá donde se
encuentren en mi consciencia, disolviéndolas
en el reino mineral y en la luz.

Una vez que la purificación haya hecho su trabajo, prosiga con el fuego blanco azul, que es una de las más eficaces energías para superar la depresión. Si no dispone de mucho tiempo y sólo puede trabajar con una energía para enfrentarse a la depresión, utilice el fuego blanco azul. Sus poderes inspiradores son realmente espectaculares.

ORACIÓN MEDITATIVA
PARA LA INSPIRACIÓN ESPIRITUAL
Descienda el fuego blanco azul de vida eterna
para que cargue y recargue mi consciencia,
apartando cualquier energía depresiva
y llevándome hasta Tu fuerza vital
renovadora, electrizante y perdurable.

Si ha habido mucho estrés en conexión con la depresión, quizás le venga bien trabajar también con el rayo púrpura. Éste le ayudará a distanciarse de aquello que le deprime, casi como si partiera usted de crucero hacia una isla y arrojara por la borda todas sus preocupaciones cotidianas.

ORACIÓN MEDITATIVA
PARA LA PAZ
Descienda el rayo púrpura de la paz divina,
liberándome de cargas y de presiones
dentro de mi ser, y llevándome a Tu paz.

131

En cuanto sienta que la luz ha disuelto la energía depresiva, comenzará a ver las cosas de un modo muy diferente. Si puede, tómese un tiempo para darle un respiro a toda su psique. Recargue su organismo y sus nervios, y verá que ayuda enormemente a todo el proceso.

Puede hacer falta tiempo para resolver definitivamente una depresión; es difícil saber cuánto tiempo llevará el proceso. La luz comenzará sin duda el proceso de liberación y de inspiración en el mismo instante en que usted comience el trabajo. Si la depresión no es grave, la luz puede disolver el problema en un tiempo relativamente breve. Pero, como ocurre con cualquier trastorno persistente, si la depresión es severa o crónica, busque también la ayuda de un profesional de la salud, sea un médico, un psiquiatra, un psicólogo o un sanador.

Cuando se sienta más fuerte, comience a trabajar para resolver las circunstancias que le llevaron en un principio a la depresión. Puede suponerle que tenga que dejar pasar algo que le preocupaba, o quizás que tenga que hacer acopio de coraje para enfrentarse a algo que intentaba evitar. Si hay más de una circunstancia en ese origen del problema, abórdelas de una en una. Haga uso del trabajo con la energía con todo lo que vaya surgiendo y, por encima de todo, intente mantener una actitud espiritual y optimista, aun cuando le parezca que la situación se va a demorar más tiempo de lo que le gustaría.

La culpabilidad

La culpabilidad es ira u hostilidad dirigida contra uno mismo. El pesar y el remordimiento suelen ser primos hermanos de la culpabilidad. Pero lo curioso de todo esto es que la culpabilidad se convierta muy a menudo en una forma de autocastigo. Sintiéndose culpable, uno siente que está reparando un error cometido.

En el aura, el color básico de la culpabilidad es el gris. Puede aparecer como una pequeña nube gris por encima de la cabeza o también alrededor del centro del corazón y el centro emocional. Normalmente, también se puede observar ahí el remordimiento, que se verá con matices más oscuros, de gris carbón. El color gris irá mezclado con el color del error cometido. Si usted ha engañado a alguien, el gris se verá mezclado con verde oscuro; si ha sido mezquino o cruel, el marrón cacao vendrá a indicarlo. De ahí que la energía de la culpa rara vez venga sola. Así es como se suele distinguir de las nubes grises del miedo o de la depresión.

La culpabilidad se puede manifestar de extrañas maneras. Una vez conocí a una mujer que era la propietaria del restaurante donde yo trabajaba cuando era joven. Tenía el extraño hábito de dejar abierta la caja registradora, una tentación para clientes y empleados, que solían quitarle dinero. También cometía importantes errores de contabilidad a favor de los empleados. Era como si estuviera invitando deliberadamente a la gente a que le robara. En una ocasión, cometió un error de mil dólares a mi favor. Le llamé la atención sobre ello y, en lugar de mostrarse sorprendida o agradecida, se indignó. Podría haberme quedado el dinero, pero no dejaba de ser una forma de hurto, y no estaba dispuesta a consentir aquello. Pensé: «Bueno, pues voy a averiguar qué pasa aquí». Vi ciertas energías en su aura, y supe que algo estaba ocurriendo.

Me llevó un poco de trabajo, pero al final me contó la historia. Cuando mi jefa era niña, su madre había quedado enganchada a la morfina durante una estancia en el hospital. Después de gastarse todo su dinero con el fin de satisfacer su adicción, forzó a la niña para que robara para ella. Si iban de visita a casa de una amiga, la madre entretenía a la amiga charlando mientras la niña se escabullía escaleras arriba, entraba en los dormitorios y robaba lo que podía. Otras veces, la madre la hacía meterse en las casas por las ventanas durante la noche, o cuando no había nadie, para que se llevara el dinero. Se sentía muy culpable por lo que había hecho, tan culpable que lo había llevado a rastras toda su vida. Cuando se encontró en una situación económica mejor, halló el modo para compensar los robos cometidos: dejar que otros le robaran a ella. Aquello la hacía sentirse mejor, y era su manera de compensar el dinero robado.

Evidentemente, si usted comete un error o le roba a alguien, necesariamente lo va a lamentar o se va a sentir culpable. Lo que intentará hacer en cuanto pueda será reemplazar la culpabilidad con compasión, tanto por la persona engañada como por usted mismo. Usted no puede controlar lo que hizo en el pasado, pero tiene absoluta libertad para hacer lo que considere oportuno ahora. Perdónese por lo que haya podido hacer en el pasado y, cómo no, enmiéndese. Reconozca que su parte anímica está creciendo todavía y aún no se ha perfeccionado, de modo que no va a poder evitar el cometer errores. En ocasiones, cometerá errores graves. Eso forma parte de su experiencia vital. Lo que tiene que hacer es aprender y crecer a partir de esos errores, con el fin de no volver a cometerlos.

Comience con la llama rojo naranja. Pídale que le libere no sólo de las energías grises de la culpabilidad, sino también de las energías negativas que generaron la situación que provocó la culpabilidad. Si el error que cometió fue grave, divida este proceso. Trabaje sobre la culpa por separado, como purificación, y luego trabaje sobre la situación negativa.

ORACIÓN MEDITATIVA
PARA LIBERARSE DE LA CULPABILIDAD
Descienda la llama rojo naranja de la
purificación para que me libere de todos los
pensamientos y los sentimientos de culpabilidad,

*allá donde se encuentren en mi consciencia, así
como de las energías destructivas que la
acompañan y que generaron esa culpabilidad.*

Continúe después con el fuego blanco azul.

ORACIÓN MEDITATIVA
PARA LA REPOSICIÓN ESPIRITUAL
*Descienda el fuego blanco azul
para que rellene todas las áreas
mermadas de mi consciencia
con nueva fuerza vital.*

Una vez se haya revitalizado, convendrá que invoque un fuerte flujo de
rosa oscuro, para atraer un amor sanador e inspirador que le permita sentir el Amor Divino. Recuerde: haya hecho lo que haya hecho, Dios le ha
perdonado, porque Él siempre le ve a usted bajo la luz más elevada posible, como creación divina que es usted. A despecho de sus errores, el
amor de Dios es inamovible. Trabajando con este rayo, se estará abriendo
usted a ese flujo del amor. La gente suele pensar que no se merece el Amor
de Dios por causa de algunas cosas que haya podido hacer, o por no
haberlas hecho. Sin embargo, el Amor Divino es nuestro legado, por lo
que no dude que forma parte de usted ya. Muchas personas intentan alejarse de ese amor, y se lo niegan a sí mismas. Pero, con esto, lo único que
consiguen es alejarse aún más de sus objetivos espirituales.

ORACIÓN MEDITATIVA
PARA LA INSPIRACIÓN
DEL AMOR DIVINO
*Descienda el rayo rosa oscuro del amor
sanador para llevarme a la unidad de Tu amor,
liberándome de todo odio o ira contra
mí mismo, e inspirándome para formar
un solo cuerpo en Tu cuerpo de Amor Divino.*

Termine su trabajo con la luz con el rayo verde esmeralda con el fin de
armonizar su consciencia, en especial si la culpabilidad viene de muy
lejos en el pasado.

ORACIÓN MEDITATIVA PARA EL EQUILIBRIO
Descienda el rayo verde esmeralda
para equilibrar y armonizar todos
los niveles de mi consciencia (mente,
cuerpo y alma) con el espíritu.

Una vez haya limpiado su campo de energía, lleve a cabo el trabajo del perdón. Ore por usted mismo y por la otra persona o personas involucradas.

Tras el trabajo de la luz, es hora de darle la vuelta a la situación que haya creado. Obsérvela de la forma más objetiva posible, y vea qué puede hacer para ser de alguna ayuda. Si usted estafó a alguien, repare su falta y páguele lo que le deba. Si fue cruel con alguien, pida disculpas y muéstrese amable. Si engañó a alguien, confiéseselo. Esfuércese todo lo posible por hacer algo concreto acerca de eso. Y si no puede ser de ayuda a la persona a la que perjudicó, busque a alguien que esté en una situación similar y ayúdela.

La pena

Es imposible pasar por la vida sin sufrir una pérdida que nos cause pesar. Todos perdemos a alguien o algo querido en algún momento de nuestra vida, y sentimos una profunda pena cuando esa persona o esa cosa ya no están aquí. Después de todo, en la vida estamos de visita. Ni usted ni yo vamos a estar aquí para siempre. Sin embargo, olvidamos con facilidad esta realidad fundamental, cuando nos dejamos enredar por las actividades del mundo. Si bien la pérdida de alguien amado nos ocasiona la más dura forma de pesar, la gente siente pena por otras muchas cosas, incluida la pérdida de la juventud o de las capacidades, de un tiempo pasado en que la vida era especialmente idílica, y de algunas cosas más.

La pena es una de las más punzantes experiencias que tendrá que afrontar en la vida. Todo aquel o toda aquella que haya perdido a un hijo o a la pareja lo puede atestiguar. Y debido a que es una experiencia tan difícil, tan abrumadora, se convierte también en una de las mayores pruebas espirituales. Yo he perdido a varias personas queridas en mi vida, y conozco muy bien ese dolor. Pero, desde el amor, le digo que el pesar es egoísmo. El dolor que usted siente lo siente más por usted que por la otra persona. ¿Por qué está usted triste, si la persona a la que quiere se ha liberado del dolor o de la vejez? ¿Se lamentaría usted por el hecho de que la oruga se convierta en mariposa? La persona a la que usted amaba se ha graduado en esta existencia y es libre de pasar a una existencia más elevada. La vida en la Tierra no es la única vida posible. Cuando una persona hace su tránsito desde esta

135

vida terrestre, la vida no termina, sino que la persona vuelve a aquella vida espiritual de la cual vino. Ése es el motivo por el cual uno de los mayores servicios que puede prestar usted a la persona amada que acaba de fallecer es dejarla ir. La muerte no le puede separar a usted de la persona amada, pues ustedes se volverán a encontrar en los reinos del espíritu.

La pena prolongada supone una demora para usted, puesto que le mantiene en el pasado. Y si usted está en el pasado, no puede avanzar. Es comprensible que, si ha perdido a alguien muy querido, alguien que era parte importante de su vida, es comprensible, repito, que sienta una profunda tristeza. Es natural, y será una buena idea tomarse un tiempo para expresar su duelo. Existe una tradición espiritual que permite 44 días de duelo, y yo recomiendo encarecidamente que se tome ese tiempo. Pero, una vez finalizado el período de duelo, lo más sabio es esforzarse por salir de ese dolor.

La pena es otra emoción que se manifiesta en tonos grises en el aura. La he visto como una burbuja gris en el centro del corazón, y a veces también sobre la cabeza. Si la persona está enfadada con la persona que ha fallecido, habrá también un rojo sucio en el aura. La compasión por uno mismo y la depresión traerán una nube oscura de gris carbón o incluso de negro. Cabe la posibilidad de que el alma pesarosa no haya resuelto algún asunto relativo a la persona fallecida, y eso puede llevarle a toda una vida de sentimientos y pensamientos, todos los cuales se manifestarán en el aura.

Comience con una limpieza y una reposición total, para salir de las pesadas vibraciones que genera una profunda pena.

ORACIÓN MEDITATIVA PARA LIBERARSE DE LA PENA
*Descienda la llama rojo naranja de
la purificación para que desprenda todos
los sentimientos de pena y de pérdida en toda
mi consciencia, y para que disuelva los átomos
negros y grises en el reino mineral y en la luz.*

La pena es otro estado mental/emocional que se puede contrarrestar con una fuerte recarga de fuego blanco azul.

ORACIÓN MEDITATIVA
PARA LA REPOSICIÓN ESPIRITUAL
*Descienda el fuego blanco azul para rellenar
todas las áreas mermadas de mi consciencia
con nueva fuerza vital.*

También va a necesitar una fuerte dosis de rayos verde esmeralda que le devuelvan la armonía. Con la pérdida, la psique pierde su equilibrio. Su mundo se puede poner boca abajo. Necesitará el verde esmeralda para volver a poner las cosas en su debida perspectiva.

ORACIÓN MEDITATIVA
PARA EL EQUILIBRIO
Descienda el rayo verde esmeralda
para equilibrar y armonizar todos los niveles
de mi consciencia y formar un cuerpo en
Tu cuerpo de Luz y Amor Divino.

Evidentemente, le vendrá bien el Amor Espiritual, pues inspirará su alma y le sacará de la soledad que pueda estar sintiendo. También le ayudará a fortalecer su compasión, para que pueda ver las cosas más desde el nivel del Amor Divino. El Amor Divino también trae alegría espiritual.

ORACIÓN MEDITATIVA
PARA LA INSPIRACIÓN DEL AMOR DIVINO
Descienda el rayo rosa oscuro del amor
sanador para que me lleve a la consciencia
de Tu Amor, abrazándome como un cuerpo
en Tu cuerpo de Amor Divino.

Quizás la energía más útil de todas sea la del rayo púrpura oscuro de la paz espiritual. Si no dispone de tiempo y sólo puede trabajar con un rayo, utilice el rayo de la paz profunda. Cuando usted pierde a alguien, casi siempre hay una conmoción implícita, y este rayo puede alcanzar los niveles más profundos de su interior para serenar y calmar su alma. También puede darse la tendencia a actuar de forma precipitada, y este rayo le va a situar en un punto de serenidad donde verá las cosas con más claridad.

ORACIÓN MEDITATIVA PARA LA PAZ
Descienda el rayo púrpura de la paz divina
a todos los centros, en especial al centro
del corazón, para dar descanso a mi alma
y para que alcance todos los aspectos de mi ser,
liberándome de toda pena y elevando

137

mi consciencia hasta un estado
de armonía y de paz.

Cuando haya terminado el trabajo con la luz, estará preparado para hacer uso de la luz en su vida. Llene sus días con pensamientos frescos y experiencias nuevas. Rodéese de personas positivas que le den apoyo. Reafirme su conexión con Dios. Intente sentirse contento por la persona que ha hecho el tránsito. Cuide de no estar solo demasiado tiempo. Hay tantas formas de pesar como personas existen. Las personas que están desconsoladas pueden sentir el deseo de morir ellas también, creyendo equivocadamente que les llevará con la persona amada que acaba de fallecer. Siempre será de ayuda rodearse de gente y disponer de buenos amigos. Si tiene temas por resolver con la persona que ha fallecido, sea paciente también con eso. El hecho de que la persona amada no disponga ya de un cuerpo no significa que usted no pueda trabajar las cosas dentro de sí mismo.

El miedo

De todas las emociones negativas, el miedo es uno de los impedimentos más potentes que existen para la consecución de sus objetivos espirituales, puesto que el miedo puede llegar hasta el mismo núcleo de su ser y paralizarle. Mientras que el odio puede espolearle a realizar acciones negativas, el miedo impide absolutamente cualquier acción. ¿Cómo va a progresar usted y cómo va a ir en pos de la vida que desea si tiene miedo de tomar la iniciativa?

El miedo llega a lo más profundo, hasta los niveles instintivos de su consciencia. Sin embargo, el miedo que usted siente no tiene que ser necesariamente un gran miedo. Usted puede tener pequeños temores que se van acumulando y que, en un principio, pueden pasar desapercibidos. Pero, pasado un tiempo, se van sumando. Puede que tema algo ciertamente real, o puede desarrollar miedos neuróticos, en los cuales una situación inocente puede provocar terror. Si todo esto persiste, el miedo puede alimentar emociones concomitantes de preocupación o de depresión. Pero lo peor de todo es que el miedo puede alimentar más miedo.

Para temer algo, usted tiene que verse a sí mismo como algo separado de su Fuente Divina. El miedo, por su mera naturaleza, genera la sensación de separatividad. Al temer algo, usted está aceptando la creencia de que algo o alguien tiene poder sobre usted, y de que usted es incapaz de hacer nada al respecto. Si vuelve usted a su punto de vista espiritual, no le costará ver la falacia que subyace a este tipo de pensamiento, pues si es usted parte esencial de la Fuente Espiritual que creó el universo, ¿cómo puede haber poder mayor que ése? Sencillamente, no puede haberlo.

138

❁

Esta sensación de separatividad no es otra cosa que un concepto físico. En el reino espiritual, usted forma parte del Uno. Usted está «bajo la sombra del Todopoderoso». No hay separatividad alguna en el mundo divino. Sólo hay un único Origen, unificador y todopoderoso. Esto no quiere decir que no deba tomar usted las precauciones normales; significa que usted no viene de un lugar de miedo y de estremecimiento. En la medida en que se sumerja en la unidad divina, podrá sentirse confiado y valiente. Se enfrentará a las adversidades con un poder y un coraje dinámicos. Eche un vistazo a la vida de san Francisco, que hizo dócil a un lobo y lo convirtió en su amigo. Francisco era un hombre dulce, y sin embargo fue capaz de salvar a toda una aldea de las garras de un cruel depredador sin derramar ni una sola gota de sangre. Si hubiera tenido miedo de lo que el lobo pudiera haberle hecho, ¿qué habría ocurrido entonces?

Usted tiene que enfrentarse a sus miedos con el fin de vencerlos. La mayoría de las personas haría cualquier cosa por evitar una situación temible. Nunca deje que el miedo se aposente en su ser, pues entorpecerá su juicio, nublará su razón y constreñirá hasta su mismo ser.

Va a necesitar una buena dosis de poder espiritual para liberarse de ese estado de miedo. Comience por preguntarse: «¿Lo que temo es una situación real o imaginaria?». La clave aquí es intentar identificar la experiencia original o el pensamiento que generó el miedo. En el momento quede esto claro, sabrá por dónde empezar.

El miedo se ve con toda claridad en el aura como una energía gris, en su mayor parte en el centro emocional. Puede moverse con un extraño movimiento, como a remolinos, debido a las turbulencias emocionales implícitas. Cuando el miedo es muy grande, he llegado a ver toda una banda de esa energía gris arremolinándose en torno al aura en sí. Si la persona es muy temerosa, habrá también carencias en algunas de las energías inspiradoras y dinámicas, como el oro, el naranja y el rojo.

Al trabajar con las energías, invoque la llama rojo naranja y el fuego blanco azul para aclarar y limpiar, así como para fortalecer su aura. Pida que la llama rojo naranja alcance cada pensamiento, experiencia y sensación que genera el miedo. El proceso puede hacer que se desprendan cuadros muy concretos que evocan esa emoción. Si esto ocurre, pida que se desprendan definitivamente de su consciencia.

ORACIÓN MEDITATIVA PARA LIBRARSE DEL MIEDO

Descienda la llama rojo naranja para que se desprendan todas las vibraciones de miedo, dondequiera que esas energías negativas hayan tomado el control de mi vida,

139

> *y para que disuelva sus átomos negros*
> *y grises en el reino mineral y en la luz.»*

Cuando haya terminado, traiga el fuego blanco azul.

ORACIÓN MEDITATIVA
PARA LA NUEVA FUERZA VITAL
Descienda el fuego blanco azul para cargar
y recargar mi consciencia con su electrizante
fuerza vital en todos los niveles de mi consciencia.

Las experiencias de temor tienden a sacarle con rapidez de su sintonía espiritual, tras lo cual resulta difícil dejar que nuevas energías asuman el control. Pida que el rayo verde esmeralda alcance sus centros y todo su ser, en especial su cuerpo emocional, devolviéndole el equilibrio mental, corporal y anímico.

ORACIÓN MEDITATIVA PARA EL EQUILIBRIO
Descienda el rayo verde esmeralda
del equilibrio a todas las áreas de mi
consciencia que perdieron la sintonía debido al
miedo, y que lleve al centro y la armonía
divina todos los niveles de mi consciencia.

Ahora tendrá que fortalecer su aura con la luz dorada. El color oro le ayudará a desarrollar la fe, el coraje y la fuerza. Implante este rayo con intención decidida y deliberada, para fijar la luz dinámica. Fue su falta de fe la que le llevó al miedo en un principio; pero, si está usted en unidad con Dios, no sentirá ya nada que se le parezca al miedo. Será capaz de manejar distintas situaciones con mano hábil y decidida, y con paso firme. La luz dorada le permitirá recuperar la confianza en sí mismo.

ORACIÓN MEDITATIVA
PARA LA FUERZA INTERIOR
Descienda el rayo dorado de la luz
de la sabiduría para que alcance
todos los aspectos de mi ser,

trayéndome la fuerza interior y el coraje,
la confianza, la fe divina y el conocimiento
interno que me saquen de los estados
negativos de la consciencia, para
que esté en unidad dinámica contigo.

En cuanto disponga del poder espiritual, tiene que hacer uso de esa energía. Tendrá que enfrentarse a sus miedos uno por uno (lo ideal es que lo haga al calor del momento). Reconozca constantemente el poder de Dios. Las afirmaciones espirituales son de gran ayuda para recuperar la confianza y el coraje (véase el capítulo 13). Utilice el oro con tanta frecuencia como necesite para restablecer ese oro y la fe divina, y con el tiempo vencerá sus miedos.

La preocupación

La preocupación y el miedo tienen un aspecto muy similar en el aura. La gris es la energía dominante, pero el gris de la preocupación es más claro, y no resulta tan opresivo. Si la preocupación es crónica, también podría aparecer en la división del color en forma de motas grises.

Hay personas que tienen el hábito de preocuparse, creyendo que así consiguen algo, que se protegen y se preparan para lo inesperado; pero no es así. Cuando usted se preocupa, puede llegar a quedarse tan exhausto que termine por relajarse; y en esa relajación pueden llegarle sus respuestas.

Con la preocupación, usted está manifestando una falta de confianza espiritual, una falta de fe. Si es usted uno con Dios, tendrá por seguro que Dios está haciendo lo mejor por usted. Si de verdad tiene confianza en Dios, no tiene de qué preocuparse. Si no está seguro de qué hacer con su vida, convendrá que consulte con su yo superior para recibir la guía divina (véase el capítulo 10). Sea paciente para que llegue esa orientación. Usted no puede hacer gran cosa por sí mismo, ya que usted es un canal a través del cual trabaja Dios, ¡y eso es lo único que se espera de usted! El hombre suele esperar demasiado de sí mismo, y se desespera cuando no encuentra respuestas. Si se preocupa demasiado, bloqueará el flujo de la luz. Si de verdad quiere una resolución, quédese quieto y reciba. Luego, actúe en consecuencia.

Siga los mismos pasos que se dan para tratar el miedo, y que se han esbozado más arriba, para limpiar su aura de preocupaciones. A menos que la preocupación sea habitual, no necesitará utilizar el rayo verde esmeralda.

141

❂

Oración meditativa
para la purificación de la preocupación
Descienda la llama rojo naranja para desprender
las estructuras de preocupación y toda ansiedad
e irritación relacionada con la preocupación,
y para que disuelva los átomos negros y grises
en el reino mineral, en la luz.

Cuando haya terminado, atraiga el fuego blanco azul.

Oración meditativa para la nueva fuerza vital
«Descienda el fuego blanco azul para cargar y
recargar mi consciencia con su electrizante
fuerza vital en todos los niveles de mi ser.»

Después, convendrá que trabaje con el oro para incrementar su fe y su confianza espiritual en Dios.

Oración meditativa para la fuerza interior
«Descienda el rayo dorado de la luz de la
sabiduría para que alcance todos los aspectos
de mi ser, trayéndome la fuerza interior y la
confianza, la fe y la orientación que dirijan mi
vida para que esté en unidad dinámica contigo.»

Luego, tendrá que controlarse para que, sean cuales sean las circunstancias en las que se le exija actuar y tomar decisiones, no se introduzcan las viejas estructuras de la preocupación. En cuanto comience a fijar su naturaleza dinámica, gran parte de sus miedos desaparecerán.

El orgullo

Se nos ha dicho que uno de los primeros pecados cometidos por el hombre fue el del orgullo. A lo largo de la historia, el orgullo ha sido causa de demasiados conflictos, y sin embargo la gente ve el orgullo como una cualidad positiva, preguntándose: «¿Por qué no sentirse orgulloso de algo bien hecho? Si me he esforzado por hacer algo, tengo que sentirme orgulloso de lo que he hecho». Desde un punto de vista exclusivamente físico y humano, esto parece tener pleno sentido; pero, si miramos más profundamente a las raíces espirituales, veremos que hay un error fundamental en estos planteamientos. El orgullo es un sentimiento de logro. La palabra clave aquí es autor, y es en ese «autor» donde nos podemos llevar a engaño. Cuando usted se reconoce como autor de sus logros y se congratula por ello, está poniendo el énfasis en usted. Y esto le aleja inmediatamente de la consciencia de Dios, y le otorga la sensación de ser independiente y de estar desconectado de su Fuente Divina. Usted cree que el éxito le llega a usted gracias a sus propios esfuerzos y, si persiste en este error, creará inevitablemente la ilusión de su superioridad respecto a los demás, lo cual le llevará rápidamente a la arrogancia.

La verdad espiritual perdida en las miasmas del orgullo es la de la humildad, el claro entendimiento de su relación con Dios. Esta relación no es siempre fácil de interpretar. Hasta los discípulos de Jesús experimentaron la sensación del logro personal cuando sintieron que sus poderes espirituales sobre el mal se hacían aún más fuertes. Jesús les reprendió de inmediato diciendo: «No os alegréis de que los espíritus se os sometan; alegraos de que vuestros nombres estén escritos en los cielos» (Lucas 10:20). Es decir, maravíllate de que Dios haya consentido que seas un instrumento del poder espiritual, pero no creas que este poder es una posesión personal tuya.

Cuando uno está sintonizado con la Divinidad, muchas cosas ocurren por su mano; y, si no se tiene cuidado, se puede empezar a ostentar estos logros como propios, o incluso como recompensas dadas por Dios por ser una persona tan maravillosa. Ésta es la gran prueba, en la que se ve si has entendido bien la relación que hay entre tú y tu naturaleza divina. Cuando la persona empieza a reconocer su raíz espiritual como ese poder sustentador vital que hay tras todos sus logros, y da todo el crédito y la gloria a su Fuente Divina, entonces habrá comenzado a superar el orgullo y a dominar la humildad.

Hay personas a las que les resulta difícil aceptar la humildad porque creen que ser humilde es una forma de degradación o una afrenta a su dignidad. Confunden el ser espiritualmente humildes con ser humillados. Esta confusión es comprensible, debido al modo en que se suele usar esta palabra. Sin embargo, la humildad es todo lo contrario de la degradación. Humildad espiritual es verse a sí mismo en el lugar que le pertenece dentro de la disposición espiritual de las cosas: como un instrumento de Dios, un ser cocreador junto a Él. Si algo genera la verdadera humildad es una sensación mayor de dignidad, porque entiendes lo precioso que eres a los ojos de Dios.

Los griegos tenían una palabra para cuando el orgullo se apoderaba de una persona. Lo llamaban *hybris*, de la cual se tomó el anglicismo *hubris* (orgullo altivo). Todo el mundo ha sentido este *hybris* en un momento u otro de su vida.

El orgullo se manifiesta normalmente en el aura como unas energías naranja tostado y verde aguacate deformado, que se irradian desde el cuerpo emocional con un movimiento espasmódico. Comience su trabajo con la luz con la llama rojo naranja. Quizás sienta una ligera resistencia a esta energía, especialmente si su ego humano ha generado una gran cantidad de orgullo a partir de sus talentos y consecuciones, pero no se detenga.

ORACIÓN MEDITATIVA PARA PURIFICAR EL ORGULLO

Descienda la llama rojo naranja a todos
los niveles de mi consciencia para que
se desprendan todas las energías insidiosas
conectadas con el orgullo, todos los sentimientos
de arrogancia, o la sensación de ser mejor
que cualquier otra persona.

Cuando prosiga con el fuego blanco azul, sienta que este poder divino es la verdadera fuente de su fuerza vital.

ORACIÓN MEDITATIVA
PARA LA NUEVA FUERZA VITAL

Descienda el fuego blanco azul
de vida eterna para recargar todos los niveles
de mi consciencia, alentando en la misma
vida de Dios, y ayudándome a reconocer
en Él la fuente verdadera de mi ser.

En cuanto haya hecho esto, verá que el equilibrio es importante, puesto que, si está actuando bajo el espejismo del orgullo, habrá perdido el ritmo de la pulsación espiritual. El verde esmeralda le puede ayudar a recuperar la armonía con el flujo de Dios.

ORACIÓN MEDITATIVA PARA EL EQUILIBRIO ESPIRITUAL

Descienda el rayo verde esmeralda del equilibrio
espiritual para que alcance todos los niveles
de mi ser, equilibrando toda condición dentro
del orden y la armonía divinos.

144

Junto con el armonioso rayo verde, tendrá que trabajar con la luz blanca para poder volver a la comprensión espiritual de su relación con Dios. También puede trabajar con la luz dorada, si siente alguna resistencia y necesita más poder dinámico para establecer esta consciencia en usted.

ORACIÓN MEDITATIVA
PARA LA CONCIENCIA ESPIRITUAL
Descienda la luz blanca pura para que alcance todos los niveles de mi consciencia y desprenda todo lo desnaturalizado y toda pretensión, para que pueda entrar en el conocimiento interno espiritual de mi verdadera relación con Dios.

Yo finalizaría este trabajo con el rayo rosa oscuro, para traer más humildad espiritual a través de su dulce y compasivo flujo. Cuando se es muy orgulloso, la persona se aísla de los demás y se pone en una categoría especial, por lo que convendrá que vuelva a la unidad con Dios y con los demás.

ORACIÓN MEDITATIVA
PARA LA HUMILDAD ESPIRITUAL
Descienda el rayo rosa oscuro del amor espiritual, trayéndome una mayor compasión y comprensión hacia los demás, liberándome de todo sentimiento de arrogancia o superioridad, y fijando la humildad espiritual en todos los niveles de mi ser.

Al aplicar el trabajo de la luz, puede comenzar concediéndole todo el «mérito» a Dios, y dándole las gracias por ser un canal de todo lo bueno que hay en su vida. Si tiene usted mucho éxito, cédale los méritos a Dios. Fíjese de qué maneras se le inspiró para seguir el curso vital en el que se encuentra. Y, si se enfrenta a fracasos o dificultades, vigile para que el orgullo herido no se apodere de usted. Las afirmaciones son de gran ayuda, y le permitirán que mantenga la mente centrada en sus prioridades espirituales.

No es fácil desembarazarse del orgullo. Le va a llevar tiempo reconocer que es algo con lo que tiene que trabajar. Pero, créame, ¡todos tenemos que trabajar con él! Tiene usted que situarse por encima de su más sutil enemigo, el orgullo, y tiene que aprender a abrazar la humildad en su lugar. Benjamin Franklin lo expresó muy bien cuando dijo: «No creo que pueda llegar nunca a dominar la humildad porque, si lo hiciera, me sentiría malditamente orgulloso de mí mismo».

Capítulo 8

Cómo mejorar
los asuntos personales

En el grandioso proyecto de nuestra evolución, la Tierra es una escuela de aprendizaje espiritual. Somos estudiantes en la vida, que aprendemos las lecciones que nos proporciona esta escuela. Tras nuestros asuntos cotidianos y tras las relaciones que mantenemos con nuestros semejantes, subyace el verdadero propósito de estas interacciones: nuestro crecimiento espiritual. Por tanto, la Tierra es el terreno de pruebas de las realizaciones espirituales de cada ser humano; es el laboratorio divino donde desarrollamos y desplegamos las potencialidades del alma. Con una misión así, cada una de nuestras acciones adquiere un significado divino, sea grande o pequeño.

Nuestros asuntos cotidianos ofrecen también un terreno de pruebas para la Luz Divina, pues es aquí donde ponemos a trabajar las herramientas de la luz espiritual. Como hemos visto, la Luz Divina es la clave del éxito en toda empresa terrestre. Para generar cualquier situación en nuestra vida, ha de estar primero presente en nuestra aura la energía necesaria para esa situación. Y si esa energía no está ahí, tendremos que generar el poder espiritual necesario para que esa energía entre a formar parte de nuestro campo áurico.

A lo largo de mi vida, he trabajado con algunas personas famosas y de gran éxito, y viendo sus auras se me ha hecho evidente que su éxito no era accidental. Su talento formaba parte de ellos ya (estaba ya en su aura). Así, no debió ser un prodigio de la naturaleza que Mozart fuera un maestro de la música, o que Leonardo da Vinci fuera capaz de pintar *La Gioconda*. Del mismo modo, no fue la manzana que le cayó a Newton en la cabeza la que le dio la idea de la gravedad. Los logros de los grandes hombres y mujeres de todos los tiempos nacieron de su poder espiritual, y de su pasión por hacer uso de ese poder por el bien de todos.

En el aura, el núcleo de las relaciones y de los asuntos del mundo es el centro hermético. (Cuando hablo de asuntos del mundo, me refiero a los asuntos del mundo personales.) Este centro es el responsable de las energías espirituales que potencian nuestras actividades exteriores. Todas nuestras circunstancias mundanas se reflejan de algún modo en este centro. Esto significa que las relaciones, el trabajo, la economía y la vida personal y espiritual de cada ser humano convergen en este punto. En este flujo energético, nosotros somos el centro de nuestro propio mundo; no del mundo, sino de nuestro *propio* mundo.

Para manejar todas las actividades de la vida, el centro hermético tiene doce rayos de poder integrados, que representan las doce avenidas de los asuntos del mundo. Conviene que estos flujos se muevan suavemente, si queremos que lo que hay en nuestro corazón y en nuestra mente se manifieste en el mundo. Debido al inmenso trabajo que realiza el centro hermético, es fácil que se sobrecargue hasta el punto de que tengamos la sensación de que el mundo nos resulta excesivo; nos sentimos indefensos e insignificantes en medio de todas estas actividades. En este estado, el centro hermético puede ensombrecerse con nubes de luz oscura, resultándole difícil generar gran cosa en nuestra vida. Es como si estuviéramos apagando fuegos la mayor parte del tiempo, y también resulta mucho más difícil sentir compasión por los demás, debido a que el corazón llega a «pesar» con tanta energía negativa.

Al igual que con los otros centros, tenemos que hacer un trabajo extra para mantener el centro hermético en movimiento, limpio y claro, aun cuando a nuestro alrededor todo sea caótico. No siempre tendremos el control sobre lo que nos sucede en la vida, pero sí que tenemos un control total sobre cómo reaccionamos ante esas circunstancias y les damos forma. El ser humano suele cometer el gran error de juzgar su vida en función de lo que le ocurre, en lugar de juzgarla por cómo se ha manejado ante los inevitables problemas de la vida. Si nos enfrentamos a una situación difícil con coraje, fortaleza y humildad, estaremos fortaleciendo y abrillantando los colores de nuestro carácter mediante nuestras acciones. Y es mediante esas acciones como acumularemos luz.

Así pues, el primer paso para aclarar este centro es permanecer en nuestra propia armonía y ritmo divinos, y no cargar con los problemas del mundo. Es muy importante que nos hagamos cargo de esta parte del aura. Observe que el centro hermético, además de ser el núcleo de nuestros asuntos del mundo, es también la sede del alma. Esto no es por casualidad, pues es aquí donde el alma registra y absorbe todas las experiencias y lecciones de la vida, con el fin de crecer y madurar.

Evidentemente, no ignoramos el mundo exterior. Decididamente, tenemos que orar y trabajar por un mundo mejor y más feliz, pero no conviene que asumamos como propio ningún problema del mundo. Si

somos del mundo, haremos lo que el mundo requiere, y nuestra fidelidad se la daremos al mundo antes que a Dios. Pero nuestra fidelidad ha de ser para Dios antes que para el mundo o para el hombre. Vivimos con el hombre, pero es Dios quien nos creó, quien nos sustenta, y a quien algún día retornaremos.

Es fácil poner la confianza primero en nuestros semejantes, porque estamos muy cerca unos de otros. Si una persona es mi jefe o mi jefa en el trabajo, no me costará nada verlo o verla como mi fuente de ingresos. Si ofendo a esta persona de alguna manera, puedo perder mi empleo y, por tanto, mis ingresos. Y yo podría preguntarme muy bien: «¿Dónde encaja Dios en este cuadro?».

Desde el punto de vista espiritual, la persona que me emplea es el instrumento a través del cual se me manifiesta la prosperidad de Dios. Existe una gran diferencia entre ser el instrumento o ser la fuente de algo. Si veo a Dios como mi fuente y a mi jefe como un instrumento, mi enfoque cambiará necesariamente. Seguiré respetando a mi jefe, pero sabré que si se me arrebata por algún motivo este canal, mi suministro espiritual seguirá estando ahí. Simplemente, tendré que encontrar otro canal de expresión.

Si lo examinamos con atención, veremos que nuestros problemas en la vida provienen del género humano, no de Dios. A veces, culpamos a Dios por permitir que ocurran determinadas cosas y por no interceder, pero aun así es el hombre el que lo echa todo a perder. Entonces, ¿por qué depender del hombre en nuestras respuestas, cuando es el hombre el que crea los problemas desde un principio? La ley fundamental de la vida espiritual, el primer mandamiento, es: sirve primero a Dios. Y, si servimos a Dios, estaremos sirviendo también al hombre como expresión de nuestro amor por Dios.

La clave para que el centro hermético funcione armónicamente es asegurarse de que se mueve en el sentido de las manecillas del reloj. Conviene que todos los centros se muevan en esa dirección, pero esto es especialmente necesario en el centro hermético. Si no está seguro de qué es «en el sentido de las manecillas del reloj» en relación con su centro hermético, revise el paso 3 de la meditación del yo superior (página 82). Si este centro se mueve en dirección contraria, habrá algo que «no irá» en sus asuntos y, como consecuencia de ello, tendrá problemas. Existen innumerables trastornos que pueden llevar a este centro a girar en dirección contraria; sin embargo, en general, se tratará de una situación crítica. Una grave fricción con su pareja, un importante problema económico o un mal acto intencionado pueden hacer que este centro cambie su giro. Y si un aspecto de nuestra vida no funciona, el impulso de giro en dirección contraria puede extenderse a otros aspectos de la vida. Por ejemplo, su carrera profesional puede que esté yendo bien pero, si tiene problemas en casa y esos problemas no se resuelven, pueden terminar repercutiendo en su vida laboral.

Cuando este centro se mueve en el sentido de las manecillas del reloj, los rayos de luz se irradian en un hermoso flujo. En función del desarrollo de la persona, las radiaciones energéticas se pueden extender más allá del cuerpo. Cuando el centro se mueve en sentido contrario, la luz no irradia a tanta distancia. Se la ve limitada y como revuelta; y, evidentemente, también tendrá tonos de color más oscuros.

Si usted hace frente a los problemas de la vida, su centro hermético rotará en el sentido de las manecillas del reloj, ¡pero tendrá que trabajar de verdad en sus problemas! No puede sentarse a esperar que las cosas cambien así como así. Si tiene usted un problema, tendrá que resolverlo, o al menos esforzarse por resolverlo, si quiere que este centro gire como debe girar. Éste es el modo que tiene Dios de hacer que nos impliquemos y de mantenernos activos… y de que nos volvamos hacia la luz. De lo contrario, nos sentaríamos simplemente en la cima de una montaña y no haríamos nada, creyendo que con meditaciones y oraciones lo íbamos a conseguir todo. En mi trabajo de asesoramiento, si alguien me llega con un problema y veo que su centro hermético se mueve en el sentido de las manecillas del reloj, no me preocupo demasiado. Sé que, mientras este centro gire en el sentido correcto, la persona estará bien y sus asuntos funcionarán, a pesar de las apariencias actuales. Pero cuando veo que gira en sentido contrario, sé que la persona tiene que hacer algo urgentemente, y que haría bien en darle prioridad absoluta.

Usted puede utilizar la luz para acelerar este centro y obtener más poder espiritual. Comience con una limpieza general para desprender las energías enmarañadas que puedan perturbar el flujo espiritual y poner obstáculos en su sendero. La luz le ayudará también a armonizar y organizar sus múltiples actividades.

Oración meditativa
para purificar el centro hermético
Descienda la llama rojo naranja de la
purificación hasta mi centro hermético,
alcanzando a personas, lugares, cosas,
circunstancias y situaciones, así como
circunstancias que constituyen situaciones.
Que purifique todas mis idas, venidas y actos,
liberándome de todas las energías destructivas
y de los obstáculos de mi sendero.
Que disuelva los átomos negros y grises
en el reino mineral, en la luz.

Esta oración meditativa es muy eficaz, y cubre un amplio rango de actividades. Si lo cree conveniente, puede añadirle cualquier detalle específico que pueda necesitar. Al finalizar la purificación, atraiga el fuego blanco azul. Sienta cómo la fuerza vital alcanza todas las áreas de sus asuntos en el mundo, introduciendo nueva energía divina, dándole una perspectiva más fresca de la existencia.

ORACIÓN MEDITATIVA
PARA REPONER EL CENTRO HERMÉTICO
Descienda el fuego blanco azul de vida eterna para que cargue y recargue las doce avenidas de mis asuntos humanos en la Tierra, estableciendo nueva fuerza vital y energía creativa en todos los aspectos de mis actividades.

El rayo verde esmeralda es esencial en este centro. A pesar de que el verde esmeralda forma ya parte de este punto, la utilización de este rayo ayudará enormemente a armonizar todas sus actividades.

ORACIÓN MEDITATIVA
PARA EQUILIBRAR EL CENTRO HERMÉTICO
Descienda el rayo verde esmeralda para equilibrar las doce avenidas de mis asuntos humanos en la Tierra, estableciendo la armonía y el ritmo divinos en todas mis actividades.

Además del rayo verde esmeralda, recomiendo utilizar también la luz blanca para elevar y aportar una vibración sagrada a este centro, dado que es posible que usted se sienta desconectado con frecuencia como consecuencia de las muchas actividades terrestres.

ORACIÓN MEDITATIVA
PARA INSPIRAR EL CENTRO HERMÉTICO
Descienda la luz blanca pura que traiga Tu divino resplandor en todas y cada una de las avenidas de mis asuntos en el mundo, elevándome espiritualmente hasta Tu divina consciencia y actividad.

151

Hay veces en que las situaciones se dan de repente. Las cosas pueden estar discurriendo con suavidad cuando, de pronto, ocurre algo que saca de quicio su vida. En estas situaciones, recomiendo comenzar con la energía púrpura oscuro para serenar la consciencia. Incluso, si no dispone de tiempo para invocar ningún otro rayo, atraer el rayo de la paz le permitirá suavizar la conmoción, para que pueda pensar con más claridad.

ORACIÓN MEDITATIVA
PARA TRANQUILIZAR EL CENTRO HERMÉTICO
Descienda el rayo púrpura oscuro de la paz
espiritual hasta lo más profundo de mi corazón,
serenando cualquier tensión o conmoción,
y llevándome al silencio de la paz
y a la paz del silencio.

Crear prosperidad

Me gustaría centrarme ahora en una avenida del centro hermético que parece ser una preocupación constante para todo el mundo: la prosperidad. Nos pasamos la vida ganando, ahorrando y gastando dinero. El dinero facilita muchas de nuestras actividades diarias, hasta tal punto que algunos lo ven como uno de los principios básicos de la vida. Aunque el dinero ocupa ciertamente un lugar central, hay muchas personas que no entienden muy bien su operación espiritual, por lo que no resulta sorprendente que suelan tener problemas con la economía de un modo u otro.

Para comprender cómo hay que trabajar con la energía espiritual para cultivar tanto la prosperidad como la consciencia de prosperidad, tendremos que echar un vistazo a los principios espirituales básicos de la abundancia. La prosperidad no se limita sólo a la economía. Podemos disfrutar de la riqueza de ideas, de amistades, y de la abundancia en cada avenida de manifestación; pero aquí nos vamos a centrar en la prosperidad en lo relativo a la economía y a la provisión de dinero.

Allí donde usted se encuentra está su prosperidad

Éste es el primer principio de la subsistencia. Significa que toda la prosperidad que pueda llegar a necesitar se encuentra ya en usted. Y dado que está en usted, no tiene necesidad de mirar fuera de sí para generar prosperidad. La prosperidad está en usted, aun cuando no se manifieste en el mundo exterior.

Siguiendo el punto de vista espiritual de que toda manifestación física es el resultado de una causa interna, espiritual, veremos que toda expresión física de riqueza es el resultado de una raíz interna y espiritual de prosperidad. Como con todo lo demás en la vida, la riqueza y la prosperidad se originan en los reinos espirituales. Alcanzando su núcleo espiritual, estará usted alcanzando la fuente divina de toda subsistencia. Esto le sitúa en medio de una interminable fuente de suministros. Estos suministros se pueden materializar de diversas maneras; pero, a despecho del canal de expresión, sea una persona o un empleo, la verdadera fuente de su prosperidad es siempre la Divinidad que hay dentro de usted. Si mira al mundo exterior en busca de fortuna, su éxito será, en el mejor de los casos, algo fortuito.

Para activar este poder espiritual de la abundancia, Dios le dio un rayo de poder especial. Uno de los doce rayos de poder de sus asuntos humanos en la Tierra es el rayo turquesa de la prosperidad. Constituye su propia conexión con su reserva de riqueza espiritual. Este rayo de poder le da el empujón que necesita para poner en marcha los principios de la prosperidad. Sin este rayo, sería difícil obtener poder espiritual para generar lo que necesita. Es decir, una cosa es tener consciencia de prosperidad, y otra cosa muy distinta es disponer del poder suficiente para manifestar realmente esa riqueza. Usted cultiva la consciencia de la prosperidad en el centro mental, pero manifiesta esa prosperidad a través del centro hermético. Si existen dificultades para que se manifieste, lo más probable es que haya algún problema en un centro o en el otro.

Este rayo turquesa está siempre con usted, tanto si lo usa como si no. Puede estar muriéndose de hambre, o puede ser una de esas personas sin hogar que deambulan por las calles, y sin embargo este rayo seguirá estando en usted. La cuestión estriba en si se usa o no se usa ese poder que ya está ahí. Cuando yo era niña y vivía en Minot, Dakota del Norte, había una mujer que iba dando vueltas por la ciudad, mendigando dinero. Y resultó que tenía un colchón en casa lleno de dinero. A una escala menos dramática, eso es lo mismo que nos ocurre a la mayoría de las personas, que, si bien hemos sido bendecidas con un poder y un potencial ilimitados para la riqueza, solemos vivir como si no lo fuéramos.

El manejo de la prosperidad es uno de los grandes desafíos de la vida. El dinero es una forma de energía. Representa su poder terrestre y, dominando el arte del poder terrestre, usted estará demostrando su capacidad para manejar poderes divinos mayores. En los planos superiores de la existencia, la cuestión de la abundancia no es en modo alguno una preocupación. Todo lo que se pueda necesitar se crea directa e inmediatamente a través de la mente y del deseo. Con el fin de desarrollar este tipo de consciencia, cada ser humano tiene que trabajar primero en el medio físico, hasta que pueda dominar las situaciones que se le enfrentan.

¿Qué significa dominar las lecciones de la prosperidad? ¿Significa acumular una gran suma de dinero, convertirse en rey o en una de las personas más ricas de la Tierra?

El objetivo del dominio de la prosperidad es llegar al punto en que usted sepa que sus necesidades estarán cubiertas siempre que lo necesite. Este conocimiento no es una afirmación vana que pueda tambalearse ante la primera señal de adversidades, sino una firme convicción interior. En cuanto usted se «instala» en esa convicción divina, puede manifestar lo que necesita, cuando lo necesita. Sin embargo, la demostración de esa convicción divina no siempre asumirá la forma de una gran riqueza. Convertirse en el hombre o la mujer más rico de la Tierra no significa que usted haya dominado el arte de la prosperidad. Un número sorprendente de personas sumamente ricas viven en un estado constante de temor a que su dinero no sea suficiente, o a quedarse sin él de un modo u otro. Ésta no es una demostración de la consciencia divina de la riqueza. Cuando una persona se encuentra en la verdadera riqueza, no va a importar cuánto dinero tenga, porque estará en conexión directa con la misma fuente de la abundancia. Si desea generar prosperidad, la generará.

Dar para recibir

El segundo gran principio es el que se expresa mejor en la frase: «Cuanto más des, más recibirás». Dése cuenta de la palabra *más*. Cuanto más des, MÁS recibirás. No es que uno vaya a recibir lo mismo, en una proporción acorde con lo que se ha dado; ¡es que se va a recibir más! Los principios espirituales de la prosperidad dicen que si usted da un dólar, le volverán, de una forma u otra, dos dólares. Cuando usted envía su energía hacia fuera, no sólo está creando las condiciones para su regreso, sino que crea las condiciones para su regreso multiplicado. Ésta es una de las grandes leyes del universo, y opera en todos los niveles de la vida. Si uno echa una mano a otro que necesita ayuda, se le ofrecerán dos manos posteriormente cuando sea él el que necesita ayuda. El principio de la multiplicación espiritual forma parte del principio de la ascensión en su evolución espiritual, así como en el trabajo con la luz. A medida que una persona asciende en la escala de la vida, no sólo se expande su luz, sino que se expande de forma exponencial.

Pero la mayoría de las personas está entrenada para pensar a la inversa. Intentan acumular tanto como pueden. Acumulan dinero y luego se muestran reluctantes a la hora de darlo. Hay mucho miedo en lo relativo al dinero. Cuando éste escasea, ¿qué suele hacer uno? Intenta retenerlo, ¿no? La tendencia es la de retirarse, contenerse, por miedo a perder lo poco que se tiene. Pero esto tiene el efecto opuesto al que se buscaba. Al retener con fuerza, lo que usted hace es «estrangular» su consciencia de prosperidad, asegurándose menos recursos para sí. Ahora bien, yo no estoy diciendo que se gaste el dinero temerariamente. Si escasea el dinero, intente reducir los gastos, pero conviene que mantenga mucho más vivo el principio de dar.

Comience por ser generoso. Abra su corazón. Si alguien le pide ayuda, désela. No juzgue los méritos de la persona ni lo haga a regañadientes. Dé con el corazón. El don sin el donante es estéril.

Usted es el administrador de los recursos de Dios

Este principio es el que más a menudo se pasa por alto. Simplemente, afirma que es usted el canal, y no el dueño, de la abundancia y los recursos de Dios. A la mayoría de las personas les gusta pensar que las cosas son suyas. Viven en sus propias casas, conducen sus propios automóviles y tienen sus propias cuentas bancarias, sus propias familias, etc., cuando la verdad es que son los administradores de todas esas cosas. En este mundo no hay nada que le pertenezca a usted. Todo lo que le parece que posee es el resultado de una raíz espiritual que estaba viva mucho antes de que se le manifestara en la vida. Y es gracias a su armonía con las leyes espirituales de la vida como usted puede disfrutar de sus cosas y de sus circunstancias.

El ser consciente de esto le puede evitar gran cantidad de estrés en lo relacionado con el dinero. En primer lugar, descarga de sus hombros buena parte de responsabilidad. En la medida en que usted sigue las leyes de la prosperidad, puede dejarle el resto a Dios. ¿No dijo el Cristo: «No os preocupéis del mañana»? (Mateo 6:34). O, mejor traducido, «No penséis con ansiedad por el mañana». El ser un administrador del dinero más que su propietario le libera a usted de la posesividad. Le hace consciente de que, como administrador, parte de su dinero tiene que ir, obviamente, a los demás; se le ha dado precisamente para eso. En muchas ocasiones, ése es el modo que tiene Dios de llegar a esas personas: a través de usted.

La consciencia de pobreza

Antes de introducirse en el trabajo meditativo, echemos un vistazo a lo que nos impide desde un principio introducirnos en esta maravillosa conciencia de riqueza: la consciencia de pobreza.

La consciencia de pobreza es ese condicionamiento mental en el que aceptamos como real la percepción física y negativa de una aparente carencia. La consciencia de pobreza es tan insidiosa y automática que no nos damos cuenta de cuán a menudo nos hablamos interiormente de un modo que nos aleja de la abundancia. Por ejemplo, si el balance de su cuenta corriente arroja un saldo de dos céntimos, lo más normal es que usted diga que no tiene dinero. Esta afirmación negativa pondrá en marcha una reacción parecida a la de las fichas de dominó, porque usted ha aceptado esta situación como algo real, cuando en verdad está viendo las cosas bajo sus apariencias físicas, y no desde una perspectiva espiritual. Independientemente de su situación física, su riqueza es ilimitada e inalterable desde una perspectiva espiritual. La única razón por la cual experimenta una sensación de carencia es porque ha habido una interrupción en su conexión espiritual, una interrupción que ahora debe corregir. Una vez se restablezca la conexión, la situación se resolverá.

Si usted se halla en la consciencia de pobreza, tendrá siempre la sensación de que no tiene suficiente dinero. Pensará que sus recursos son limitados, que no tiene lo suficiente para hacer lo que quiere. Y pensará que todas estas circunstancias son permanentes, o al menos persistentes y difíciles de cambiar. Puede que las facturas se le amontonen y le parezca que no tiene dinero para pagarlas. Puede que piense que su ropa está pasada de moda, o que su casa necesita reparaciones, o que su automóvil está en las últimas. Estas imágenes son potentes y, si les da vueltas una y otra vez, es fácil que dejen en usted una profunda huella.

Pero la consciencia de pobreza no se limita a la gente «pobre». También hay gente rica que sustenta sensaciones de carencia y limitación. Son personas que quizás tengan millones, pero que no dejan de preocuparse por el dinero. Una vez conocí a un hombre que había fundado una empresa multimillonaria y que, sin embargo, seguía viviendo en la humilde casa en la que había crecido. ¡Conservaba incluso los mismos teléfonos de rueda que tenía cuando dio inicio a su negocio! ¿Por qué no disfrutaba de su riqueza? Porque aún se veía a sí mismo como al joven en apuros que siempre andaba escaso de dinero, aun cuando hacía tiempo que había ido mucho más allá de ese punto. En Proverbios 13:7, se dice muy acertadamente: «Hay quien se hace el rico y nada tiene; hay quien se hace el pobre y tiene gran fortuna».

El condicionamiento mental de pobreza puede venir de diversas fuentes. Quizás creciera usted en una familia de escasos recursos. Quizás las dificultades económicas le asaltaran día a día y llegara a aceptar eso como un hecho normal en su vida. Puede que se vinculara usted con otras personas con consciencia de pobreza, que le influyeron y le reforzaron esa forma de pensar. O puede que sea, simplemente, su propia tendencia a pensar en términos de «nunca hay suficiente». Existen muchas influencias externas que estimulan la consciencia de carencia y limitación.

Si usted acepta la pobreza, tendrá pobreza. Es así de simple. Esté alerta y rechace los pensamientos de pobreza tan pronto como aparezcan en su conciencia. La consciencia de pobreza, si se la deja crecer, tendrá un efecto paralizador en su vida. Genera una baja autoestima, y un sentimiento de inutilidad que le impedirá ir en pos de lo que quiere en la vida. Además, genera todo un ejército de emociones negativas adicionales, entre las que están la ansiedad, el miedo, la preocupación y la desesperación. Cuanto más tiempo permanezca en esta consciencia, más pensará que esa condición es permanente.

Hay una historia muy conocida sobre dos hermanos pobres que, siendo muy jóvenes, vieron separadas sus vidas. Uno se convirtió en un próspero hombre de negocios, mientras que el otro siguió agobiado por sus problemas económicos. ¿Por qué uno de los hermanos consiguió remontar su situación mientras que el otro no? El hermano que logró la prosperidad creyó que podía superar su situación, mientras que el otro aceptó su situación de pobreza.

La santa pobreza

Una de las ideas falsas acerca del modo en que opera el dinero proviene del concepto, profundamente arraigado, de que la pobreza es santa. Muchas personas de mentalidad espiritual han adoptado la idea de que tener dinero inhibe el crecimiento espiritual, por lo que han optado por no tener dinero ni lujos terrenales con el fin de ser espirituales. Muchas filosofías y anécdotas espirituales parecen dar apoyo a esta idea. Por ejemplo, tenemos la cita bíblica de: «El dinero es la raíz de todos los males» (1 Timoteo 6:10) cuando, en realidad, la verdadera traducción dice: «El amor al dinero es la raíz de todos los males». Jesús decía que es mucho más fácil «que un camello entre por el ojo de una aguja, que el que un rico entre en el Reino de los Cielos» (Mateo 19:24). ¡Hay incluso sectas religiosas en la India que creen que tener muebles es signo de decadencia y de corrupción moral!

En términos metafísicos, no hay nada inherentemente malo o erróneo en el hecho de tener dinero. Y lo cierto es lo contrario. El dinero es una forma de energía como cualquier otra, y el hecho de estar en el flujo de la prosperidad es compartir la luz y el poder de Dios. Si Dios es riqueza infinita, ¿por qué no va a querer que usted, como hijo amado Suyo, participe de Su divina riqueza? Usted está destinado a participar de todas las bendiciones de Dios, y la prosperidad es una de esas bendiciones.

La confusión surge cuando el culto al dinero se convierte en un fin en sí mismo. El dar culto al dinero es un error que, con el tiempo, traerá la bancarrota económica o espiritual. Si usted hace del dinero un falso dios, tenga por cierto que terminará teniendo problemas. No es que un hombre rico no pueda entrar en el Reino de los Cielos; es que un hombre que se aferre a sus posesiones no podrá entrar en el reino divino hasta que aprenda a desprenderse de sus apegos materiales. Si usted da culto a las posesiones, sean del tipo que sean, le va a resultar mucho más difícil entrar en su consciencia espiritual, porque su mente va a estar constantemente prendida de las cosas materiales. Usted tiene que cambiar de prioridades por completo, y poner por delante su vida espiritual. Entonces, su prosperidad discurrirá con suavidad, pero lo hará guardando el equilibrio con otros aspectos de su vida.

Hay una hermosa historia que trata de un muchacho hindú que dejó su hogar para partir en busca de un gurú, con el fin de que éste le enseñara los misterios de la vida. Buscó en muchos lugares, pero no pudo encontrar a su maestro espiritual. Hasta que, un día, llegó a un palacio para pedir un poco de agua. Cuando ya se iba, oyó una voz que, desde el palacio, le preguntaba:

—¿Adónde vas, muchacho?

El joven se dio la vuelta y vio salir al dueño del palacio. Tenía el aspecto de un rajá, e iba vestido con finas ropas y aderezado con joyas.

—Me detuve a pedir un poco de agua –respondió el muchacho–. Pero ahora debo partir para buscar a mi gurú.

—¿Y qué te hace pensar que no lo has encontrado ya?

El muchacho miró a aquel hombre que iba tan finamente vestido.

—¿Usted? No, usted no puede ser. Es demasiado rico. ¿Qué sabe usted de cosas espirituales?

—¿Por qué no entras y te quedas un tiempo? Si sigues pensando que no tengo nada que enseñarte, te dejaré que sigas tu camino.

El muchacho accedió, y el dueño de la casa se puso a enseñarle muchas cosas. El joven estaba impresionado, pero seguía pensando en las riquezas del hombre, y no podía imaginar que un hombre con tantas cosas materiales pudiera ser tan espiritual.

Un día, mientras el maestro le estaba enseñando, entró un sirviente en la habitación gritando:

—¡El palacio está en llamas!

El maestro no se movió ni un ápice de su lugar, y respondió simplemente:

—No me molestes. Estoy ocupado.

Poco después, el sirviente volvió a aparecer vociferando:

—¡Pero, maestro, el fuego crece y las llamas suben ya por las escaleras!

Y el maestro dijo:

—Pero ¿no ves que estoy ocupado? Por favor, déjame en paz.

Finalmente, el sirviente llegó de nuevo, suplicándole al maestro:

—¡Maestro, el fuego está llegando al salón! ¡Tiene que hacer algo, o el palacio se perderá!

El hombre seguía sin moverse, pero el muchacho, al oír todo aquello, recogió sus libros y echó a correr hacia la puerta. De repente, el maestro le dijo:

—¡Ajá! Yo estaba dispuesto a perder mi palacio, y quizás incluso la vida, y a ti sólo te han preocupado tus tres libritos.

Así, es usted el que enjuicia qué es espiritual y qué no. Claro está que, en este cuento apócrifo, el gurú no estaba interesado en poner en peligro

158

la vida del muchacho ni en hacer alarde de su propio desarrollo espiritual. Simplemente, estaba utilizando esta situación, buscando la ayuda del *chela,* para romper la imagen ilusoria que tenía el muchacho respecto a la riqueza y la espiritualidad. Este cuento nos demuestra también que no sólo una concepción errónea acerca de la prosperidad puede bloquear el flujo de esa misma prosperidad, sino que incluso puede entorpecer el mismísimo desarrollo espiritual.

Dios no está interesado en hacerle sufrir a usted. Después de todo, el Creador sabía muy bien, cuando hizo el mundo, que usted iba a necesitar cosas materiales. Hasta el gran Buda, cuando iba en busca de la iluminación, se dice que intentó, en un punto de su desarrollo, negarse toda dependencia física y vivir con un grano de arroz al día, sólo para descubrir que no era ése el camino hacia la iluminación. Esta experiencia le llevó a decidirse por lo que él llamó «el camino del medio» hacia la madurez espiritual.

Por cada madre Teresa que opta por renunciar a las posesiones mundanas, hay también un rey Salomón tan espiritual como rico. Todo depende de la lección o de la misión particular del alma.

La utilización del rayo turquesa

En el trabajo con la energía espiritual para cultivar la prosperidad, lo primero que tendrá que hacer es aclarar los malentendidos de su mente, dado que la consciencia de pobreza se inicia en el nivel mental. La llama rojo naranja es magnífica para limpiar estas malas hierbas invasoras. Una vez más, incluya los cuatro centros principales en su limpieza espiritual.

ORACIÓN MEDITATIVA PARA LIBERARSE
DE LA CONSCIENCIA DE LA POBREZA
Descienda la llama rojo naranja
de la purificación para que se desprenda
toda sensación de carencia y limitación,
especialmente en mi cuerpo mental,
liberándome de la consciencia de pobreza,
dondequiera que se aloje en mi ser.

Sienta cómo estos pensamientos no iluminados se alejan de usted. Se sorprenderá de cuántas cosas ha estado guardando, cosas que necesitaba soltar. Puede que hasta se asombre al percibir cierta resistencia al proceso. Ha cultivado usted una fuerte imagen de sus circunstancias, sean cuales sean, y no es fácil dejar ir esa imagen así como así. En este caso, dosifíquese. Siga esta secuencia meditativa hasta el punto en que empiece a sentirse incómodo. Posteriormente, puede repetir todo el proceso tan a menudo como lo necesite.

Una vez finalice con el uso de la llama rojo naranja, atraiga el fuego blanco azul, que le permitirá establecer nuevos flujos positivos de Luz Divina.

Oración meditativa
para la consciencia
Descienda el fuego blanco azul de vida eterna
para cargar y recargar todos los niveles
de mi ser, trayéndome nueva fuerza vital.

En cuanto se haya repuesto, podrá cultivar el rayo turquesa en su aura. Se trata de una energía maravillosa, una energía que nunca usará suficientemente para cultivar su prosperidad. Puede llevarla a todos los centros, pero conviene insistir especialmente en el centro hermético, a la hora de trabajar con esta energía. Cuando haga descender este rayo, convendrá que se sumerja en la sensación y en el conocimiento de este flujo divino de recursos. Visualícese a sí mismo como a un poderoso monarca que puede comprar cualquier cosa que se le ocurra.

Oración meditativa
para la prosperidad
«Descienda el rayo turquesa de la
abundancia y los recursos hasta
mi centro hermético, acelerando las doce
avenidas de los asuntos del mundo en mí,
y estableciendo Tu prosperidad
en mis asuntos humanos en la Tierra.»

Sienta cómo se activa este centro. Si lo desea, puede añadir una breve visualización para establecer plenamente esta energía en su aura. Si tiene usted siete centavos en su cuenta corriente, vea setecientos dólares en la cuenta. Observe cómo este rayo alcanza a sus recursos monetarios y los acelera en su luz. Pida que la luz «multiplique e incremente este dinero Tuyo», y tenga por cierto que ya está sucediendo.

Para terminar el trabajo, añada el rayo plateado para acelerar el turquesa y hacer que la prosperidad se manifieste antes.

ORACIÓN MEDITATIVA
PARA ACELERAR EL FLUJO DE LA CONSCIENCIA
Descienda el rayo plateado de la inteligencia
divina hasta mi centro hermético, acelerando
esta prosperidad Tuya.

Una vez se haya establecido este poder en usted, dé las gracias y no le preste más atención. Tenga confianza en que la energía ya está en marcha. Sienta cómo ese poder atrae todo lo que necesita. Y, si se descubre recayendo en la preocupación, repita el trabajo de la luz. Lo puede hacer tres veces al día, para hacer que la energía se mueva y establezca la conexión. Evidentemente, este trabajo se puede complementar con cualquier otro trabajo de la luz que usted sienta que necesita para fortalecer esa abundancia espiritual.

En cuanto sienta que la energía está presente y a su disposición, concéntrese en los objetivos que quiere alcanzar, en las cosas que quiere crear, sabiendo que los recursos económicos estarán a su disposición en el momento que los necesite. Las visualizaciones son de gran ayuda en este punto, para generar las condiciones que se desean (capítulo 13).

La carrera

La mayoría de las personas dedican más tiempo a su trabajo que a cualquier otro empeño en la vida. En muchas profesiones, la semana de cuarenta horas se ha convertido en semana de cincuenta, sesenta o incluso setenta y cuatro horas. Y ése es un tiempo excesivo para concentrarlo en una única actividad. Dado que su trabajo constituye una parte tan importante de su vida, convendrá que se asegure de que el tiempo que dedica a él es un tiempo bien empleado. El dirigir la luz hacia su trabajo le permitirá aliviar el estrés, generar armonía en el lugar de trabajo, eliminar bloqueos e impedimentos, y llevar su profesión en la dirección correcta.

El diccionario define *carrera* como «ocupación que uno elige». Proviene de una antigua palabra francesa que significaba 'hipódromo'. Al intentar reivindicarse en el mundo laboral, una carrera puede parecer una competición de velocidad o, como algunos la denominan, «una carrera de ratas». Lo primero que hay que reconocer cuando se hace trabajar la energía espiritual es que su carrera no es una identidad; es una actividad. No es usted. Usted es un ser espiritual y divino que se halla inmerso en un proceso de desarrollo de poderes espirituales. Para ello, parte de su propósito es expresarse en actividades centradas que fortalezcan sus capacidades. Éste es el propósito espiritual de una carrera. El trabajo es parte importante de la vida, pero usted no es su trabajo. Si usted

161

se identifica con lo que hace en lugar de con lo que es, siempre estará a merced de esta actividad. Y llegará inevitablemente el día en que ese error le pase cuentas, porque ninguna ocupación puede satisfacer todas las necesidades de un ser humano.

Un malentendido común en lo referente a la carrera es que ésta debe generar dinero. Pero «la ocupación que uno elige» puede hacer referencia a cualquier cosa en lo que una persona concentra diligentemente su atención. Se suele asociar con la profesión que uno elige, pero cualquier ocupación seria es una carrera. La maternidad, que ha sido tan devaluada en los últimos años, no es un empleo que dé dinero, pero es una de las carreras más difíciles y más importantes en las que puede comprometerse una persona. Es incuestionablemente una carrera, en el mejor sentido del término, aun cuando no sea una profesión que genere un salario.

La ocupación que usted elige está estrechamente relacionada con su propósito en la vida. Si la Tierra es una escuela espiritual para el alma, la carrera será uno de los «cursos» más importantes que usted tendrá que realizar mientras asiste a esta escuela terrestre. Y, al igual que cualquier otro aspecto de los asuntos humanos en la Tierra, la carrera que usted realice será una actividad espiritual diseñada para hacer que su alma crezca. Quizás esté usted aquí para desarrollar su lado creativo, en cuyo caso se sentirá atraído por las carreras artísticas. O quizás tiene usted que desarrollar sus habilidades sociales, en cuyo caso optará por una profesión donde se vea obligado a interactuar con un montón de gente, como pueden ser las ciencias empresariales o las ciencias sociales.

Una actitud positiva es probablemente el requisito más importante a la hora de elegir una carrera. En el trabajo debe haber alegría, porque el trabajo sin alegría es una ocupación pesada y monótona. Convendrá que genere usted alegría, aun cuando no sea ése su trabajo ideal. Claro está que uno tiene que esforzarse de todo corazón por conseguir lo que quiere; pero, en su transcurso, quizás tenga que hacer trabajos que no se aproximen demasiado al ideal. Así pues, la actitud lo es todo. Si hay alegría y amor en lo que usted hace, no será en modo alguno un trabajo.

Son muchas las personas que no tienen una buena actitud hacia su propio trabajo. Al concentrar la luz espiritual en su carrera, usted debe tener una actitud positiva acerca del trabajo que está haciendo. Desde el punto de vista espiritual, ningún trabajo honrado es bajo o degradante. Todo trabajo es válido y meritorio ante los ojos de Dios. Se cuenta una historia de san Francisco de Asís en la que alguien le planteó este punto ético sobre el trabajo. San Francisco estaba barriendo el caminito que llevaba a un iglesia. Era un trabajo sencillo, pero él lo hacía como si fuera un trabajo de gran importancia. Llegó a él una persona preguntándole por qué no le asignaba aquel trabajo tan servil a uno de los monjes de su orden. Pero, comoquiera que el hombre no consiguió la respuesta que buscaba de san Francisco, intentó provocarle preguntándole qué haría si de pronto se enterara de que iba a morir dentro de una hora. San Francisco respondió serenamente: «Terminaría de barrer».

La manera de mantener la alegría en nuestra vida laboral es disfrutar del proceso sin pensar en los resultados; es decir, trabajar por el placer de trabajar, más que por las recompensas que nos proporcione. Lo cual no quiere decir que no preste usted atención a los objetivos que se ha planteado en su carrera y que no se esfuerce por conseguirlos; significa simplemente que no conviene que identifique esos objetivos como su motivo principal. No siempre va a poder controlar los giros de los acontecimientos. Si un trabajo no funciona del modo que usted preveía, quizás se sienta fracasado y piense que ha perdido el tiempo. Pero si usted pone el corazón en el proceso de trabajar, y reconoce que su crecimiento espiritual no estaba tanto en llegar al destino como en el viaje en sí, entonces sabrá que no ha perdido el tiempo en absoluto. Lo que pareció un fracaso quizás contribuya al éxito en el siguiente intento, y en el posterior a ése. En el Bhagavad-Gita dice: «Sólo a trabajar tienes derecho, pero no a los frutos del trabajo».

La avenida de los asuntos del mundo que guarda relación con la carrera es el rayo de la luz blanca pura. Este rayo acelera la manifestación de cosas relativas a su carrera, como la posición, los ascensos, encontrar un nuevo empleo, etc. Sin este rayo, usted quizás piense o desee hacer algo, pero tendrá poco poder para manifestar realmente esos sueños. Este rayo trabaja automáticamente para usted. Con sus acciones, usted recurre al poder de este rayo, que es el que le facilita sus ocupaciones. Si usted pierde su empleo o está buscándolo, este rayo hermético le ayudará a generar ese nuevo empleo.

Cuando una persona lleva una magnífica carrera, una carrera productiva y feliz, el centro hermético brillará intensamente. Se moverá claramente en la dirección de las manecillas del reloj, y mostrará las emanaciones activas de las energías doradas, rojas y naranja, irradiando desde el centro al menos unos treinta centímetros en todas direcciones. El rayo blanco, dentro del centro hermético, será fuerte y pronunciado.

Los rayos de poder básicos con los que necesitará trabajar para fortalecer su situación laboral son el dorado, el blanco y el plateado. Estas energías le permitirán abrir el flujo espiritual en este centro. Evidentemente, si hay problemas mentales o emocionales, también habrá que abordarlos. Echemos un vistazo a algunas situaciones laborales concretas y veamos cómo podemos trabajar con la luz en estas situaciones.

Elegir una profesión

Hay personas que saben exactamente qué quieren hacer en la vida, mientras que otras no están seguras. Para aquellos que saben lo que quieren, no necesitan muchas preguntas sobre qué dirección tomar. Sin embargo, para muchas personas, decidir qué hacer se convierte en un verdadero problema. Afortunadamente, la observación del aura es un magnífico sistema para descubrir exactamente cuáles son nuestras virtudes, y qué nos sugieren en cuanto a una ocupación para toda la vida. Las capacidades naturales se muestran con mucha claridad en el aura. Con una guía como ésta, usted podrá saber con toda precisión qué carrera será la que le va a resultar más gratificante. ¡Y eso es una bendición! Imagine simplemente: a un niño con una pronunciada capacidad musical se le animaría a seguir la carrera de música, en lugar de cualquier otra; a una persona con una mente analítica y aguda, con una gran capacidad de concentración, se la podría orientar hacia una carrera científica. De este modo, se podrían evitar esos errores que pueden hacernos perder mucho, mucho tiempo, sea porque creíamos tener una capacidades que luego vimos que no poseíamos, sea por las expectativas de los padres sobre nuestro futuro, o bien por una decisión pragmática basada en unas ganancias inmediatas.

Para sintonizar con el tipo de carrera que se supone que debe usted seguir, tendrá que trabajar con la guía divina y la dirección correcta (capítulo 10). Debemos recordar que en lo relacionado con algo tan importante como la carrera, cada persona tiene un plan espiritual muy claro. Reconocer nuestra verdadera vocación supone sintonizar con ese propósito, con ese plan espiritual para nuestra vida. El motivo por el cual hay personas que tienen muy claro lo que quieren es porque están en contacto con su propósito espiritual. Así, si usted tiene dudas respecto a sus objetivos, convendrá que trabaje para liberarse de la confusión y de bloqueos mentales, y convendrá que se abra a la inspiración y la iluminación.

Lo primero que tendrá que hacer será una limpieza profunda, para liberarse de la confusión mental y del estrés que pueden estar bloqueando la clara imagen de lo que se supone que tiene que hacer. Una vez realizada esta limpieza, los dos rayos claves con los que hay que trabajar son los de las energías dorada y plateada. El oro le aportará la iluminación necesaria para obtener una imagen clara de la orientación que debe tomar. Puede trabajar con este rayo desde el punto del yo superior, como se esboza en el capítulo 10, o utilizando la siguiente oración meditativa. Esta oración le permitirá estabilizar su pensamiento y le conectará con la inspiración que siempre está a su disposición. En primer lugar, pida al rayo dorado que alcance su punto del yo superior. Luego, visualice esa energía entrando en su cuerpo mental, y acelerándolo con la luz para que usted conecte con la orientación dada.

164

ORACIÓN MEDITATIVA CON LA LUZ DORADA
PARA ENCONTRAR UNA PROFESIÓN
Descienda el rayo dorado de la luz de la sabiduría
hasta el punto del yo superior de Conocimiento
Espiritual, para recibir orientación y guía
con el fin de encontrar mi profesión.
[Espere un momento hasta que sienta que se
establece la conexión.] *Pido que esta luz des-*
cienda hasta mi cuerpo mental para conectarme
con la guía que se me está dando, para
que pueda ver cuál es mi verdadera profesión.

Tras su meditación, tenga por cierto que el trabajo más adecuado para usted está en camino. Al igual que ocurre con todos los tipos de guía, las respuestas pueden darse en ese momento o no. Sea como sea, usted habrá comenzado a generar el poder para que se manifieste el trabajo que se supone que tiene que hacer. Continúe con la búsqueda de empleo que llevaba entre manos, pero intente sentir en qué dirección le lleva la luz. En general, sentirá que la luz se mueve con más fuerza en la dirección de una carrera que en otra. Así es como Dios le inspira y le dirige hacia la ocupación y el medio de vida más adecuados.

Además del oro, recomiendo que se añada el rayo plateado para acelerar su cuerpo mental y para que se haga usted más receptivo a la inspiración espiritual y la iluminación.

ORACIÓN MEDITATIVA CON EL RAYO
PLATEADO PARA ENCONTRAR MI PROFESIÓN
«Descienda el rayo plateado de la inteligencia
divina para acelerar mi cuerpo mental,
para que perciba y comprenda mejor
la inspiración divina de mi verdadera profesión.»

Cómo generar un nuevo empleo

Si usted ya tiene claro qué es lo que quiere hacer y está buscando una clase concreta de empleo, puede trabajar con la luz para que le ayude a crear el empleo que imagina.

La clave para generar un nuevo empleo consiste en conseguir, primero de todo, que la energía se mueva para usted en el nivel espiritual. Recuerde: todo lo que se manifiesta físicamente se creó primero en el plano espiritual. Por tanto, creando primero la luz de su nuevo empleo en la dimensión espiritual, estará dando usted el primer paso para crear ese empleo en el mundo físico.

Tanto el rayo dorado como el blanco son muy útiles para generar una profesión. El rayo dorado de la luz de la sabiduría acelerará su centro hermético y le abrirá el camino. Puede haber ocasiones en que usted vaya bien encaminado, pero hay una interferencia exterior. La luz dorada le dará una potencia adicional para disolver cualquier energía de disensión y para abrir el camino correcto para usted. El oro también le dará más resistencia en aquellos momentos en que se sienta desfallecer y esté a punto de arrojar la toalla.

Sitúese en el punto del yo superior y utilice el oro para alcanzar el centro hermético.

ORACIÓN MEDITATIVA CON LA LUZ DORADA
PARA GENERAR UN NUEVO EMPLEO

*Descienda el rayo dorado de la luz de la
sabiduría para que alcance mi centro hermético
y genere nuevas avenidas de trabajo, disolviendo
cualquier bloqueo negativo y dándome la fuerza
interior y el poder divino para seguir mi camino
y encontrar el empleo más adecuado para mí.*

Después, trabaje con la luz blanca pura. Este rayo le permitirá abrir el flujo del empleo que está buscando, sea cual sea, llevándole así a conectar con él. A veces sucede que uno no está muy en sintonía con el empleo que busca. Quizás sea el empleo que usted quiere y que se le va a dar bien, pero no está dando usted con el mercado en el que intenta entrar. La luz blanca pura le ayudará a sincronizar con el trabajo que está buscando, así como a liberarse de bloqueos internos. Sin embargo, si se percata de que hay mucho conflicto interno, despeje esa energía por separado, aparte de este trabajo. También aquí, trabaje principalmente con el centro hermético, pero puede pedir que la luz llegue a todos los centros si así lo desea.

ORACIÓN MEDITATIVA CON LA LUZ BLANCA
PARA ENCONTRAR UN NUEVO TRABAJO
*Descienda la luz blanca pura hasta mi centro
hermético, activándolo en el sentido de
las manecillas del reloj para acelerar
mis asuntos humanos en la Tierra, ayudándome*

*a sintonizar con el trabajo adecuado para mí
y abrirme a él, y dándome la visión necesaria
para reconocer ese trabajo cuando lo vea.*

Si quiere, también aquí puede añadir el rayo plateado, pidiendo que su nuevo trabajo aparezca con rapidez.

ORACIÓN MEDITATIVA PARA GENERAR
UN NUEVO EMPLEO CON RAPIDEZ
*Descienda el rayo plateado de la inteligencia
divina directamente hasta mi centro hermético,
e irradie desde ahí hacia mis asuntos humanos
en la Tierra, para que aparezca mi nuevo empleo
con rapidez, de acuerdo con la Ley y el Amor
Divinos, por el bien de todos los involucrados.*

Una vez finalizado el trabajo de la luz, ponga toda su confianza en que la luz hará el empleo que usted le ha pedido que haga, y concluya con la siguiente oración:

*Tengo por cierto que el trabajo que quiero
está en camino.
Así sea.*

Empleos sin futuro

Cuando yo aún estaba en la universidad, tenía muchos planes para el futuro. Pero las dificultades económicas en casa me obligaron a posponer mis sueños y a aceptar trabajos temporales para poder acabar el mes. Me sentí descorazonada, pensando que nunca lograría hacer las cosas que quería hacer en mi vida. Fui en busca de consejo a un famoso maestro espiritual y filósofo, Manly Hall. Uno de sus muchos aforismos inspirados decía: «El universo siempre tiene trabajo para aquellos que están cualificados para realizarlo». Yo respetaba su obra, y pude ver que su aura era la de una alma avanzada. Le abrí mi corazón y le dije lo que me estaba pasando. Yo le decía: «Tengo todos estos obstáculos». Y, en un momento determinado, él me interrumpió y me dijo simplemente: «¿Qué obstáculos?». Aquello me detuvo en seco. Y entonces me di cuenta de que tenía razón. Había estado dejando que todas aquellas preocupaciones inmediatas oscurecieran mis objetivos a largo plazo. Si yo las veía como obstáculos, nunca conseguiría superarlas para ir tras lo que yo de verdad quería. Pues bien, pasé por tiempos difíciles pero, efectivamente, las cosas irían a mejor con el paso de los meses.

Si está usted trabajando en un empleo sin futuro, lo primero que tiene que hacer es reconocer que necesita hacer un cambio, y que va a tener que hacer un esfuerzo. Va a necesitar cierta dosis de coraje, pero no hay otro camino. Va a tener que volver a decidir qué es lo que quiere hacer con su vida, y no deje que las necesidades momentáneas enturbien su visión.

Resulta frustrante hacer un trabajo que sabes que no es para ti. Sin embargo, aquí es donde hay que aplicar el principio de la alegría espiritual en el lugar de trabajo. Lo cierto es que sólo será frustrante si sientes que se está interponiendo en el camino hacia tu verdadera vocación. Hay muchos momentos en la vida en que tienes que hacer cosas que no te gustan, pero siempre hay algo que aprender de estas experiencias. Sólo se hacen agobiantes cuando uno no puede hacer nada por cambiar la situación. Independientemente de cuál sea el trabajo, convendrá que tenga una actitud positiva y que respete el trabajo que tiene a mano; pero, al mismo tiempo, tendrá que tomarse tiempo para ir en pos de sus sueños. Entonces, las experiencias de su actual empleo no le parecerán tan frustrantes ni permanentes.

Convendrá que trabaje con el oro para generar el coraje necesario para romper el círculo en el que se encuentra y para crear el empleo que necesita. Si hubiera bloqueos emocionales o mentales, tendrá que trabajarlos por separado. También, trabaje con el rayo del amor si está siendo demasiado duro consigo mismo.

ORACIÓN MEDITATIVA
PARA GENERAR CORAJE
PARA ENCONTRAR TRABAJO
Descienda el rayo dorado de la luz de
la sabiduría hasta mi centro hermético,
e irradie a mis asuntos humanos en la Tierra
para disipar cualquier modelo de trabajo
negativo y para darme el coraje y el poder
dinámico necesarios para ir en pos
del trabajo que quiero.

En cuanto la luz esté trabajando para usted, puede seguir con el procedimiento para generar un nuevo empleo o para encontrar el campo laboral más adecuado.

Infelicidad en el trabajo

He asesorado a muchas personas que tenían un buen empleo pero que, aun así, no eran felices con lo que hacían. No eran felices debido a las fricciones con los compañeros, o simplemente a que no estaban entusiasmados con su trabajo. El problema de las fricciones es más fácil de resolver, porque las relaciones complicadas siempre pueden mejorar, o bien la persona puede encontrar un trabajo similar en cualquier otra parte. Pero el estar desencantado con el trabajo en sí es un problema más engorroso. He descubierto que muchas personas que no son felices con su trabajo, en realidad no se adecuan a su empleo, y que optan por ese tipo de trabajo por motivos equivocados.

Demasiadas personas eligen una carrera únicamente por una cuestión de dinero. Como sabemos, hay médicos que practican la medicina no porque les encanten las artes curativas, sino porque se paga bien y el prestigio es alto. Con la realidad de ser médico van de la mano grandes dosis de trabajo dedicado y de responsabilidad. Y todo aquel cuya principal motivación sea el dinero no tarda en darse cuenta de que ha pagado un alto precio por hacer las cosas sin amor. También hay gente que acepta determinado empleo porque parece atractivo, o puede optar por una profesión porque otras personas le han influido en su decisión. Quizás el padre quería que el hijo o hija siguiera sus pasos, a pesar de no ser ése su deseo. Muy a menudo, ese hijo o hija accede a hacer lo que el padre quiere por el amor que le tiene, o por miedo a decepcionar a los padres. Lo que inevitablemente viene después es la rebelión, toda una vida de «silenciosa desesperación», o, con suerte, un despertar y un cambio de rumbo hacia la verdadera vocación.

Haga un inventario de su trabajo y vea si algo le salta a la vista mediante observación directa. Si no, tendrá que reflexionar un poco por ver si obtiene alguna pista sobre qué cosa de su trabajo puede estar molestándole, si es que hay algo que le moleste. No se exceda en el análisis de la situación; simplemente, capte una sensación, tanto del trabajo en sí como de las condiciones laborales.

En tanto en cuanto no haya identificado lo que le molesta, será difícil saber con qué rayos de poder tendrá que trabajar. Si la situación resulta ser más la de un problema con la gente, vaya al capítulo sobre las relaciones para ver cómo trabajar con la luz en entornos laborales. Si el problema radica en que no le gusta su actual trabajo, entonces tendrá que invocar el rayo dorado y el blanco, al igual que haría para poder dejar un empleo sin futuro. Aun cuando tenga usted un empleo muy bien remunerado, si ese trabajo no es para usted, no le va a ayudar mucho en su crecimiento espiritual. Necesitará coraje y visión de futuro para ampliar horizontes en nuevas direcciones. Si aún no está haciendo lo que le encantaría hacer, sepa que eso le está esperando a usted en algún lugar.

❂

Otra razón por la cual la gente no es feliz en el trabajo es porque cada vez son más los empleos absorbentes. Da la impresión de que cualquier empleo que valga la pena en nuestros días exija las diez o doce horas al día, o incluso más. Hay muchas personas a las que les encanta ciertamente lo que hacen y que, sin embargo, terminan siendo desdichados en su trabajo y «se queman» debido a que el estrés es excesivo. Tales demandas ejercen una enorme presión en su vida personal, ¿y qué es lo que están ganando en realidad? Trabajando con tanta intensidad, es muy fácil perder el ritmo espiritual de la vida. Y, cuando se pierde el ritmo, puede ocurrir cualquier cosa.

Tenga cuidado con los empleos que le exigen demasiado. Si usted se encuentra ya en un trabajo así, emplee el rayo verde esmeralda del equilibrio para mantener la armonía. Pero no puede seguir así indefinidamente. Nadie puede estar trabajando entre sesenta y ochenta horas a la semana durante mucho tiempo sin pagar un precio.

Para aliviar el estrés, no se lleve el trabajo a casa. Delo todo en el trabajo, pero desconecte cuando se vaya a casa. Cambie el paso. Hay muchas personas que no se preocupan de sí mismas y que se llevan el trabajo a todas partes. Luego, se preguntan por qué están teniendo problemas de salud. Libere su mente, en especial en la cama, por la noche. No deje que sus últimos pensamientos antes de quedarse dormido sean pensamientos estresantes acerca del trabajo.

Cuando uno es despedido

Ciertamente, hay un fuerte elemento de conmoción en el hecho de que le despidan a uno. Si le despiden de su empleo (por el motivo que sea), convendrá que trabaje con el rayo de la paz para aliviar la conmoción. También convendrá que haga algún trabajo mental/emocional con el rayo verde esmeralda porque, una vez pase la conmoción, es muy posible que aparezcan reacciones extremas, como la ira, el resentimiento o la depresión. También cabe la posibilidad de que se deje llevar usted por un creciente sentimiento de conmiseración por sí mismo, para terminar cayendo en un estado de autocompasión. Ése es el momento de resolver el problema. No pierda el tiempo enfadándose. ¿Por qué le han despedido? Si fue por una cuestión política, entonces ya sabe que la cosa no iba con usted. Si le despidieron por algo que hizo o no hizo, entonces asuma la responsabilidad. No se golpee la cabeza contra un muro ni se sienta humillado; más bien, averigüe dónde está el problema y resuélvalo, para que no vuelva a ocurrir de nuevo.

He aquí dos meditaciones que le ayudarán a superar la conmoción del despido y que le permitirán mantener el equilibrio espiritual.

ORACIÓN MEDITATIVA
PARA SUPERAR LA CONMOCIÓN
Descienda el rayo púrpura de la paz
espiritual para que alcance todos los niveles
de mi consciencia, liberándome de toda
conmoción y estableciendo el silencio de la paz
y la paz del silencio por todo mi ser.

Continúe con el verde esmeralda para mantener la perspectiva de las cosas.

ORACIÓN MEDITATIVA
PARA EL EQUILIBRIO ESPIRITUAL
Descienda el rayo verde esmeralda a todos
los niveles de mi ser para que equilibre
toda mi consciencia, con el fin de que
mi pensamiento sea claro y de que mis acciones
se muevan dentro del ritmo y el orden divinos.

Capítulo 9

Cómo fortalecer
las relaciones personales

La energía espiritual tiene un efecto benéfico sobre todo tipo de relaciones humanas. La luz ayuda a disipar la discordia, a aclarar malentendidos y a mantener armoniosas las relaciones. También puede ayudar a acercar a la gente adecuada entre sí. El trabajo con la luz no necesariamente va a resolver todos los dilemas, pero lo que sí que hará, si somos diligentes, es ayudarnos a resolver nuestra parte del dilema. Y, por encima de todo, la luz nos da el poder de ver a las demás personas más allá de su personalidad humana, de su yo inferior, para verlas a la luz de su verdadero yo, su yo divino.

La aplicación de la energía espiritual tendrá efectos diferentes en las relaciones, todos ellos productivos, pero no siempre fáciles de llevar a la práctica. Una vez la luz haya revelado la verdadera naturaleza de una relación, esa revelación puede llevar a que la gente estreche lazos, a que cambien la dinámica o, en ocasiones, a que tomen direcciones diferentes. Yo he tenido alumnos que estaban rodeados de gente equivocada y, en cuanto la luz comenzó a moverse, dejaron a todos aquellos supuestos amigos que no hacían otra cosa que impedirles avanzar. Otras veces, la luz pondrá a prueba una relación. A medida que desarrollamos nuestros poderes espirituales, puede haber personas que no comprendan nuestras inclinaciones ni nuestro comportamiento. Quizás prefieran lo «viejo» de nosotros, con todos sus defectos y sus fragilidades, porque ésa era la persona que conocieron y comprendían. Para comenzar, las relaciones ponen a prueba nuestro carácter, pero el poder añadido de la luz hace que esta prueba sea aún más dificultosa. Inevitablemente, vamos a descubrir fallos y debilidades en nosotros mismos que afectan a los demás, y tendremos que saber perdonarnos y ser pacientes con nosotros mismos mientras intentamos corregir todo eso.

Amor humano y amor divino

El elemento principal en cualquier relación es el amor. Sin amor, ninguna relación puede funcionar bien. El amor nos conecta entre nosotros, nos conecta con la creación y con Dios. En nuestro trato con los demás, convendrá que trabajemos con la energía rosa oscuro, que es el rayo del amor. Y no creo que se pueda hablar de sobredosis con esta energía amorosa, puesto que nunca se puede recibir en exceso.

El amor llega de muchas formas. Independientemente de la expresión, si el amor es real, emana de la misma fuente espiritual. La expresión más elevada del amor es el Amor Divino. Junto con la Mente Divina, el Amor Divino es la más poderosa fuerza primaria del universo. Emana directamente del corazón de Dios. El Amor Divino es el lazo que mantiene junta a toda la creación. Es el latido cardíaco de la misma vida. Sin este amor, la vida no tendría propósito alguno, ni habría habido deseo de crear, ni de actuar sobre nada. Todavía estaría la Mente Divina, pero no habría razón para expresarla. Un acto del Amor Divino nos creó a todos y cada uno de nosotros. El amor de Dios es el que nos lleva por entre las pruebas y las tribulaciones de nuestro peregrinaje por la creación, en nuestro camino de regreso a Dios.

El amor espiritual se expresa a través de cada uno de nosotros como un amor puro e incondicional, es decir, cuando amamos sin esperar nada a cambio. Vemos este amor manifestado cuando una persona pone a los demás por delante de sí misma, o cuando alguien pone en peligro su vida por los demás. Este elevado amor lleva al amor universal definitivo en el que amamos a toda la creación incondicionalmente. El Amor Divino encarna todos los atributos de la vida espiritual, como la ternura, la bondad, la comprensión y la compasión. Este amor celestial viene acompañado por un gran gozo y una tremenda inspiración. Pero lo mejor de todo es que el Amor Divino es eterno. Siempre está ahí para nosotros; nunca nos decepcionará ni nos defraudará.

El amor humano también es espiritual, pero está graduado en sentido descendente hasta el nivel físico. Este amor es más restrictivo. El amor humano desea cosas de este mundo. Yo puedo amar el tener una gran casa, un buen automóvil, el dinero que gano con mi trabajo, el aspecto de mi pareja o las cosas que él o ella hace por mí. Todo esto son cosas más o menos físicas, con limitaciones. No hay nada malo en amar estas cosas, pero tenemos que recordar que son cosas temporales, y que algún día desaparecerán.

El amor humano tiende a ser condicional, lo cual lo hace egoísta. Una persona que ama a un nivel humano amará lo que obtiene de la otra persona. Si la cualidad o cosa que la persona amada ofrece disminuye o desaparece, entonces el amor se desvanecerá.

El objetivo de todas nuestras relaciones es transformarlas en actos de Amor Divino. En el proceso de desarrollo del alma en el que nos hallamos inmersos, debemos desarrollar primero la experiencia del amor humano, para luego transformar ese amor humano en Amor Divino. Cuando somos capaces de dar amor antes que recibirlo, sin pensar en la devolución, hemos hecho grandes progresos hacia ese estado de amor espiritual. Para ello, tenemos que cultivar primero el Amor de Dios en nuestro interior. Y eso se consigue amando a Dios y plasmando ese amor en acciones. ¿Qué decía Jesús? «Ama a Dios con todo tu corazón y toda tu mente, y a tu prójimo como a ti mismo». Al amar a Dios, estamos correspondiendo al amor que Dios tiene por nosotros. Estamos amando al poder que nos conformó y nos sustenta. Estamos amando la parte mejor y más verdadera de nosotros mismos. Amando a Dios en primer lugar, servimos automáticamente a nuestros semejantes.

A veces, la cosas más exigentes que se nos piden en una relación pueden constituir la clave de nuestra transformación espiritual. Para ilustrarlo, les contaré la historia de un escritor famoso que tuvo un hijo con una discapacidad mental. La afección dejó al muchacho en un estado de total dependencia de sus padres, que tenían que estar atendiéndole en casi todas sus funciones físicas. El padre era un hombre orgulloso, y se sintió humillado y avergonzado con la afección de su hijo. Odiaba al muchacho, y le llamaba «mi pequeño monstruo».

Con el transcurso de los años, se hizo evidente que el niño tenía el don de la música, a pesar de su discapacidad, y aquello despertó algo en el padre. Se dio cuenta de que su hijo no era un «pequeño monstruo» en absoluto, y de que dentro había un alma intentando expresarse a sí misma. La actitud del padre cambió por completo. Se dio cuenta de que la cuestión no estaba en la discapacidad de su hijo, sino en su propio orgullo. Y llegó a amar al muchacho, y consagró su vida a ayudarle en todo lo que pudo. El muchacho terminaría convirtiéndose en un famoso pianista, más famoso que su padre. Sin embargo, el hijo siguió necesitando ayuda física para las cosas más básicas, como el simple hecho de afeitarse; pero su padre estaba allí siempre, para atenderle. Este hombre mostró una gran transformación espiritual, desde la más profunda decepción y la ignorancia, hasta el amor más desinteresado. Su prueba fue una gran oportunidad para aprender las lecciones espirituales del amor. Tenemos que buscar estas oportunidades, y reconocerlas cuando aparecen.

Estamos aquí para aprender las lecciones de la vida (así como para aprender las lecciones de los demás). Cuando aprendemos a amarnos pasando por alto nuestras imperfecciones, estamos mostrando nuestra capacidad para amar a la Divinidad. Como dice la Biblia, «pues quien no ama a su hermano, a quien ve, no puede amar a Dios a quien no ve» (1 Juan 4:20). No podemos estar en la cercanía del amor a Dios si estamos en guerra con nuestros semejantes. Todos los problemas en las relaciones provienen de una falta de amor, en un sentido o en otro. Muchas personas dicen que aman, pero ¿aman de verdad?

La mayoría de las personas sabe lo importante que es el amor. Podemos comprender los principios del Amor Divino de forma abstracta, pero a veces se nos antoja difícil aplicar estos principios a las situaciones de la vida real. Y sin embargo, durante siglos, ha habido almas sabias que han hecho profesión del amor espiritual. Entonces, ¿por qué es tan difícil poner en práctica ese amor? ¿Por qué el mundo no es un lugar de amor?

El problema se encuentra en el ego humano, en ese mezquino ego, ese «yo» pequeño e inflado que se interpone en el camino de nuestro flujo natural de amor. A la naturaleza humana le gusta aferrarse a sus celos, sus iras y sus odios, aun cuando son ésas las ataduras que nos impiden ir más allá y nos hacen sufrir. Desde nuestro mezquino yo, no podemos ver más allá del estrecho margen de lo que hay a nuestro alrededor. Tenemos miedo de aventurarnos más allá de lo que nos resulta familiar. Aunque nuestra naturaleza sea amar, nos interponemos en el camino de nuestra propia expresión de ese amor cuando dejamos que las imperfecciones de nuestro ego humano tomen el control de nuestra vida.

El amor es un elemento esencial del aura. Una de las primeras cosas que busco cuando leo un aura es cómo se mueve la energía del amor. Esto me revela rápidamente el estatus y la dirección del desarrollo espiritual de una persona. La energía primaria que hay que buscar es de un color rosa oscuro. Suelo ver esta energía como una banda de luz rosada en torno al perímetro del aura, lo cual es un indicio de una naturaleza amorosa. La energía rosa oscuro se adapta particularmente a las necesidades de nuestras interacciones con los demás.

La mayoría de las personas tienen algo de rosa oscuro en el aura, lo cual indica que tienen algo de ese amor espiritual ya, y que lo están expresando de alguna manera. Quizás no lo reconozcamos como espiritual, pero lo es. Lo que ocurre normalmente, no obstante, es que manchamos este amor con nuestras propias querencias egoístas. Yo puedo amar a alguien de verdad, de forma genuina; pero, al mismo tiempo, puedo ser muy egoísta en mi amor. Amo lo que esa persona hace por mí o me da; amo lo que esa persona me hace sentir acerca de mí misma. Así, atraeré energía rosa oscuro, pero estará mezclada con algo de marrón cacao, que es indicio de mi egoísmo. O quizás yo sea posesiva en mi amor, con lo cual se mezclará el rosa con el verde aguacate. O puede que mi amor sea lascivo, lo cual añadirá rojo sucio al rosa.

Es mucho más raro de ver el amor divino y desinteresado. Con este amor celestial, un rosa pálido y un violeta acompañarán al rosa oscuro que se ve por encima de la cabeza. Éste es el amor que se manifiesta cuando alguien pone los intereses de los demás por encima de los propios. Esta elevada energía rosa viene y va normalmente en la mayoría de las personas. Es muy difícil mantener tal energía, a menos que uno viva una vida de servicio desinteresado.

La avenida de los asuntos del mundo que trata de las relaciones humanas es, cómo no, el rayo rosa. Este rayo es nuestra avenida para el amor espiritual aquí en la Tierra. Nos conecta con el amor celestial y abre nuestra naturaleza sentimental. Sin este rayo, seríamos seres fríos, sin corazón. En este rayo se manifiesta el amor bajo cualquiera de sus facetas: amor a las personas, al arte, a la música, a los animales, a la naturaleza, etc. Al igual que los otros rayos de los asuntos humanos en la Tierra, este rayo no se puede destruir ni puede desaparecer, hagamos lo que hagamos, pero sí que puede quedar inactivo si nos empeñamos en cerrar el corazón. El lugar de nuestra aura donde más profundamente se refleja el amor se halla en el centro hermético, porque es aquí donde nacen los deseos: en el alma. Afortunadamente, este rayo dentro del centro hermético está activo en la mayoría de las personas, y usted lo puede ver expresado en los actos de amor cotidianos, grandes y pequeños.

Usted puede trabajar con el flujo del amor directamente para incrementar su capacidad espiritual para el amor. Comience trabajando con el rosa oscuro en todos los niveles de su ser. Vea cómo entra en los cuatro centros principales, especialmente en el centro del corazón, y en los niveles de su alma. Puede seguir la oración meditativa que hay, sobre el amor, en el capítulo 5, o bien utilizar la siguiente oración meditativa.

ORACIÓN MEDITATIVA
PARA INCREMENTAR
EL FUJO DE AMOR DIVINO
Descienda el rosa oscuro del amor espiritual
a todos los niveles de mi consciencia,
encendiendo mis centros espirituales con esa Luz
Divina, y alcanzando especialmente mi centro
hermético y los niveles de mi alma, para liberarme
de antiguos perjuicios y heridas del alma,
y para elevarme al éxtasis divino de
Tu amor infinito y de Tu abrazo eterno.

Interacciones áuricas

El mayor efecto externo que puede tener el aura se da en su interacción con otras auras. Sin darnos cuenta, podemos estar abriéndonos a multitud de influencias de otras personas, influencias que tienen un efecto definido en nuestro flujo áurico. El contacto con las energías de otras personas es algo natural, porque estamos interactuando constantemente con los demás.

Cuando trabajamos con la luz, nuestro objetivo es extraer menos energía de los demás y más de nuestra propia reserva de luz. Con esto, se sirve a varios propósitos. En primer lugar, comenzamos a cultivar la conexión divina, y eso nos permite extraer energía de una fuente que sabemos que es siempre pura. Cuando extraemos energía del Supremo, no podemos recibir otra cosa que la energía espiritual suprema. En segundo lugar, nos ayuda a ser menos dependientes de los demás, porque estamos conectados con la Fuente Original. Tercero, nos ayuda a mantener nuestras interacciones áuricas en un nivel positivo y elevado, y nos impide el intercambio de energía negativa.

La mayoría de las interacciones de energía áurica tienen lugar dentro de los mismos centros de energía. Dado que estos centros son como estaciones receptoras y transmisoras, tiene sentido que desempeñen tal papel en el intercambio de energía. Las auras en sí pueden entremezclarse, pero no hay un intercambio verdadero de energía dentro del aura como lo hay en los centros. He aquí un ejemplo de cómo interactúa el aura.

Dos personas discutiendo (FIGURA 9.1)

En esta situación hipotética, la persona A ha comenzado a discutir con la persona B. Rayos de energía de color rojo sucio salen disparados desde el centro emocional de la persona A hasta la persona B. Si B acepta esta energía negativa, lo cual sucede en este caso, esa energía golpeará inmediatamente en el centro emocional de B. La persona B se indigna ahora y responde con ira a la persona A, enviando energía de un color rojo sucio de vuelta al centro emocional de A, acelerando así la discusión. En este momento, la pelea se convierte en una competición de gritos, a medida que las energías escalan este Vesubio emocional. En el toma y daca de pensamientos de ira y de palabras envenenadas, la energía se mueve de los centros emocionales a los mentales, desestabilizando los niveles del pensamiento e inflamando aún más el intercambio destructivo. Es éste un ejemplo típico de una auténtica pelea.

Rechazar un estallido de ira (FIGURA 9.2)

En este ejemplo, la persona A dirige su ira contra la persona B; pero, esta vez, B rechaza por completo la energía negativa. Como consecuencia de ello, esa energía negativa no entra en el campo áurico de la persona B y, en cambio, se disipa simplemente. No sólo se mantiene limpia el aura de B, sino que también se detiene la escalada que habría tenido lugar si B hubiera aceptado la influencia negativa de A. En este ejemplo, B se ha puesto un manto de protección espiritual (capítulo 11), de modo que la energía ni siquiera penetra su caparazón áurico. Sin embargo, aun sin protección, si B se hubiera mostrado inflexible y se hubiera negado a reaccionar, la energía negativa de A no habría conseguido entrar mucho más allá en su aura.

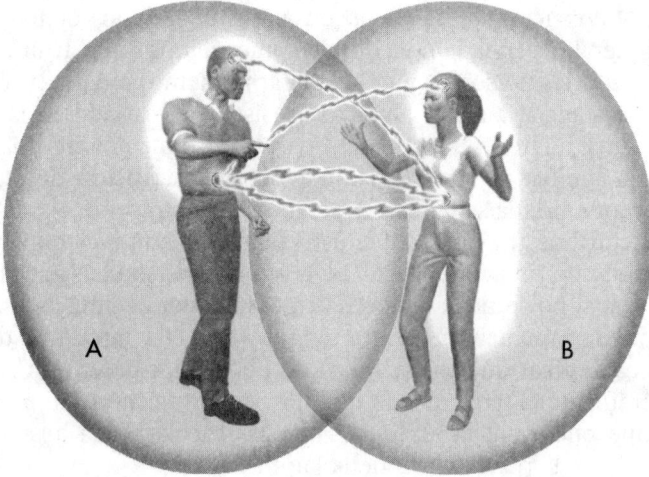

FIGURA 9.1: Dos personas discutiendo

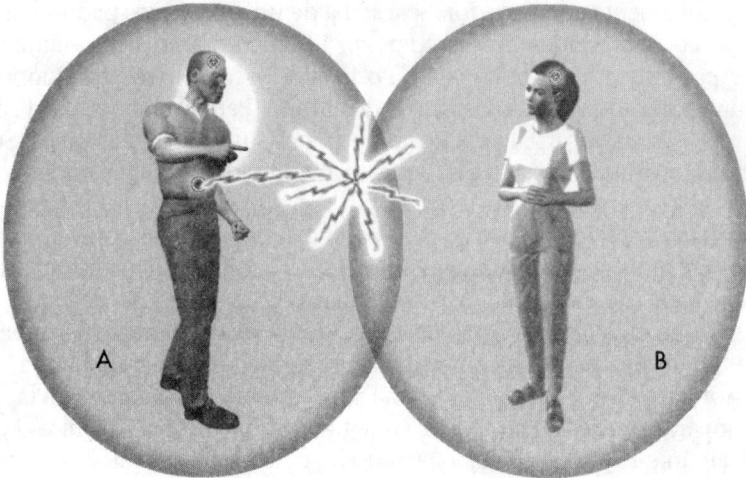

FIGURA 9.2: El rechazo de un estallido de ira

La familia

Vamos a ver ahora cómo podemos aplicar la luz en relaciones de tipo específico. Y haremos bien en comenzar con la familia, pues todos sabemos lo importante que es la familia y las relaciones familiares en nuestro bienestar. La unidad familiar es la columna vertebral de cualquier sociedad, y uno de nuestros principales sistemas de apoyo en la vida. Las experiencias familiares establecen normalmente el tono de nuestros sentimientos y creencias acerca de nosotros mismos, de los demás y de la vida en general. Es en la familia donde comenzamos a construir nuestras relaciones con las personas, y es donde aprendemos a dar y a recibir, y en última instancia, a amar. Nunca se insistirá demasiado en la importancia de una fuerte vida familiar. Cuando disponemos de una buena experiencia familiar, esa estabilidad y esa confianza básicas nos acompañarán durante toda la vida. Es un potente cimiento sobre el cual podemos construir nuestra vida. Y, a la inversa, crecer en una familia problemática tendrá un profundo efecto adverso en la persona. Nos pondrá en desventaja y, si no somos capaces de elevarnos por encima de esa experiencia, puede incapacitarnos para toda la vida. Hay tanto que decir de la dinámica familiar que en este libro no podríamos hacer otra cosa que tocar ligeramente el tema, por lo que nos vamos a centrar en mostrar lo efectiva que puede ser la luz para sanar las fricciones, la hostilidad, el resentimiento y la pena dentro de la familia.

Gran parte de mi asesoramiento espiritual se ha centrado en ayudar a sanar traumas familiares, pasados y presentes. Me acuerdo de un caso que fue especialmente conmovedor. Se trataba de un niño cuyos padres habían muerto en una accidente de automóvil. El chico no tenía más familiares vivos, por lo que se le recluyó en un orfanato. Poco después, fue adoptado por una pareja que intentó dárselo todo al niño. Pero el chico tenía el corazón roto, y solía pasarse la noche llorando por sus padres biológicos. Solía expresar su frustración y su ira ante su madre adoptiva diciéndole cosas como: «No me gustas. No te quiero. Quiero que vuelva mi mamá». La mujer hacía todo lo que podía, pero pasaba el tiempo y las cosas no mejoraban. El niño se hizo aún más intolerante y difícil. El padre adoptivo pasaba fuera de casa gran parte del tiempo, en viajes de negocios, de manera que el cuidado y la atención del niño recayó casi exclusivamente en la mujer. Ella no sabía cómo tratarle, y se preguntaba si no habría sido un error adoptarle. La mujer lo quería pero, en su frustración, y con la falta de cooperación del chico, había cometido varios errores, incluido el de darle algún que otro cachete, lo cual no hizo más que agravar el problema.

La mujer vino a verme en busca de consejo y comenzó a trabajar con la luz para intentar dar la vuelta a las cosas. En primer lugar, recurrió al rayo del amor, para infundirse a sí misma más paciencia y amor, para que

180

✧

su amor natural pudiera fluir con mayor libertad. Al mismo tiempo, precisaba liberarse de la frustración y de la ira, que la habían llevado a manejar mal muchas situaciones. Así, introdujo el rayo plateado, para que la guiara y la ayudara a comprender mejor al chico, y a tratarlo mejor. Luego, trabajó con el rayo rosa, enviándoselo al niño para ayudarle a sanar la pérdida de sus padres y para mostrarle que de verdad lo quería. Utilizó también verde esmeralda y oro para equilibrarse y fortalecerse a la hora de tratar con su difícil comportamiento. Y así estuvo trabajando durante varios meses hasta que, finalmente, el niño comenzó a mostrarse más cariñoso con ella. Comenzaron a salir y a hacer cosas juntos, algo que no habían hecho hasta entonces, y comenzó a crecer una relación verdaderamente cálida y amorosa.

Es un hecho probado que muchos de nuestros conflictos más intensos tienen lugar dentro de nuestra propia familia. Puede parecer una paradoja: si la unidad familiar es un aspecto tan crucial de nuestro desarrollo y de nuestro carácter, ¿por qué con tanta frecuencia se convierte en la mayor fuente de discordia? Muchas dinámicas entran en juego pero, normalmente, las mayores pruebas en las relaciones humanas las tendremos con miembros de nuestra propia familia. La experiencia familiar alcanza a los más profundos rincones del alma humana, revelando a veces cosas que no son tan buenas. El karma desempeña una parte muy importante en la dinámica familiar (pero las complejidades del karma en la familia están más allá del alcance de este libro). Lo que conviene saber de momento es que las discordias familiares suelen ser esenciales para los procesos de aprendizaje y crecimiento. Y, afortunadamente, el alma humana puede superar cualquier obstáculo al que se pueda enfrentar en la vida familiar. No siempre podremos controlar las circunstancias que nos salen al paso, pero sí que podemos controlar los efectos de esas experiencias, para que no nos atormenten ni nos limiten en el futuro.

El trabajo con la energía espiritual puede tener un efecto muy positivo hasta en la más problemática de las familias. La Luz Divina nos eleva por encima de nuestras circunstancias, para que sus efectos no queden tan profundamente grabados. El mejor momento para invocar la ayuda de la luz es cuando estamos pasando verdaderamente por estos calvarios. Si la guerra familiar ha pasado ya pero los efectos siguen estando ahí, la luz limpiará el aura de esos recuerdos y obstrucciones, no importa el tiempo que lleven arraigados.

Padres e hijos

Hay un antiguo refrán que dice: «Dime cómo han sido los siete primeros años de la vida de una persona, y te diré cómo será el resto». Muchos creen que en los primeros siete años de vida se establecen el carácter y las tendencias de una persona. El modo en que se haya educado a una persona, y los tipos de estímulos y de experiencias a los que se haya visto expuesta, conformarán su carácter a partir de ese momento. Hay personas que defienden que el carácter viene determinado principalmente por la educación recibida, y que no importan tanto las predisposiciones innatas. La filosofía metafísica no asume este punto de vista, y enseña que, aun cuando lo que ocurre alrededor puede tener un gran efecto en la persona, su vida no dependerá tanto de la educación y del entorno. Somos seres eternos, con una vida previa y una existencia posterior a la existencia física. La vida en la Tierra es simplemente una etapa en nuestra evolución espiritual. Y debido a todo esto, somos nosotros quienes tenemos el control de la influencia que pueda ejercer en nosotros la familia.

Desde un punto de vista espiritual, los primeros siete años de la vida ocupan un lugar único en el desarrollo del alma. A las energías áuricas les lleva siete años establecerse plenamente dentro del cuerpo físico. Hay muchas conexiones espirituales que hacer, conexiones que deben ser hechas de forma gradual. Para cuando el niño cumple los siete años, el flujo de la energía está establecido, y la persona comienza un rápido proceso de crecimiento. Durante los siete primeros años, el flujo áurico es muy flexible. Si ha habido algún trastorno, se puede reparar rápidamente. Después de los siete años, todavía se puede hacer, pero es cada vez más difícil.

Esto significa que esos siete primeros años son del todo cruciales. El amor es importante en todo momento, pero es especialmente importante entonces. La educación en estos años supone, por tanto, sacrificio, tiempo y energía; y también supone aprender el modo de ocuparse, desde el amor, de las necesidades físicas, emocionales, intelectuales y espirituales del niño.

Es importante darse cuenta de que no fue por accidente por lo que nacimos en la familia en la que nacimos. El haber ido a parar a la familia en la que nacimos fue por un motivo, y tiene que ver con el modelo de crecimiento espiritual con el que tenemos que trabajar. No importa si nacimos en una familia rica o pobre, si tuvimos buenos o malos padres, o incluso si nos criamos en un orfanato. Hasta las experiencias más difíciles ofrecen oportunidades para el crecimiento espiritual.

Cada uno aborda los problemas familiares de un modo diferente. Hay personas que son muy fuertes y atraviesan airosas las adversidades, mientras que otras quedan atormentadas por los traumas de la infancia, traumas que pueden acompañarles durante el resto de su vida. Lo importante es darse cuenta de que todos podemos atravesar cualquier circunstancia en la vida y elevarnos por encima de ella, inclusive la de haber nacido en la peor de las familias. Por difíciles que puedan ser estas situaciones, Dios nos da siempre el coraje espiritual para salir con bien de ellas. Abraham Lincoln creció en una familia tan pobre que ni siquiera le enseñaron a leer. Aprendió por sí solo bajo la luz de la luna. De modo que cualquier incapacidad o cualquier situación difícil con la que nos tengamos que enfrentar tienen también remedio o, al menos, se pueden mejorar. Si hemos tenido una infancia difícil y seguimos traumatizados años después, podemos liberarnos de esa energía. Ahora disponemos de las herramientas necesarias para sanar esos trastornos, y abrirnos paso a través de todas esas limitaciones se convierte en parte de nuestro destino.

Los hermanos

Nuestros hermanos pueden ser nuestros mejores amigos a lo largo de la vida, o pueden ser irritantes, causa de fricciones, o incluso pueden resultarnos indiferentes, hasta el punto de que se conviertan casi en extraños. La causa subyacente habitual del conflicto entre hermanos es la rivalidad o los celos. Uno de los niños o niñas puede tener la sensación de que es siempre él o ella quien se lleva la peor parte. Quizás uno de los progenitores siente preferencia por uno de sus hijos, y el otro se resiente por ello. Éste es un error que los padres suelen cometer, normalmente sin ser conscientes de ello. O puede suceder que uno de los hijos tenga un talento notable y reciba más atención por causa de ello, lo cual puede disparar los celos de su hermano o hermana. Como todos sabemos, estas rivalidades pueden extenderse incluso a la edad adulta.

La luz y la familia

Si tiene usted problemas con algún miembro de su familia, tendrá que levantar todas las barreras si quiere darle la vuelta al asunto. Conviene que sea especialmente cuidadoso en no culpar simplemente a la otra persona o personas por lo que está sucediendo. Mire en su corazón y vea cuál es su contribución al actual problema, para que así pueda abordarlo desde un terreno despejado. Si usted siente que su parte está despejada, utilice entonces la luz para que le ayude a mantenerse por encima del alboroto que tiene lugar a su alrededor. Esto no sólo le ayudará a usted, sino que también será de gran ayuda para todos los miembros de la familia implicados, para que puedan empezar a ver las cosas desde una perspectiva espiritual. Como en cualquier otra relación, hay veces en que la otra persona responde a la luz y hay veces que no. Para usted, la idea principal debe ser la de cultivar sus propios rayos de luz con el fin de soportar la situación por la que atraviesa con coraje y fortaleza, para así salir victorioso de la experiencia.

Lo más probable es que tenga que utilizar una combinación de técnicas energéticas, entre ellas el despeje mental/emocional, el perdón y posiblemente la guía divina. Su situación no ha pasado desapercibida para su yo superior, que comprende los problemas que está afrontando y está haciendo todo lo que puede por ayudar. La vida espiritual es bastante más comprensible y está más en sintonía con los sufrimientos de la humanidad de lo que estaríamos dispuestos a conceder, y el yo superior hace todo lo que está de su parte por ayudar a aliviar ese sufrimiento.

Además de los rayos que usted sienta que tiene que usar para la situación concreta en la que se encuentra, yo le recomiendo también que incluya estas oraciones meditativas para aligerar la carga de sus problemas familiares. Nunca se insistirá demasiado en que hay que ser paciente con estos problemas, que tienen raíces profundas, y que precisan de tiempo y de un esfuerzo persistente para que las cosas vuelvan a funcionar.

ORACIÓN MEDITATIVA PARA AYUDAR
A ALIVIAR LAS DISCORDIAS FAMILIARES
Descienda la luz blanca pura a todos los niveles de mi ser, liberándome de toda animosidad relacionada con [nombre de la persona]. *Pido que la pureza y el poder de esta luz blanca divina vaya a* [nombre de la persona] *y a mí, alcanzando lo más profundo de nuestras almas y elevando nuestros espíritus y la conciencia de nuestra unidad con Dios. Pongo esta situación ante el altar de Dios, liberándome de toda vibración baja y de cualquier carga pesada o presión.*

Tómese su tiempo con esta oración hasta que sienta realmente cómo la luz blanca alcanza profundamente su campo áurico. Si aun así le resulta difícil encontrar la fuerza suficiente como para afrontar la situación, añada la siguiente oración. En este trabajo de la luz en particular, está usted bajando dos energías al mismo tiempo.

ORACIÓN MEDITATIVA
PARA LA INSPIRACIÓN DEL ALMA
Descienda el rayo dorado y el rayo verde esmeralda a todos los niveles de mi consciencia, y en especial a los niveles de mi alma, para darme el coraje necesario y la fortaleza para resolver esta discordia familiar en Tu Luz Divina y en Tu Amor.

Mantenga la luz y la protección con fuerza a su alrededor después de hacer este trabajo.

Los amigos

Los verdaderos amigos son una de las mayores bendiciones que nos puede dar la vida. La única razón para que las personas se hagan amigas es la afinidad natural y el deseo de estar juntas. No hay ningún compromiso formal, simplemente la asunción de un vínculo de lealtad, y el intercambio sincero y bondadoso entre dos personas. En el aura, se suele ver como un hermoso intercambio de energía amarillo limón en el nivel mental, porque los amigos comparten intereses comunes, y un intercambio de energía rosa en el nivel hermético, expresión del amor y la camaradería que los amigos sienten entre sí. Una de las mayores formas de amistad es la de la hermandad espiritual, que la forman aquellas personas que caminan juntas por el sendero de la luz.

La clave de la amistad es sencilla: «Para tener un amigo, sé un amigo». Si usted se siente solo y le gustaría tener un amigo de verdad, no se lamente de su destino ni se compadezca de sí mismo. ¡Salga a la calle y manifieste su amistad! Con el tiempo, personas con afinidades similares a las suyas se verán atraídas hacia usted. Pero, cuidado, también habrá siempre lo que podríamos llamar amigos de los buenos tiempos. Estas personas no están interesadas realmente en usted; están interesadas en lo que puedan obtener de usted. A veces, los buenos amigos se utilizan uno a otro por motivos egoístas también, y esto no es bueno para la relación. Una de las mejores consecuencias de trabajar con la Luz Divina es que usted atrae a la gente hacia usted de forma natural. A medida que su aura se ilumina y brilla más, la gente se ve arrastrada hacia usted, sin saber realmente por qué.

No fuerce las cosas. No puede obligar a nadie a gustarle; eso es algo que tiene que suceder por sí solo. Pero lo que sí que puede hacer es utilizar el rayo rosa oscuro para generar una energía áurica más amorosa que ayude a atraer nuevos amigos. Lo que viene a continuación es una oración meditativa que le ayudará a atraer nuevas personas hacia usted. La energía clave con la cual va a trabajar es el rayo del amor, que actuará a modo de imán espiritual.

ORACIÓN MEDITATIVA PARA
ATRAER A NUEVOS AMIGOS
*Descienda el rosa oscuro del amor espiritual
a todos mis centros, especialmente a
mi centro emocional, generando más amor en
mi consciencia y abriendo firmemente*

> *mi sendero para atraer nuevos amigos*
> *y para fortalecer los vínculos de la amistad*
> *que ya disfruto. Pido esto por la Luz y el Amor*
> *Divinos, por el bien de todos los involucrados.*

Las relaciones en el trabajo

Las relaciones en el trabajo pueden ser muy difíciles. Cuando una persona se encuentra en una posición que afecta nuestra vida con sus acciones, solemos ser muy cautelosos en nuestra manera de tratarla. Podemos ser muy amables con el que nos emplea y saber al mismo tiempo que, si hacemos algo que le ofenda, nos puede despedir. Este tipo de relación, una relación desequilibrada, puede llevarnos a sentir miedo ante la autoridad de esa persona, o bien a mostrarnos resentidos con ella. Del mismo modo, los empresarios pueden ver a sus empleados con cierta aprensión. ¿Están haciendo su trabajo? ¿Se estarán aprovechando de mí? ¿Me respetan? ¿Son amigos o enemigos? No hace falta decir que tanto el miedo como el resentimiento pueden generar mucha tensión.

También aquí, el punto de vista espiritual tiene una respuesta directa a este dilema. Cuando se halle en una relación de carácter laboral, recuerde esta afirmación:

Dios es el empresario y Dios es el empleado.

Demasiadas personas ponen automáticamente a sus «superiores» en el papel del adversario. Si nos estuvieran despidiendo constantemente debido a nuestras fricciones con los jefes, y si ellos nunca parecieran comprendernos, entonces convendría que echáramos un vistazo a cuál es nuestra actitud hacia ellos. Casi seguro que estaremos haciendo algo para generar esta situación. Sería conveniente recordar que sólo tenemos un jefe de verdad, y ése es Dios. Si debemos preocuparnos por complacer a alguien, es por Dios. Una vez más, hay una lección espiritual en el hecho de desempeñar el papel de jefe o de empleado, hay algo crucial que aprender y que nos ayudará a crecer. Si no nos gusta nuestra posición en la vida, tendremos que trabajar para cambiarla. Cuando nos las tenemos que ver con un jefe difícil o con un empleado disgustado, lo primero que tenemos que hacer es intentar lograr una nueva percepción del asunto y, luego, intentar resolver las cosas antes de que se nos escapen de las manos.

Las mismas demandas de relación espiritual se aplican a los compañeros de trabajo. Puede haber celos y competencia entre compañeros por afán de reconocimientos y de ascensos, y esto puede generar mucho estrés. Debemos mirar a nuestros compañeros del trabajo bajo la misma luz espiritual que miramos a todo el mundo. Ellos también están en su proceso de crecimiento espiritual. Si están haciendo algo por empañar nuestro buen nombre y nuestra reputación, tenemos el derecho y el deber de protegernos; pero no debemos hacerlo desde la ira o el resentimiento. La Divinidad mora plenamente dentro de ellos también. Contémplelos en su esencia divina.

En lo relativo a las relaciones laborales, los rayos más importantes con los que hay que trabajar son el rosa oscuro y el verde esmeralda, que generarán más amor y armonía. Envíe estas energías a su aparente antagonista, y recíbalas usted también. Si ha habido ya alguna confrontación, haga el trabajo del perdón e intente empezar de nuevo. El rayo plateado es una buena energía con la cual trabajar cuando hay problemas de comunicación. Si la relación se ha convertido en una pugna entre adversarios, siga la oración meditativa de la página siguiente para restablecer la armonía en las relaciones. La que viene a continuación es una buena oración para mantener la armonía en el puesto de trabajo.

ORACIÓN MEDITATIVA
PARA LA ARMONÍA EN EL PUESTO DE TRABAJO
*Descienda el rayo verde esmeralda del equilibrio
espiritual y la armonía para que alcance mi
centro hermético e irradie hacia mis asuntos
terrenales, acelerando mi puesto de trabajo
con esta armonía divina. Que todos aquellos
con los que entre en contacto sientan y respondan
al impulso divino de esta luz sagrada.
Pido esto en la Luz y el Amor Divinos
por el bien de todos los involucrados.*

Los adversarios

Nuestros «enemigos» son los que nos plantean las mayores pruebas. Y uno de los indicadores más claros de nuestro verdadero carácter se halla en el modo en que manejamos las relaciones con nuestros adversarios. Hay una maravillosa historia de la madre Teresa, de cuando estaba levantando su primer hospital para indigentes. Se encontró con la resistencia de un sacerdote hindú de la zona, que hizo todo lo que pudo por torcer sus planes, dado que no era india ni era de religión hindú. Pero la madre Teresa no respondió a sus provocaciones. Pasado el tiempo, el sacerdote cayó enfermo de una dolencia mortal, y se vio marginado por sus propios fieles, a pesar de lo cual siguió desdeñando a la madre Teresa. Sin embargo, nadie le iba a ayudar durante sus momentos de prueba y de necesidad; nadie, ¡salvo la madre Teresa! Cuando ella se enteró de que estaba muriendo, se lo llevó de inmediato con ella y lo trató con el mismo amor y el mismo afecto que había mostrado a todos los enfermos y los moribundos. El sacerdote no podía creer que aquella mujer pudiera derramar tanta bondad sobre alguien que la había odiado tanto. No tardaría en morir, pero no sin antes pedir su perdón. La noticia de lo que había hecho se difundió por todas partes, porque todos sabían los muchos problemas que el sacerdote le había causado a la madre Teresa. Y fue este incidente en particular el que dio inicio a la notoriedad de la madre Teresa en la escena internacional.

Si usted se tiene que enfrentar a una intensa animosidad, el siguiente ejercicio le va a resultar muy útil para desconectar la maraña de energías involucradas. Quizás aparte a esa persona completamente de su vida, o quizás no; pero lo que sí que hará será liberarle de las conexiones destructivas que es más que probable que existan entre ustedes.

Comience con la meditación del yo superior. Cuando esté en su yo superior, véase dentro de una burbuja de luz rosa y blanca. Sienta cómo le envuelve y eleva todos los niveles de su ser. Vea ahora a la otra persona sentada delante de usted, también dentro de una burbuja de luz rosa y blanca. Luego, utilizando la siguiente oración, pida a la luz que le libere a usted y a la otra persona de las negatividades que les atan.

ORACIÓN MEDITATIVA PARA LIBERARSE
DE LAS RELACIONES CON ADVERSARIOS
Pido que la Luz Divina de Dios vaya a
[nombre de la persona] y a mí mismo,
liberándonos mental a mental, emocional
a emocional, físico a físico, astral a astral,
y alma a alma. Libérame y libera a
[nombre de la persona] en la Luz y el Amor
Divinos. Lo pido en Tu Santo Nombre.

Repita este ejercicio tan a menudo como lo necesite. Observe en cuántos niveles trabaja esta meditación. Lo irónico de una relación entre adversarios es el extraño apego que existe entre dos personas que se odian entre sí. Los sentimientos fuertemente negativos pueden vincularle a usted a la otra persona del mismo modo que el amor. Freud comentó que lo opuesto al amor no era el odio, sino la indiferencia. Usted va a tener que desprenderse del odio si quiere liberarse de la influencia de la otra persona.

Además, conviene que mantenga un fuerte equilibrio cuando trate con esa persona. Ella estará intentando dirigirle energía negativa, pero sólo podrá conseguir algo si usted se lo permite. Usted tiene que seguir enviándole amor, con el fin de que se vea inspirada a seguir ese amor y abandone el antagonismo. Si usted siente hostilidad hacia ella, tiene que trabajar con la luz para desprenderse de la confusión emocional y mental que esta relación puede estar causándole.

El amor y el matrimonio

Vamos a centrarnos ahora en una de las más volubles y dinámicas relaciones humanas: la interacción romántica entre hombres y mujeres. Se han dado tantas preguntas, debates, supuestas normas y opiniones encontradas acerca de la verdadera naturaleza del compromiso romántico y de las relaciones sexuales, que mucha gente ha optado por una actitud cínica, o bien se ha sentido desilusionada ante el proceso del compromiso. Esto ha quedado reflejado en unas expectativas poco realistas, una alta tasa de divorcios, de familias rotas y un ejército de desdichas mentales y emocionales.

La relación varón-hembra es una relación sagrada. La evolución física dividió los sexos en varón y hembra como manifestación de sus homólogos espirituales: la naturaleza dinámica y la naturaleza magnética de la vida. La polaridad dinámica/magnética es la esencia misma de toda vida manifestada. Es el dar y el recibir, el flujo y el reflujo de la vida. Esta dualidad de vida activa se puede ver en todos los niveles de la creación. Hasta Dios se manifiesta como el principio Padre Dinámico y como el principio Madre Santa Magnética. Es la unión cósmica de estas dos fuerzas de la vida la que crea cada alma eterna.

El rasgo clave de la naturaleza dinámica es la mente. Dios Padre es Mente Divina en acción. Él es el dador, el paso inicial, la fuerza interior, la voluntad divina y la sabiduría. La cualidad clave de la naturaleza magnética es el corazón. Dios Madre Santa es amor. Ella es compasión, amor, belleza, unidad, sustento y deseo. Toda la vida creada interactúa entre estos dos polos, generando el equilibrio cósmico y los ritmos espirituales de la vida. Ambos aspectos de Dios son de igual importancia. Cuando nos parece que se pone el principio Dios Padre frente al principio Dios Madre, lo es sólo en el sentido de que hace falta una acción antes de que pueda haber una reacción.

Esto nos lleva al segundo principio de la relación varón-hembra, que dice que dentro de cada uno de nosotros existe esta polaridad de actividad dinámica y magnética. Esto quiere decir que nuestra alma ni es masculina ni es femenina, sino que contiene ambos atributos divinos de la vida, dinámico/magnético. Cuando encarnamos en una forma física,

189

❂

polarizamos una de nuestras dos naturalezas, en función del sexo que tengamos. Esto no significa que la otra naturaleza no esté ahí. Significa que hemos optado por resaltar una por encima de la otra, pero las dos deben estar aun así en equilibrio. Así, al nacer varón, se nos induce a expresar el principio padre, dinámico, de nuestro ser y a ponerlo en la palestra. Sin embargo, debemos equilibrar esa naturaleza dinámica con la magnética. Si se nace hembra, se nos induce a expresar nuestra naturaleza magnética y a equilibrarla con nuestro flujo dinámico. El objetivo espiritual es equilibrar los dos flujos, para que podamos expresar ambas cualidades espirituales independientemente de nuestro sexo.

Existe una razón divina por la que usted ha nacido con el sexo con el que ha nacido. No fue un error ni algo fortuito. El primer paso para generar una armonía mayor con el sexo opuesto es sentirse cómodo y en armonía con el propio sexo. Si es usted un hombre, disfrute de su masculinidad. Si es una mujer, disfrute de su feminidad. No hay nada de malo en manifestar las características de su sexo, siempre y cuando mantenga la perspectiva de las cosas.

Los problemas aparecen cuando las personas de un sexo intentan dominar o manipular a las del otro sexo. Nunca utilice las ventajas de su sexo sobre otra persona; más bien, compleméntese con ella. Como parte de su crecimiento espiritual, se supone que usted tiene que aprender a vivir en paz y en armonía con el sexo opuesto. Es una de las más grandes bendiciones de la vida física. Una pareja que se ama, que se respeta y que se defiende mutuamente realiza un trabajo de gran belleza espiritual. El amor romántico ayuda a las almas a avanzar en el sendero que lleva a Dios.

Estos flujos magnético-dinámicos se manifiestan con toda claridad en el aura. El lado derecho del aura presenta los flujos dinámicos de la luz, y el lado izquierdo atrae los flujos magnéticos (véase la FIGURA 9.3). Esta polaridad es crucial para un aura equilibrada. El lado derecho tiende a expresar las energías doradas, rojas y otras energías dinámicas, mientras que el lado izquierdo tendrá energías magnéticas, como el rosa, el violeta y otros. Esto no es un regla fija, pero lo podrá ver con mucha frecuencia. Hay energías que pueden ser al mismo tiempo dinámicas y magnéticas, como los rayos verde y azul. Además, el yo superior alentará hermosos rayos dinámicos o magnéticos a un lado u otro del aura en función de las necesidades particulares.

Si el aura está desequilibrada en su flujo magnético-dinámico, la energía favorecerá a un lado sobre otro. Un aura demasiado magnética no tendrá la radiación dinámica necesaria en el lado derecho, y una persona demasiado dinámica no tendrá normalmente las radiaciones magnéticas necesarias en el lado izquierdo. Esta situación se mantiene sólo hasta que se restablece el equilibrio en el aura. Las personas deben estar equilibradas magnética y dinámicamente, independientemente de cuál sea su sexo. Si es usted una persona amorosa y amable, pero «no tiene espaldas», tendrá que desarrollar su aspecto dinámico, sin dejar de ser amorosa y amable. Del mismo modo, si es usted una persona emprendedora de las que opinan que «hay que pisar antes de que te pisen», tendrá que aprender a ser más generosa y amable, aun manteniendo su carácter emprendedor.

FIGURA 9.3: La polaridad en el aura

El compromiso

El elemento clave en el compromiso es la compatibilidad. Una pareja puede comprometerse por mil razones pero, para que pueda haber crecimiento espiritual, convendrá encontrar a alguien con quien seamos enormemente compatibles. El aura es magnífica a la hora de evaluar la compatibilidad de las parejas. Cuando dos personas son compatibles, hay un hermoso intercambio de energías en los niveles hermético y emocional. Normalmente, serán de color rosado, muestra del flujo del amor. El naranja revela el entusiasmo y la emoción que la pareja siente cuando se encuentra. También habrá intercambio de energía violeta, que significa la paz y la serenidad que evoca en el alma de cada uno el alma del otro. Confían intuitivamente uno en otro, y se sienten cómodos juntos. Cuando veo este tipo de intercambio de energía, sé que esas personas están hechas la una para la otra, y que lo más probable es que terminen siendo pareja. Pero, si son incompatibles, habrá normalmente un intercambio de energía gris. Esta energía emanará desde el centro hermético, indicando la tristeza y la preocupación que discurre entre ellos.

Si tiene usted dificultades para encontrar a una persona compatible, puede trabajar con la luz para facilitar la atracción de alguien adecuado. En primer lugar, convendrá que tenga una idea clara de qué es lo que está buscando. ¿Está buscando compañía o está buscando a alguien con quien casarse? Sea tan claro como el agua acerca de lo que quiere. Si busca simplemente alguien con quien quedar, reconozca que lo más probable es que se trate de una situación temporal. Podrán pasar muy buenos ratos juntos, pero no hay muchas posibilidades de que eso dure. Por otra parte, si está buscando alguien con quien casarse, reconozca que se está introduciendo usted en aguas profundas, y que tendrá que asumir un compromiso más duradero.

Evalúe las cualidades que puede ofrecerle a la otra persona. La gente suele centrarse más en lo que quieren de la otra persona que en lo que pueden ofrecer ellas mismas. Usted debe de estar dispuesto a dar y a sacrificar. El trabajo con las visualizaciones es muy efectivo aquí. Si después de haber hecho todo esto sigue sin pasar nada, entonces tendrá que identificar cualquier pensamiento negativo que pueda estar interponiéndose en el camino que le lleva a aquello que quiere. Por ejemplo, quizás usted diga que quiere a alguien con quien casarse, pero puede ser que en lo más profundo no esté dispuesto a renunciar a los placeres y a la despreocupación de la vida de soltero o soltera. O puede ser que usted quiera a alguien sinceramente, pero sienta que no se merece tan buena compañía. Todos estos temas se tienen que confrontar, y hay que abordarlos antes de que pueda atraer a la persona que desea.

192

❋

Existen varias formas de trabajar con la luz para atraer a la persona adecuada hasta usted. Por encima de todo, usted va a necesitar claridad. Si está confuso, no hará otra cosa que atraer a la persona equivocada, porque no tiene claro qué es lo que quiere. De modo que, si tiene problemas para atraer a una persona verdaderamente compatible, haga primero una limpieza espiritual con la llama rojo naranja, para liberarse de cualquier imagen equivocada de compañía que haya podido crearse.

Luego, trabaje con la luz blanca pura y pida que alcance el punto de su yo superior, para que le ofrezca una imagen clara del tipo de persona que necesita en su vida.

ORACIÓN MEDITATIVA PARA IDENTIFICAR
A LA PAREJA MATRIMONIAL/ROMÁNTICA ADECUADA
Descienda la luz blanca pura para que acelere todos los niveles de mi consciencia. Pido que alcance especialmente el punto de mi yo superior del Conocimiento Espiritual. Y le pido a mi yo superior que me dé una imagen clara de la persona más adecuada para mí.

No se mueva, y esté atento a cualquier cosa que pueda llegarle. Quizás la inspiración le llegue justo en ese momento, o puede que le llegue más tarde. Lo que usted está buscando en esta meditación son las cualidades, la esencia general de la persona más adecuada para usted. De este modo, tendrá una idea mucho más clara de qué tiene que buscar. Continúe con el rayo plateado para acelerar el reconocimiento en su cuerpo mental de la imagen que se le está dando. En este caso, el rayo plateado le ayudará también a estabilizar esa imagen.

ORACIÓN MEDITATIVA
PARA ACELERAR EL CUERPO MENTAL
Descienda el rayo plateado de la inteligencia divina hasta mi cuerpo mental, para acelerarme en el reconocimiento de la imagen de mi pareja adecuada, según me la ofrece mi yo superior.

Yo añadiría también el fuego blanco azul porque, una vez obtenga usted esa imagen, el fuego blanco azul la intensificará y la mantendrá hasta que esa persona se haya hecho realidad ante usted.

ORACIÓN MEDITATIVA
PARA MANTENER LA IMAGEN CORRECTA

Descienda el fuego blanco azul de vida eterna
para que alcance todos los niveles de mi
consciencia y, especialmente, para que cargue
y recargue mi cuerpo mental, para que mantenga
y sustente la imagen de mi pareja adecuada.

Con estos tres rayos, habrá acelerado en gran medida sus niveles mentales, para conseguir concentrar la mente en la dirección correcta. De este modo, cuando aparezca la persona adecuada, podrá reconocerla. Después de trabajar en los niveles mentales, continúe con la luz de la sabiduría.

ORACIÓN MEDITATIVA PARA ATRAER
UNA PAREJA ROMÁNTICA/MATRIMONIAL

Descienda el rayo dorado de la luz
de la sabiduría hasta mi centro hermético
e irradie en mis asuntos humanos en la Tierra
para atraer hacia mí a la persona correcta.

Puede repetir este ejercicio con tanta frecuencia como sienta que lo necesita, hasta que la energía quede establecida. Sea paciente en lo tocante al romance amoroso. No se puede forzar el que aparezca en su vida la persona correcta. Del mismo modo, no sea perezoso y no espere que la persona soñada llame de pronto a la puerta de su casa. Tendrá que salir usted de casa y tendrá que mostrarse disponible. Como dice el refrán, puede que tenga que besar a varias ranas antes de que encuentre al príncipe (¡o a la princesa!).

ORACIÓN MEDITATIVA
CON EL RAYO DE LAS EMOCIONES

Descienda el rayo rosa oscuro del amor
espiritual a todos los niveles de mi ser, así como
a mi cuerpo emocional. Que esta luz bañe todos
los niveles de mi naturaleza emocional,
para que pueda alcanzar un lugar de amor
y bondad. Y que este rayo del amor abra mi
corazón y mis emociones, mientras acepto
que la persona correcta entra en mi vida.

194

Yo finalizaría este trabajo con el rayo del amor. Obviamente, el amor es el elemento indispensable en cualquier relación, además de que nos permite equilibrar el flujo magnético-dinámico. Pida que el rayo del amor alcance todos los niveles de su consciencia, pero en especial los niveles emocionales, para que pueda abrirse usted y aceptar la llegada de esa persona en su vida.

El sexo y la energía espiritual

El sexo es probablemente la principal razón de que muchas personas decidan no seguir una vida espiritual, dado que existe la falsa idea de que ser espiritual significa no tener relaciones sexuales. O, si no se cree necesaria una abstención total, sí al menos una severa restricción del placer sexual. La gente ve a los sacerdotes y a las monjas hacer votos de celibato y dicen: «¡Si eso es lo que supone ser espiritual, lo espiritual no es para mí!». Muchas escuelas modernas de metafísica intentan relajar este punto: espiritualmente hablando, dicen, el sexo no es problema, siempre y cuando vaya acompañado del amor. Sin embargo, el sexo tiene un efecto muy definido en nuestra vida y en nuestra aura. Por supuesto, todos sabemos que el sexo cumple la función crítica de perpetuar la especie, y que ésa es parte de la atracción que hace que la gente se junte. También sabemos que todos los seres humanos, al entrar en la pubertad, experimentamos sensaciones sexuales, y sabemos que todos tenemos esos impulsos y esas sensaciones dentro de nosotros, independientemente de cómo las expresemos. De modo que la pregunta no estriba tanto en si la sexualidad debe formar parte o no de nuestra vida espiritual, sino más bien en cómo debe formar parte de nuestra vida espiritual.

En el aura, la energía sexual emana del chakra raíz. El chakra raíz funciona de un modo un poco diferente al del resto de centros en lo referente a cómo se mueve su energía. En los cuatro centros principales con los que trabajamos, la energía está en un estado constante de recepción y transmisión. Pero, como ya vimos en el capítulo 3, el chakra raíz no funciona de esta manera. El chakra raíz tiene ya en su interior una reserva especial de poder. Dentro del diseño espiritual del ser humano, se ha ubicado la luz en el interior de este centro para que cumpla una función muy específica. Esta función es algo que venimos haciendo desde hace eones de diversas maneras. Es algo muy íntimo de nuestra vida y de nuestro carácter. La energía del chakra raíz nos da el poder de crear. No es la verdadera creación, la inspiración o el acto creador, sino el poder, el impulso y la fuerza espiritual necesaria para poner en marcha las energías creadoras y llevarlas a su plena realización.

El chakra raíz nos ofrece un suministro inextinguible de energía, energía que nos ofrece ya como parte de nuestro legado espiritual. Sin embargo, el modo en que usemos esta energía determinará su eficacia en nuestra vida. Esta energía puede fluir de una de estas tres maneras:

1. generación,
2. degeneración,
3. regeneración.

La generación utiliza el chakra raíz para generar descendencia. Esta energía raíz es necesaria para la concepción de los niños. Sin ella, no podría haber concepción porque, además de la unión física del óvulo y del espermatozoide, tiene que haber también una conexión espiritual. El poder para procrear no se puede subestimar. La capacidad reproductiva es una de las características más sagradas que tenemos los seres humanos, tanto si decidimos tener hijos como si no. Y no hay que confundir la energía procreadora con el deseo físico/instintivo de sexo. Ésta es una característica física primaria que seguiría estando ahí con independencia de esta energía espiritual. Los animales tienen el impulso instintivo, pero no tienen la energía espiritual del chakra raíz. Dios los provee de la energía espiritual para la concepción de otras maneras. Pero, en los seres humanos, esta energía es necesaria para la concepción física.

La actividad sexual normal, es decir, sin el objetivo de tener hijos, entra también dentro de la categoría de la generación. Y esto porque no deja de reflejar el proceso procreador, aun cuando el acto no dé como resultado la concepción de un niño. En esta forma, la energía procreadora se hace puramente sexual porque la energía del chakra raíz se utiliza principalmente por placer e intimidad. La energía no es tan brillante como en el acto de procreación, pero sigue siendo una energía elevadora, si la actividad sexual se realiza a partir de un amor y un afecto genuinos. Esta interacción sexual forma parte del proceso de enlace y fortalecimiento que hace que dos personas estrechen su relación.

La degeneración es el derroche de energía del chakra raíz mediante el uso indebido, intencionado o no, de esa fuerza creadora. Hacemos un uso indebido de la energía del chakra raíz cuando nos excedemos mucho con el sexo y lo distorsionamos. Cuando nos consentimos estas prácticas, nos pueden parecer en un principio muy agradables, pero no cumplen ningún propósito útil. Todas las perversiones y actos desviados dan como resultado la degeneración de la energía del chakra raíz. Hemos de ser muy cuidadosos, porque la degeneración es una forma de involución. Y, si insistimos con determinación en el ejercicio de un sexo degradante, terminaremos por distanciarnos de nuestra naturaleza espiritual. En esta situación, la energía raíz no se disipa, sino que se contamina y se corrompe.

La regeneración significa la utilización de la energía del chakra raíz para empresas puramente creadoras. Podemos ver esto en esas personas que se abstienen del sexo antes de un gran acontecimiento, o en esos artistas que se abstienen durante sus períodos creadores. Necesitamos este poder para toda empresa creadora y productiva: sin él, simplemente no podríamos crear, tanto si pretendiéramos diseñar un edificio, como componer una canción o pintar un cuadro. Es el poder que hay tras los grandes artistas, los inventores, los músicos, etc. Nos da la energía, la resistencia y el impulso necesarios para crear algo nuevo y original.

También podemos dirigir la energía del chakra raíz con propósitos puramente espirituales. Uno de los mayores actos creadores que podemos experimentar es el de nuestra metamorfosis desde la consciencia humana hasta la realización de un ser divino plenamente maduro. Este acto creador precisará del redireccionamiento decidido de la energía del chakra raíz. Y aquí es donde entra el concepto de celibato, pues aquellos que pretenden alcanzar el pináculo del desarrollo espiritual necesitarán, más pronto o más tarde, abstenerse de mantener relaciones sexuales, para que el poder espiritual se pueda dirigir enteramente a la meta espiritual. Sin embargo, este sacrificio no es necesario en tanto el alma no llegue a estadios muy avanzados de desarrollo espiritual, y aún así hay excepciones. Tomar el voto del celibato antes de haber alcanzado un nivel semejante no hace otra cosa que generar problemas, pues se terminan reprimiendo unos deseos que son normales, lo cual lleva con frecuencia a perversiones de lo más dispar. Así pues, lo que debe quedar claro es que no tenemos por qué dejar de mantener relaciones sexuales para poder llevar un desarrollo espiritual, pero sí que tenemos que controlar nuestra actividad sexual.

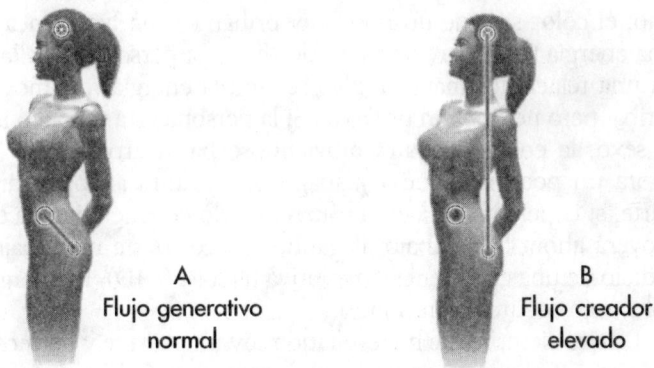

A
Flujo generativo
normal

B
Flujo creador
elevado

FIGURA 9.4 (continúa en la página siguiente): La energía del chakra raíz

197

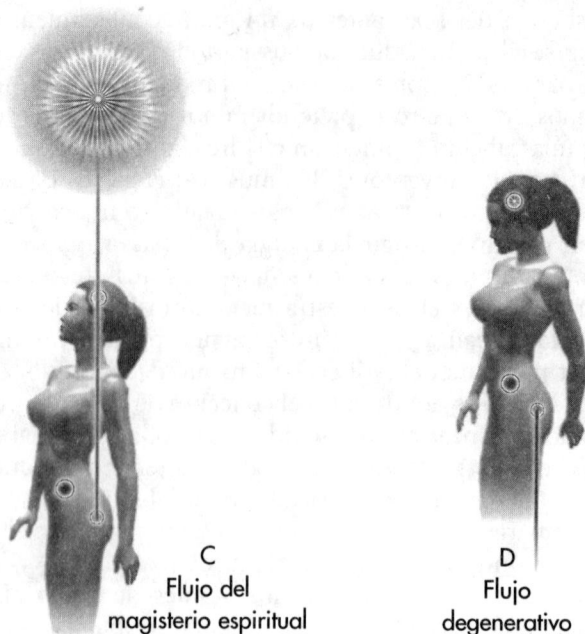

C
Flujo del
magisterio espiritual

D
Flujo
degenerativo

FIGURA 9.4 (viene de la página anterior): La energía del chakra raíz

Cuando la energía raíz está en modo generativo, la energía en el aura irradia hacia arriba desde el centro raíz, coincidente con la espina dorsal (véase FIGURA 9.4A). Normalmente, se extiende hasta el nivel del centro emocional, con un color rojo clavel. Si la persona está intentando concebir un hijo, el color será de un rojo muy brillante, con luz blanca alrededor. Es una energía vital, muy hermosa de ver. Si la persona se halla simplemente en una relación romántica, sólo se verá la energía roja moviéndose hacia arriba, pero no será tan brillante. Si la persona está un poco intoxicada por el sexo, la energía seguirá moviéndose hacia arriba, pero el rojo estará ahora un poco más sucio y apagado, próximo al rojo granate. Por otra parte, si la persona está en un fuerte modo degenerativo, la energía raíz se moverá ahora hacia abajo, llegando a veces hasta más abajo de los pies, indicio de una consciencia involutiva (FIGURA 9.4D). La energía se ve de un color rojo oscuro, corrompido.

Lo que siempre me ha resultado muy interesante y hermoso de ver es la luz cuando se mueve en un flujo regenerativo. Si la persona se halla en un modo creador elevado, la energía raíz se moverá hacia arriba, hasta el cuerpo mental, dándole un tremendo poder y una gran energía (FIGURA

198

9.4B). Con esto, se regenerarán y se recargarán las células cerebrales, dando a la persona un aspecto más joven, así como una sensación de rejuvenecimiento. Es uno de los motivos por los que tantas personas productivas y creativas disponen de una vitalidad y de una resistencia casi juvenil. Si se siente confuso o poco inspirado, una de las mejores maneras de no perder el ritmo es siendo productivo y creativo. Es algo que renovará y vivificará todo su paisaje mental. En el caso del maestro espiritual que ha dirigido toda su energía hacia propósitos espirituales, la energía raíz se moverá hacia arriba, más allá de la cabeza, hasta el punto del yo superior (FIGURA 9.4C). En este caso, indudablemente, habrá también un fuerte flujo de energía kundalini ascendiendo por la espina dorsal.

La mayoría de los problemas que tenemos con el sexo provienen de la incomprensión y del mal uso que hacemos de esta energía. En vez de utilizar el poder creativo del sexo hasta su máximo potencial, limitamos su poder, malgastando su vitalidad sin ningún fin en particular. Y esto lo hacemos principalmente por ignorancia. Si no está usted contento con su vida sexual, mire primero si no estará poniendo demasiado énfasis en el sexo. La verdad es que cuando la energía sexual está equilibrada, no hay tal preocupación. El sexo se verá como una parte natural de la vida. Las personas sobresexuadas suelen estar compensando con el sexo alguna carencia en otra área de su vida. Estas personas terminan sintiéndose insatisfechas, aun tras haber hecho sus conquistas sexuales, porque la energía no está equilibrada. Las personas que tienen la energía sexual equilibrada con el resto de aspectos de la vida disfrutan del sexo, pero no le dan excesiva importancia al asunto. La verdad es que, a medida que ascienda la escalera del espíritu, cada vez sentirá menos deseos sexuales, porque cada vez más de esa energía raíz estará fluyendo por avenidas creativas y espirituales.

El trabajo con la Luz Divina en este centro le ayudará a despejar y limpiar las energías mal utilizadas y a lograr que el flujo total se mueva como tiene que moverse. Pero lo más importante es que le permitirá elevar y espiritualizar el centro raíz para que pueda utilizarlo con propósitos más creativos. La siguiente oración se puede utilizar antes de la relación sexual, para que la Luz Divina intervenga en el acto de hacer el amor y eleve la vibración. Lo ideal es que los dos miembros de la pareja pronuncien esta oración juntos.

ORACIÓN MEDITATIVA
PARA ELEVAR EL ACTO SEXUAL
Descienda la luz blanca pura hasta mi chakra
raíz y mis órganos sexuales para inspirar
y elevar este acto sexual hasta convertirlo
en una expresión de Tu Luz y de Tu Amor.

Independientemente de dónde se halle usted, convendrá que comience con el proceso de espiritualización y elevación de la vibración sexual. Poniéndole riendas a esta parte de su naturaleza, estará domando una de las fuerzas más poderosas que hay en usted. Le recomiendo que utilice la llama rojo naranja para limpiar y despejar cualquier energía oscura.

ORACIÓN MEDITATIVA
PARA PURIFICAR EL CHAKRA RAÍZ
Descienda la llama rojo naranja de la purificación hasta mi chakra raíz, para que purifique toda energía sexual mermada y corrompida, y para que me libere de átomos negros y grises y de impurezas, llevándolos al reino mineral para que se disuelvan en la luz.

Aunque usted no va a poder extinguir el poder del chakra raíz, por muy mal uso que pueda darle, lo que sí que puede hacer es mermar su potencia. El fuego blanco azul puede ayudarle a acelerar el proceso de regeneración, por lo que le vendrá bien utilizar esta energía después de la purificación.

ORACIÓN MEDITATIVA
PARA REPONER EL CHAKRA RAÍZ
Descienda el fuego blanco azul hasta mi chakra raíz para cargar y recargar todas las áreas mermadas y exhaustas con nueva energía espiritual y vitalidad.

También puede utilizar el verde esmeralda para equilibrar el flujo en su chakra raíz, lo cual le ayudará a hacer que la energía circule en la dirección necesaria.

Para terminar, mi consejo es que haga uso del acto sexual con moderación. Cuando mantenga relaciones sexuales, hágalo con buenas intenciones. Dele cariño y amor a la persona con la que está en tan íntima relación. Están ocurriendo muchas más cosas de las que podría parecer por la simple cópula. El acto físico del amor es aquel en el que más juntas pueden estar dos auras. Sus acciones durante la relación no sólo van a afectar a su chakra raíz, sino que también extraerá energía del aura de la

200

otra persona. De modo que asegúrese de que su pareja llega a usted desde el amor. Respete esta sagrada energía que nos ha dado Dios, y le servirá mejor de lo que se imagina.

El sacramento del matrimonio

El sacramento del matrimonio, en su forma verdadera, lleva a las parejas al nivel más alto de la relación varón-hembra que se puede experimentar en la Tierra. La unión de un hombre y una mujer ante los ojos de Dios está diseñada para ayudar a las almas humanas en su evolución espiritual. Es una parte del plan espiritual, el vehículo que la Divinidad elige para que procree la especie. La pareja así unida, manteniendo un entorno nutritivo para las nuevas almas que llegan, sirven también a Dios, al tiempo que se sirven mutuamente. A través del amor, del respeto, de la fidelidad y del sacrificio, la pareja aprende a servir a Dios. Una cosa refleja la otra: la lealtad en el matrimonio es una muestra de la lealtad a Dios.

Muchas personas inteligentes cuestionan la necesidad del matrimonio, en especial cuando no se tiene la intención de tener hijos. Preguntan por qué, si dos personas se aman, es tan importante que se casen. La respuesta es muy sencilla: el matrimonio no trata sólo de dos personas enamoradas. Trata de dos personas y de Dios. No podemos sacar a Dios de la ecuación. Ése es el motivo de que nos casemos ante los ojos de Dios. El matrimonio ha de quedar bajo la égida de la autoridad última, ¡y del amor absoluto! Cuando firmamos el acta de matrimonio, estamos firmando también una parte de nosotros mismos. Estamos estableciendo un compromiso. No se nos puede escapar que es como cualquier documento legal. Cuando un estudiante se gradúa en el instituto, se le entrega un diploma de graduación. Cuando un estudiante de medicina se convierte en médico, se le concede el título honorífico de «doctor en medicina» y se le da una licencia para que ejerza. Y lo mismo ocurre con el matrimonio. Todos tenemos que cumplir con compromisos; los hay en todos los niveles de la vida. Así pues, lo difícil del matrimonio no está en el diseño, sino en nuestra capacidad para vivir según ese diseño.

Cuando nos casamos, estamos dando una parte de nosotros mismos, una parte de nuestro yo humano. La Divinidad permanece siempre en Sí misma, pero cada uno de nosotros da una parte de su yo humano. Muchas personas tienen miedo de hacer este sacrificio. Temen que ahogue su creatividad, temen perder su identidad en esa unión llamada matrimonio. Fíjese en el estereotipo de la vida de casado como de algo donde a uno le ponen «cadenas». Aquellos y aquellas que han pasado por una experiencia matrimonial sofocante o complicada suelen decir: «¡Nunca más!». Sus temores son comprensibles, pero no son más que eso: temores. La verdad es que todos estamos en proceso de someter nuestro yo humano ante nuestro yo divino. En eso estriba toda la evolución espiritual. Día a día, dejamos caer un poco más de nuestro viejo yo y recogemos un poco más del verdadero yo. Con cada oportunidad que se nos presenta de dejar caer un poco más de lo humano nos abrimos a más de lo divino. Si hacemos del matrimonio lo que debemos hacer, no supondrá restricción alguna. Todo lo contrario. Estaremos abriendo nuestro flujo creativo a nuevas alturas, y estaremos expandiendo nuestra identidad a nuevas dimensiones. Pero, por encima de todo, estaremos formando un sistema de apoyo mutuo imbatible. Y el intercambio áurico entre una pareja fuerte potencia enormemente la vida.

El matrimonio nacido del verdadero amor trae una maravillosa bendición desde las Alturas. No sólo hay un matrimonio físico y legal, hay también un matrimonio espiritual. El matrimonio espiritual se puede ver en el aura como un hilo de luz rosada que conecta a los esposos en el núcleo de color esmeralda que hay dentro del centro hermético. Este hilo es la bendición espiritual de la Divinidad, y se crea cuando hay un verdadero amor y un sincero compromiso entre un hombre y una mujer. Tal conexión espiritual es esencial, porque mantiene en funcionamiento el flujo del amor. Se conecta en el centro hermético porque es aquí donde se establece el compromiso, en los asuntos humanos en la Tierra. Sin embargo, no afecta a los niveles del alma. Incluso en el matrimonio, cada cónyuge se mantiene en su propia escalera evolutiva. El matrimonio se convierte en parte de la experiencia de aprendizaje, pero cada uno de los esposos sigue siendo un individuo en lo espiritual. El vínculo espiritual se crea únicamente en el sacramento del matrimonio. El matrimonio puede ser civil, por la Iglesia, etc., pero debe tener lugar de forma legal. Y debe hacerse por amor. Usted puede comprometerse con alguien, vivir con alguien a quien ama tiernamente, incluso tener hijos con esa persona, y todo eso puede suponer un hermoso intercambio de energía, pero carecerá de ese vínculo especial, de ese vínculo sacramental. Es una bendición espiritual que permanece con la pareja a lo largo de toda su vida de casados, hasta que uno de ellos muere o hasta que se divorcian.

Hay tantas maneras de trabajar con la luz en el matrimonio como rasgos espirituales se pueden desarrollar: armonía, fidelidad, lealtad, comprensión, dulzura, paciencia, adaptabilidad, compromiso… y la lista no termina aquí. Si existe algún problema en su matrimonio, tiene que hacer todo lo que esté en su mano para remediarlo. Eche mano de todas sus herramientas divinas, de todo lo que tenga en su posesión, para darle la vuelta a la situación.

ORACIÓN MEDITATIVA PARA LA
ARMONÍA ESPIRITUAL EN LA PAREJA

Descienda el rayo verde esmeralda del equilibrio
y el rayo rosa oscuro del amor espiritual a todos
los niveles de mi consciencia, restaurando
y restableciendo la armonía mente-cuerpo-alma
entre [nombre de la persona] *y yo.*
Que [nombre de la persona] *reciba también*
esta armonía mente-cuerpo-alma en todos los
niveles de su consciencia, y que esta luz
fortalezca nuestro vínculo matrimonial en los
fuegos de Tu Luz y de Tu Amor imperecederos
por el bien de todos los involucrados.

La oración meditativa que se da en esta página está diseñada para que la energía empiece a moverse en la dirección correcta, así como para fortalecer el compromiso espiritual que tienen los esposos entre sí. En esta oración meditativa, usted hace descender el rayo verde esmeralda con el rayo rosa oscuro al mismo tiempo para armonizar y estabilizar el flujo del amor entre ustedes dos.

Perdonar es un acto divino

Para redondear nuestro trabajo de aplicación de la luz en las relaciones personales, tendremos que incluir el perdón. El perdón es esencial para sanar cualquier relación, y también es parte esencial del trabajo de la luz. En las experiencias que afrontamos los seres humanos, es casi imposible no pisarnos unos a otros en un momento u otro. Aún no somos perfectos, de modo que es inevitable que cometamos errores. Y, como consecuencia de ello, será incontable el número de ocasiones en que tengamos que pedir perdón o en que tengamos que perdonar, de modo que será mejor que se nos dé bien este asunto o, de lo contrario, no iremos muy lejos en nuestro desarrollo espiritual.

Como sabemos, no siempre es fácil pedir perdón o perdonar. El ego del ser humano se involucra y quiere conservar su ira, sus rencores y demás. Por otra parte, quizás no reconozcamos o no queramos reconocer que hemos hecho algo tan mal como para pedir perdón a alguien. También puede ser doblemente difícil para nosotros perdonar a los demás por sus errores, en especial si son graves. Hay personas que se han ido de este mundo sin haber querido perdonar a aquellos que les perjudicaron. Pero lo que quizás haga tan difícil el acto de perdonar sea la idea de que, si perdonamos a alguien, le vamos a dejar que salga del apuro;

cuando lo cierto es que, cuando perdonamos a alguien, somos nosotros los que nos dejamos salir del apuro. En el perdón hay una libertad tremenda. Cuando perdonamos, estamos rompiendo la conexión negativa que se había forjado entre la otra persona y nosotros. Por ejemplo, cuando alguien le hace algún agravio, esa persona envía energía negativa hacia usted. Esta energía contactará con usted en algún punto, a menos que sea lo suficientemente sabio como para rechazarla por completo, lo cual no es probable. Así que es muy posible que usted recoja al menos parte de ese flujo destructivo y que sufra las consecuencias. Pero, al perdonar, usted cercena esa conexión destructiva, y esto le libera de ese lazo doloroso que existía entre usted y la otra persona.

No sé si habrá oído usted hablar de un hecho verídico muy conocido que le sucedió a una mujer que fue internada en los campos de concentración nazis en la segunda guerra mundial. Esta mujer sobrevivió a la experiencia, pero no sin sufrir de horribles abusos a manos de un carcelero en particular. Pasados los años, la mujer se hizo muy religiosa, lo cual la ayudó a liberarse de muchos de los terribles recuerdos que arrastraba. Sin embargo, las experiencias con el carcelero no dejaban de atormentarla.

Pero el destino es curioso, y la mujer dio en coincidir en un acto público con el antiguo carcelero que había abusado de ella. Su primer impulso fue el de acercarse a él y matarlo allí mismo. Pero, afortunadamente, sus convicciones religiosas se lo impidieron. Se dio cuenta de que aquella era su gran oportunidad para aplicar los principios espirituales que había aprendido a lo largo de los años. Con toda la fortaleza acumulada en su interior, la mujer se plantó ante el atónito hombre (que la reconoció) y le dijo que le perdonaba por todo lo que le había hecho en el pasado. Se lo dijo sinceramente, con convicción. Y, para su sorpresa, después de aquel perdón sincero, lo primero que sintió fue alivio. Por primera vez desde su calvario, tuvo una profunda sensación de paz. Había conseguido sacar realmente a aquel hombre de su vida.

¿Acaso el perdón de la mujer liberó a aquel hombre de sus delitos? Evidentemente, no. Ese hombre aún tiene mucho trabajo que hacer para redimir su alma de tanta fechoría. Pero ella se liberó de él y, con ello, ayudó a aquel hombre en su camino de redención. Hay un enorme poder en el perdón, pues, cuanto más lo practicamos, más fácil nos resulta acceder a ese poder.

Independientemente de cuál haya sido la situación, todo perdón comienza en Dios. Cuando cometemos un delito, lo primero que tenemos que hacer es pedir perdón a Dios, pues es a Dios al primero que hemos ofendido. Lo hermoso de todo esto es que, dado que Dios es amor, Dios siempre perdona. En realidad, nos ha perdonado ya antes de que se lo pidamos; pero, de todas formas, tenemos que pedirle perdón. Dios nos puede sacar de cualquier agujero negro que encontremos en nuestro inte-

204

rior. Aunque hayamos cometido una atrocidad, Dios nos perdona, y todavía podemos salir limpios de ese embrollo. Pidiéndole perdón a Dios, estaremos reconectando con la Luz de Dios, y con el poder para comenzar nuestra redención.

Una de las más grandes historias sobre el perdón de Dios es la de la vida de Saulo, que llegaría a ser conocido como san Pablo. Saulo, como sabemos, fue un acérrimo enemigo y perseguidor de los primeros cristianos. Obcecado con sus propias tradiciones religiosas, creía que la fe cristiana era una amenaza para su sistema de creencias. Era insistente, cruel y sistemático en sus ataques a los cristianos, y llegó a matar a muchos de ellos. Sin embargo, este mismo hombre, tras su despertar espiritual camino de Damasco, se convirtió en Pablo, uno de los mayores exponentes del cristianismo. Y como Pablo, Dios le imbuyó de un gran poder y una gran autoridad espiritual. ¿Qué mejor ejemplo que éste del poder del perdón de Dios?

Además del perdón de Dios, con frecuencia pasamos por alto el perdonarnos a nosotros mismos. Evidentemente, convendrá que hagamos todo lo que podamos por aquellas personas a las que hayamos ofendido, pero será conveniente que lo hagamos desde la compasión y el amor, no desde la culpabilidad. Si condenamos nuestros actos del pasado, no haremos otra cosa que reforzar los rasgos negativos que precipitaron esos actos en su origen. La culpabilidad o el remordimiento son al principio inevitables y comprensibles. Sin embargo, en el momento tenemos el cuadro de lo que hemos hecho mal, no tenemos por qué «alimentarlo» regodeándonos en ello. Tenemos que seguir con nuestra vida y hacer todo lo posible por rectificar la situación. Nadie es inmune a un momento de debilidad, ni siquiera los maestros espirituales. Hay una frase que dice que hasta los ángeles se llevan una reprimenda de vez cuando.

En la oración del perdón que le ofreceremos en breve, incluimos tanto el perdonar como el pedir perdón. Esta actividad recíproca es importante porque, desde un punto de vista humano, es difícil ser sensible a la amplia variedad de energías e interacciones de energías que dan lugar a una acción errónea. Quizás parezca obvio que ésta o aquella persona ha cometido un agravio contra usted, y que usted va a tener que perdonar a esa persona; pero quizás usted hizo algo también que contribuyó a que esa persona actuara del modo en que lo hizo. Correspondiendo al acto del perdón, usted estará asegurándose la liberación espiritual.

Los principios del perdón

Al trabajar con el perdón, tenga en cuenta estos tres sencillos principios y sea firme en su aplicación, pues de ellos dependerá en gran medida que su trabajo del perdón tenga éxito:

1.   perdone rápidamente,
2.   perdone y olvide,
3.   perdone «70 x 7».

1. PERDONE RÁPIDAMENTE. Intente perdonar o pedir perdón lo más pronto posible después del incidente. No es bueno que la ira o el resentimiento tengan tiempo para filtrarse. Cuando las energías negativas tienen ocasión de trabajar en el aura, se hace más difícil eliminarlas.

2. PERDONE Y OLVIDE. Quizás una persona haya hecho cien cosas buenas por usted, pero ¿de qué es de lo que usted se acuerda? De lo único despreciable que le hizo. Es la naturaleza humana. Y usted tiene que perdonar y olvidar. Si usted dice que perdona, pero no deja de sacar a la luz los errores del pasado, en realidad no ha perdonado. Tiene que perdonar desde el corazón, y tiene que hacerlo de verdad para poder soltarlo.

3. PERDONE «70 x 7». Los errores pueden repetirse muchas veces. Si está usted aprendiendo una importante lección en la vida, pero ésta aún no ha hecho suficiente mella en usted, es muy probable que repita el mismo error, y que le haga daño quizás a la misma persona, hasta que la lección quede completamente aprendida. Éste es el motivo por el cual Jesús dijo que no había que perdonar una vez, ni siquiera siete veces, sino «setenta veces siete». No debe haber límite al perdón. Usted debe seguir siendo comprensivo con su perdón. No puede decir: «Te perdono esta vez pero, como lo vuelvas a hacer, nunca más te perdonaré». Esto es el equivalente a no perdonar.

La oración del perdón

Una vez más, la energía clave con la cual trabajar es el rayo rosa oscuro. Al meditar con esta energía antes de hacer el verdadero trabajo del perdón, atraerá más amor y compasión sobre sí mismo. Debería sentir una verdadera elevación con esta energía, como si le quitaran de encima una densa nube. Si el error es muy grave, utilice también la luz blanca pura para redimir las energías corrompidas.

Introdúzcase en su punto del yo superior y comience con la oración del perdón. En este caso, usted no está trabajando con un rayo de luz en particular, aunque puede hacer uso del rayo del amor si lo desea. Usted está trabajando principalmente con su yo superior.

ORACIÓN DEL PERDÓN

Pido perdón por todo lo que yo pueda haber hecho de palabra, pensamiento y obra, intencionadamente o no, que te haya podido hacer daño.

Y te perdono por todo lo que tú puedas haberme hecho, de palabra, pensamiento y obra, intencionadamente o no, que me haya causado daño.

Pido que estas energías negativas se disuelvan en los fuegos sagrados del amor eterno, liberándonos completamente en la Luz Divina de Dios y en la paz imperecedera.»

Fíjese en las palabras «intencionadamente o no». En muchas ocasiones puede haberle hecho daño a alguien o alguien puede haberle hecho daño a usted sin intención alguna. Dado que uno nunca es plenamente consciente de sus motivos y sus acciones, tendrá que incluir el factor inconsciente. Afortunadamente, una de las cosas buenas de trabajar con la energía es que trae a la luz de la consciencia muchos pensamientos, palabras y acciones inconscientes, para que podamos hacer algo al respecto.

Además de las oraciones del perdón y del trabajo de la luz, convendrá que tenga un cara a cara con la persona. Si ésta es reacia al encuentro y se niega a perdonarle, siéntase liberado. Usted puso su parte al abrir su corazón y mostrar su remordimiento y su disposición a enmendar las cosas. Simplemente, siga haciendo todo lo que pueda por sanar la relación. Puede repetir esta oración tan a menudo como sienta necesario. Si necesita perdonar o pedir perdón respecto a alguien que ya no está en este mundo, también puede utilizar esta oración. Recuerde: el alma de esa persona sigue estando viva, y su oración y su luz le llegarán dondequiera que esté.

Capítulo 10

La guía divina

Hay veces en la vida en que nos quedamos atascados en algún punto del camino. Al igual que una lección en la escuela, que parece que nunca vamos a poder dominar, hay veces en que simplemente no sabemos cómo manejar esa situación a la que nos enfrentamos. Intentamos resolver solos nuestros problemas, pero la respuesta correcta no llega. Aquí es donde podemos obtener partido de la herramienta más importante de nuestro arsenal espiritual: la guía divina.

La guía divina se manifiesta de innumerables maneras, unas sutiles, otras obvias. Si invocamos el poder divino para que nos oriente en nuestra búsqueda, podemos estar seguros de obtener una respuesta perfectamente amorosa. Dado que el alma está en proceso de crecimiento y de aprendizaje, es normal que en muchos momentos nos sintamos perdidos y confundidos. El alma no tiene la capacidad de anticipar y de negociar las vueltas y los giros que se presentan en el sendero de la luz. Si confiamos sólo en nuestro propio ingenio para trepar por la escalera espiritual, nos vamos a quedar atascados a no mucho tardar. De manera que una parte esencial de nuestro crecimiento espiritual supone aprender a trabajar con la energía espiritual para que nos guíe y nos dirija en la vida. Invocando la luz en busca de ayuda, estaremos fortaleciendo nuestra conexión espiritual, al tiempo que estaremos elevando nuestra vida automáticamente. La clave estriba en invocar la luz activamente, pidiendo ayuda, para luego utilizar las inspiraciones dadas.

El punto del yo superior desempeña un papel crucial en la conexión con esa guía espiritual. Además de actuar como intermediario para la luz espiritual, el yo superior nos ayuda a entrar en la conciencia espiritual que nos va a permitir comprender las respuestas divinas dadas. El yo superior ve todo el cuadro espiritual de nuestra vida en la Tierra, y parte de su trabajo consiste en orientarnos para que no nos extraviemos del sendero evolutivo. Cuando la esencia de la respuesta pedida fluye desde Dios a través de la Luz Divina, establece una sólida conexión con el yo superior, que acelera esta inspiración de un modo que podamos comprender. El yo superior envía después la luz inspirada hasta el aura para que el mensaje llegue al alma. Así, es esta unión espiritual de luz y de consciencia la que trae la respuesta.

Hacerse receptivo a la inspiración

Para recibir la guía divina, debe tener usted claro en primer lugar en qué necesita la ayuda. Cuando se halla en un punto en el que tiene que tomar una decisión importante, puede suceder que pierda de vista el tema que de verdad tiene que decidir. De modo que tómese unos instantes para reflexionar sobre lo que quiere que haga la luz por usted, y formule ese pensamiento en una frase o en una pregunta. Quizás tenga una decisión o un dilema importante en su lista para el cual está buscando ayuda espiritual. Quizás haya surgido una situación que requiere atención urgente y necesita ayuda para tomar una decisión con rapidez. Ocurra lo que ocurra en su vida, si ha hecho todo lo posible por resolver la situación y no lo ha conseguido, es hora de invocar la ayuda de la luz.

Una vez haya definido claramente el problema o el dilema, déjelo ir de su mente consciente. Si el intento de resolver el problema ha estado poniendo a prueba su mente y sus emociones, no está dejando espacio para que la luz le inspire. Tendrá que cambiar el chip de su pensamiento consciente mental/cerebral desde el modo de emisión hasta el modo de recepción. En el modo de recepción, la mente consciente se pone a la escucha de su parte espiritual.

Comience su trabajo relajándose. En esta relajación debe haber la confianza y la convicción de que está poniendo las cosas en manos de Dios. Con esa confianza llega la creencia en una confianza ilimitada en un Poder Superior y en su disposición a ayudarle. Jesús nos aconsejó que pidiéramos con la firme convicción de que se nos lo había concedido ya. Hay un gran poder en la creencia, pues, al creer, usted sabe que hay una respuesta, aun cuando no pueda ver aún esa respuesta. Usted no está poniendo a prueba a Dios. Usted se está abriendo a Dios. Usted está diciendo: «Dios mío, sé que tú conoces la respuesta. Me abro a ti para recibir esa respuesta». Por su parte, tendrá que mantener una actitud de mente y corazón abiertos, si quiere que el proceso funcione. Si usted asume una actitud dubitativa o desafiante, como intentando «poner a prueba» a Dios, lo que estará haciendo es bloquear el flujo que está intentando abrir.

Dejar ir los problemas puede ser mucho más difícil de lo que parece, puesto que el problema más tenaz parece que sigue «colgando por ahí», simplemente porque usted se aferra a él y no permite que su naturaleza superior trabaje con usted. El problema más habitual a la hora de pedir ayuda es que usted mismo se entromete en su propio camino. La respuesta puede estar mirándole fijamente a los ojos, mientras usted se niega a verla. El problema no estriba en que el espíritu contacte con usted, sino en que usted contacte con el espíritu.

Hay personas que hallan resistencia a la idea de dejarse ayudar. Quieren hacerlo todo por sí solas, sin ayuda. Evidentemente, habrá ocasiones en que usted tendrá que pasar alguna prueba solo, por mucho que rece y pida luz. Sin embargo, en la mayoría de los casos, convendrá que tome sus decisiones en conjunción con su naturaleza superior. Ésa es la clave. Se supone que usted está construyendo un puente entre su naturaleza superior y su naturaleza inferior. ¿Cómo va a hacerlo, a menos que aprenda a establecer contacto con lo Superior a través de una práctica repetida?

A la mayoría de las personas que me llegan con problemas se las ve confusas en sus auras. La confusión se percibe en una gran abundancia de energías grises y mostaza crema, en especial alrededor de la cabeza. Sus auras están desequilibradas en general, lo cual se puede detectar por la carencia de verde esmeralda. Con frecuencia, las personas en estado de confusión estarán inquietas, lo cual dará también un aspecto dentado y desorientado a su campo de energía. Con un aura así, no es de sorprender que la persona tenga dificultades y no sea capaz de tomar decisiones lógicas. También habrá aletargamiento en el cuerpo mental, si el problema ha estado activo durante algún tiempo. Si usted se siente confuso, comience la meditación trabajando con la llama rojo naranja y el fuego blanco azul en el área mental y en el área emocional; esto le ayudará a desprenderse de la confusión y de la indecisión, y generará un estado receptivo y claro para que las ideas divinas puedan impresionarse.

Después de que una persona ha recibido una dosis de luz inspiradora, suelo ver un resplandor blanco alrededor de su cabeza, lo cual demuestra que la guía divina está trabajando. Se trata de una situación temporal, mientras la luz está haciendo su trabajo. También habrá emanaciones activas de violetas y rosas claros, indicio de que lo Superior está intentando aquietar el alma para que sea receptiva a la inspiración dada.

Cómo conectar con su fuente de inspiración

Las dos energías principales que hay que invocar en la guía divina son la luz dorada y la luz blanca. La plateada entrará en juego también si usted tiene dificultades para comprender la información que se le ha dado. La respuesta le puede llegar a través del rayo dorado o del rayo blanco, en función de la situación a la que se está enfrentando. El oro es magnífico para inspirar una acción decisiva. Si se halla usted en una situación ambivalente o permite que los demás le confundan y le influyan en sus decisiones, el oro aportará un poder dinámico que enderezará las cosas. Es muy bueno para tomar decisiones claras y nítidas que exigen respuestas de sí o no. El oro es la energía que yo personalmente invoco con más frecuencia cuando tengo que tomar decisiones importantes. El oro aportará el poder para poner la inspiración en acción.

Para pedir la guía divina, usted tendrá que trabajar la meditación de un modo un tanto diferente. Deberá seguir los pasos meditativos igual que antes pero, cuando comience a hacer descender la luz, tendrá que pedir que la luz descienda únicamente al yo superior. El motivo de esto es que conviene que usted mantenga su atención fija en el punto del yo superior mientras lleva a cabo la conexión con la luz y hace la pregunta espiritual. La luz alcanzará su aura por sí sola en la medida en que sea necesaria, pero usted tendrá que mantenerse en un nivel de consciencia tan elevado como le resulte posible mientras pide la ayuda. Manteniendo la atención en el punto del yo superior, usted estará estableciendo un contacto más directo con su fuente de inspiración, al tiempo que se alejará de cualquier confusión del nivel humano. La idea o la inspiración real penetrará a través de la luz, y el yo superior acelerará esta idea divina para que usted pueda reconocer y comprender su significado. Comience invocando la luz dorada con la siguiente oración meditativa.

ORACIÓN MEDITATIVA PARA
LA GUÍA DIVINA CON LUZ DORADA
Descienda el rayo dorado de la luz
de la sabiduría al punto de mi yo superior
del Conocimiento Espiritual, trayéndome la
perla de Tu sabiduría y de Tu guía para que se
me revele lo que necesito saber, y lo que necesito
saber ahora, en relación con [cite la situación].

Sienta cómo la luz se irradia en el punto de su yo superior, activándolo. Cuando sienta que la conexión ha quedado establecida, haga su pregunta. Después de preguntar, quédese tranquilo y vea si le llega algún pensamiento. Mantenga su mente tan pasiva como le resulte posible. La guía le podría llegar en forma de imagen o de idea. Puede ser una suave voz que le habla, pero será algo muy definido. Normalmente, sabrá que ha dado con algo porque sentirá cierto alborozo. Independientemente de lo que le llegue o no, concluya con la siguiente expresión de gratitud.

Te doy las gracias por esto,
y me aferro a la convicción de que la respuesta está en camino.

Esta oración le ayudará a establecer la conexión con la respuesta a su pregunta, para que se le revele a usted exactamente en el momento oportuno.

También puede trabajar con la luz blanca en conjunción con la luz dorada, o puede trabajar con ellas por separado, según sus necesidades. La luz blanca es un rayo purificador, además de una energía inspiradora y elevadora. Es especialmente buena en situaciones en las cuales la respuesta no es muy nítida ni definida. Puede que incluso no esté usted seguro de en qué podría consistir la decisión correcta. Usted sabe que algo anda mal y que se le pide que actúe, pero se le escapa la naturaleza exacta del asunto. La luz blanca, además de ser una energía enormemente iluminadora, es también una energía reveladora que le va a mostrar detalles de la situación en los que usted quizás no haya caído o no haya llegado a considerar.

ORACIÓN MEDITATIVA
PARA LA GUÍA DIVINA CON LA LUZ BLANCA
Descienda la luz blanca pura hasta el punto
de mi yo superior, trayéndome la perfección
de Tu iluminación, de Tu revelación y
de Tu divina respuesta en lo relacionado con
[la situación de la que se trate].

Sienta cómo la luz inflama el punto de su yo superior, activándolo. Entonces, puede hacer la pregunta. Quédese tranquilo y vea si le llega alguna inspiración. Ésta puede llegar o no en ese momento. No importa. Sea como sea, usted habrá puesto la energía en movimiento; la respuesta le llegará.

Acepte y utilice la guía dada

Si la respuesta no le llega durante la meditación, le puede alcanzar en cualquier momento, en función de su receptividad y del momento de la necesidad. La respuesta puede manifestarse durante la contemplación, o incluso en mitad de una animada conversación. Quizás alguien diga algo que provoque una idea, y puede que usted ni siquiera la reconozca como una inspiración, pero lo es. También aquí, sabrá que tiene la respuesta correcta porque sentirá cierto alivio respecto al asunto. Con el espíritu no hay dudas. Uno reconoce su sabiduría. Si existen dudas y no está seguro, es muy posible que no haya conseguido la respuesta, o que quizás aún la esté bloqueando.

Mucha gente me pregunta: «¿Cómo puedo saber que los pensamientos que me llegan son verdaderamente inspiraciones divinas, y no simplemente pensamientos míos?». Si usted ha hecho todo el trabajo preparatorio correctamente y hace realmente la conexión, lo más probable es que esté usted en el camino correcto. El yo superior sabe lo que usted está haciendo, y va a hacer todos los esfuerzos posibles para que la conexión funcione. Indudablemente, al principio, tendrá que haber algo de ensayo y error. La voz del yo superior y la luz tienen su propia cualidad. El primer paso cuando se recibe la guía de la luz a través del yo superior es establecer cierta claridad. Si hay alguna indecisión, motivos mezclados, información deficiente o ideas preconcebidas rígidas, eche un vistazo honesto a todo lo que hay ahí: puede que, sin quererlo, esté interfiriendo con lo que está haciendo. Si se sumerge en este proceso de forma interesada, la guía no llegará, o bien se malinterpretará.

La guía divina no está ahí para servir a sus deseos egoístas. No le va a ayudar a ganar las quinielas. Su único propósito es dirigirle en su evolución espiritual. Claro está que le va a ayudar en situaciones de la vida cotidiana, pero responderá estrictamente a sus preguntas en términos de orientación directamente relevante para su proceso de crecimiento. Muchas personas que reciben guía no la «captan» aun con todo porque el enfoque de la pregunta carece de cualquier fundamento espiritual. ¡Así no es de sorprender que no consigan las respuestas que desean! La guía divina no es un mecanismo para exigirle cosas a Dios; de lo que trata es de que uno ponga la vida en manos de Dios y de que le deje hacer a Él. Su único trabajo consiste en obedecer a esta luz y este poder. Si se sumerge usted en este proceso con la mejor de las intenciones, la mayoría de las ambivalencias se aclararán.

Lo más probable es que la guía espiritual le llegue a través de algún tipo de impulso, de inducción. Será algo que le instará a seguir determinada vía. El hecho de ponerse al acecho de esa guía espiritual le sintoniza a usted con su impulso. Puede que tenga suerte y establezca una fuerte conexión justo en ese momento en la forma de una epifanía o de una revelación espiritual. Con el tiempo, podrá cultivar la conexión con su yo superior hasta el punto de ser plenamente consciente de ello, recibiendo orientación de forma continuada. Evidentemente, usted deberá haberse aclimatado a la luz durante largo tiempo para operar desde este nivel, pero lo puede conseguir si le dedica tiempo y esfuerzo. Muchos iniciados, avatares y santos trabajan desde este alto nivel espiritual.

La mayoría de las personas conectan con la inspiración espiritual a través de lo que comúnmente llamamos intuición. La intuición y la guía divina caminan de la mano. Muchas personas me cuentan que en algún momento tuvieron la sensación de que no debían hacer esto o aquello, pero que luego siguieron adelante y lo hicieron de todas formas. No confiaron en su propia intuición. Permitieron que otra parte de ellos hablara por ellos. Usted debe escuchar lo que se le dice, y actuar en función de ello. La guía divina no es una consentidora: puede que la respuesta que obtenga no sea la que esperaba. Y también puede suceder que no sea de

214

✥

su agrado. Sin embargo, será lo mejor para usted y lo que usted necesita en este momento.

No se extralimite con lo ocurre. Si tiene la sensación de que está en lo cierto, inténtelo. Dios nunca le inspiraría para que hiciera algo perjudicial o peligroso. Si tiene usted pensamientos de ese tipo, puede estar seguro de que no son de Dios. De modo que, si le llega una inspiración que le da la sensación de ser correcta, póngala a prueba y vea lo que ocurre. Al ver sus ideas en acción, sabrá de inmediato si su receptividad a la inspiración divina era la correcta. Si no funciona, aprenderá el modo de reconocer mejor las indicaciones de la Luz Divina. Sea flexible. Ni siquiera la guía divina está grabada a fuego. La vida es fluida, y las cosas cambian. Pero si se encuentra usted en el flujo divino, no habrá problema que no pueda resolver.

Si tiene la sensación de que se le está comunicando algo pero que la respuesta aún no está clara, trabaje con el rayo plateado para acelerar sus poderes de discernimiento y de comprensión. También aquí, opere a través del punto de su yo superior.

ORACIÓN MEDITATIVA PARA
LA GUÍA DIVINA CON EL RAYO PLATEADO
Descienda el rayo plateado de la inteligencia
divina hasta el punto de mi yo superior para
acelerar mi conciencia de esta Luz Divina
y de la inspiración que Tú me has dado.
Pido que se me libere de todos los bloqueos
o resistencias, para que pueda recibir
y comprender plenamente Tu guía.

La dirección correcta

En ocasiones, los dilemas no estriban tanto en que uno se pierda a lo largo del camino como en saber, para empezar, dónde se encuentra el camino. Quizás esté usted intentando averiguar cuál es su carrera, o quizás pretenda decidir si el matrimonio es lo adecuado en su caso, o si debe tener hijos o no. Quizás, simplemente, quiera cambiar de vida pero no tenga claro por dónde empezar. En estos casos, puede trabajar con otra herramienta espiritual muy parecida a la de la guía divina: la dirección correcta. Ambas pueden trabajar muy bien juntas. Usted trabaja con la dirección correcta cuando está intentando descubrir su camino. El trabajo con la guía divina le ayudará a orientarse una vez se encuentre en el sendero elegido. La dirección correcta le indica la dirección correcta, y la guía divina le ayuda a mantenerse en el sendero correcto y le dirige para sortear los obstáculos y las dificultades que se le presentarán a lo largo del recorrido.

La dirección correcta está relacionada con su destino aquí en la Tierra. Cada persona está perfectamente preparada para llevar a cabo determinadas cosas en la vida. Intuitivamente, usted ya sabe cuál es su propósito, pero sucede con frecuencia que uno llega a estar tan distraído y confuso que pierde el camino. La dirección correcta se puede utilizar para tomar decisiones, grandes y pequeñas. Al sintonizar con la dirección correcta, usted está sintonizando con una energía que ya está en movimiento.

Para trabajar con la dirección correcta, he descubierto que es sumamente eficaz pedir que la luz baje y alcance directamente al centro hermético. En la búsqueda de esa dirección, usted está intentando conectar con una energía que es activa en el plano terrestre y, al pedir que la energía trabaje en el nivel hermético, usted hace un esfuerzo consciente por conectar con esta energía. La luz dorada y la luz blanca trabajan igualmente bien en esta situación.

ORACIÓN MEDITATIVA PARA LA DIRECCIÓN
CORRECTA CON LA LUZ DORADA
*Descienda el rayo dorado de la luz de
la sabiduría hasta mi centro hermético,
trayéndome un pensamiento claro y una acción
decidida en lo relativo a [la situación
de la que se trate], todo ello de acuerdo
con Tu divina voluntad y la dirección correcta.*

En cuanto sienta que el punto se ha activado, haga la pregunta y espere que llegue la respuesta. Puede terminar el trabajo aquí, o puede hacer descender también la luz blanca.

ORACIÓN MEDITATIVA PARA LA DIRECCIÓN
CORRECTA CON LA LUZ BLANCA
*Descienda la luz blanca pura hasta mi centro
hermético y a todos los niveles de mi ser,
elevando mi consciencia e iluminándome para
que vea con Tus ojos espirituales, para que pueda
elegir el sendero correcto para mí.*

Cuando haya terminado con la meditación, si no le ha llegado respuesta alguna, termine con lo siguiente:

Te doy las gracias por esto,
y me aferro a la convicción de que la respuesta está en camino.
Así sea.

La iluminación espiritual

Quizás tenga usted un problema que no puede identificar con exactitud. Quizás incluso le esté eludiendo la misma naturaleza del problema. La iluminación espiritual le puede dar la visión que le permita comprender la naturaleza de la decisión que tiene que tomar.

La iluminación espiritual se ve con los ojos del espíritu. Invoque la iluminación espiritual cuando desee obtener una mayor comprensión de algo en general, no necesariamente para obtener una guía o una dirección específicas (aunque es excelente para esto también). Puede que usted haya hecho su lista o inventario personal, pero que aún no tenga una idea clara de por qué hay determinados problemas en su vida. La iluminación espiritual le puede explicar por qué se encuentra usted en un estado mental o emocional en particular. Luego, podrá tomar una decisión acerca de lo que puede hacer. Usted necesita esa claridad para trabajar eficazmente con la luz. La energía clave con la cual trabajar aquí es la luz blanca pura.

ORACIÓN MEDITATIVA
PARA LA ILUMINACIÓN ESPIRITUAL
Descienda la luz blanca pura hasta el punto
de mi yo superior, elevándome hasta
Tu divina consciencia para que pueda ver
con Tus ojos espirituales, iluminando
y revelando lo que necesito trabajar en mi vida.

Una vez haya hecho la conexión, quédese tranquilo y manténgase receptivo. Aquí no hay ninguna pregunta que plantear, porque usted sólo pide saber con qué necesita trabajar. De modo que sumérjase en la quietud y deje que Dios le hable. Quizás obtenga una respuesta de inmediato, o quizás se le revele más tarde.

Capítulo 11

La luz en todos los aspectos de su vida

Dispone usted ahora de unos potentes conocimientos de trabajo sobre el proceso de la Luz Divina. Dispone de herramientas para que su yo superior acceda a su reserva de energía espiritual, y tiene muchos ejemplos sobre el modo de aplicar esa energía en su vida cotidiana. En este capítulo, exploraremos las técnicas que puede utilizar, en conjunción con la meditación del yo superior, para amplificar aún más el proceso de la luz.

Un mundo de energía

Toda vida está inmersa en una forma u otra de energía espiritual. Hasta lo que creemos que es espacio vacío, está en realidad lleno de algún tipo de actividad espiritual. Y, debido a que vivimos en este mar de energía, nuestra energía se entremezcla constantemente con otros flujos de energía. Piense tan sólo en la gran cantidad de gente con la que interactúa usted cada día. Cada una de estas personas tiene su propio flujo áurico, que puede ser bueno, malo o regular. Esto significa que cualquiera puede tener un efecto potencial positivo o negativo sobre su propia aura. Así, en el proceso de desarrollo del aura, no sólo tenemos que ser conscientes de nuestra propia vibración, sino también de cómo interactuamos con otras vibraciones. Tenemos que aprender el modo de mantener el equilibrio espiritual, de mantener una interacción saludable con el mundo que nos rodea, y tenemos que aprender a no recoger vibraciones negativas a lo largo del camino.

La protección

El primer requisito para permanecer en el propio flujo áurico es mantener una fuerte protección espiritual a nuestro alrededor. Las personas que no son conscientes de la interacción de las energías áuricas suele preguntarme: «Protegerse, ¿de qué?», y entonces les explico de qué formas se puede abrir uno a la energía negativa. Afortunadamente, el aura dispone en sí misma de energías protectoras que la defienden en gran medida de la energía negativa que se arroja sobre ella. Pero, incluso con esta protección, hay energías no deseadas que pueden alcanzarla, por lo que usted va a necesitar toda la protección que pueda conseguir.

La esfera dorada con la llama rojo naranja

Es éste un ejercicio protector excelente. Es muy parecido al de la protección de la burbuja dorada que utiliza usted cuando entra en meditación. La única diferencia consiste en que usted rodea la circunferencia de su burbuja dorada con la llama rojo naranja para disolver cualquier energía negativa que pueda estar intentando entrar. También aquí, este ejercicio sólo mantiene a raya la energía negativa. Los flujos positivos siguen circulando libremente.

Del mismo modo que en el paso 2 de la meditación del yo superior, póngase de pie y extienda los brazos a ambos lados, y visualícese rodeado por una burbuja dorada de luz de alrededor de la longitud de sus brazos a partir de su cuerpo. Perciba y sienta esta esfera de luz dorada tan vívidamente como le resulte posible. Visualice siete flujos de esta luz viva que le envuelven en una funda protectora. Una vez quede establecida la luz dorada, visualice cómo la llama rojo naranja envuelve la esfera dorada, dándole a ésta el aspecto de una bola de fuego de luz viva. Visualice esta luz protectora que le envuelve mientras pronuncia la siguiente oración.

LA PROTECCIÓN DORADA
CON LA LLAMA ROJO NARANJA
*Que una burbuja dorada de luz protectora
me envuelva. Pido que los siete flujos de esta luz
me rodeen, manteniéndome perfectamente
protegido. Y pido que Tú sitúes la llama
rojo naranja alrededor de la circunferencia
de esta protección, disolviendo cualquier
energía negativa que pudiera intentar
penetrar esta burbuja.*

Póngase esta protección cada vez que salga de casa, y refuércela a lo largo del día tantas veces como sea necesario. Esta protección es especialmente importante si se va a relacionar con mucha gente o se va a sumergir entre la multitud, sea en una fiesta, en una reunión de negocios, en un concierto, en un cine o en cualquier reunión. El protegerse a sí mismo y a sus seres queridos se convertirá rápidamente en una segunda naturaleza para usted, y constituirá una de las herramientas espirituales más importantes que pueda poseer en su arsenal. A medida que trabaje en su protección, comenzará a brillar. Al cabo de unas dos semanas de esfuerzo continuado, la burbuja dorada habrá quedado establecida. Y no necesitará ponerse de pie para hacer el ejercicio; bastará con que cierre los ojos para reforzar la luz cuando se haga necesario.

Cerrar la puerta psíquica

Uno de los primeros ejercicios espirituales que les doy a mis alumnos para cultivar su protección espiritual es lo que yo llamo cerrar la puerta psíquica. La puerta psíquica es una parte muy interesante de su anatomía espiritual. Es la puerta a su mente subconsciente. Su mente subconsciente es particularmente susceptible a las influencias externas. Es como un dispositivo de grabación increíblemente sensible que registra todo lo que sucede a su alrededor, sin que usted se dé cuenta de nada. Como consecuencia de ello y sin usted pretenderlo, la mente subconsciente puede asimilar flujos negativos de los cuales usted va a sufrir los efectos. Para proteger su subconsciente, el aura lleva incorporado un sistema de filtración subconsciente. Su objetivo consiste en no dejar pasar la energía destructiva, dejando entrar sólo la energía positiva. Sin embargo, esta puerta puede quedar abierta si ha tenido un arranque emocional, si ha bebido demasiado o si piensa en alguien de forma poco amable. Entonces, queda usted abierto a todo, lo bueno, lo malo y lo feo, y la puerta se convierte en un talón de Aquiles si usted no va con cuidado. No es nada raro que la puerta psíquica se abra, pero afortunadamente es fácil de cerrar.

FIGURA 11.1: Cerrar la puerta psíquica

La puerta psíquica está ubicada justo detrás de la oreja derecha, y parece una portezuela azul cuando está abierta. Es sumamente importante asegurarse de que esta puerta está cerrada en todo momento, permitiendo sólo la entrada de buenos pensamientos. Cuando se tiene el cuello agarrotado, puede ser indicio de que la puerta está abierta. El verdadero mecanismo espiritual por el cual se cierra esta puerta es demasiado complicado como para describirlo en estas páginas, pero conseguirá lograr el objetivo siguiendo este sencillo procedimiento.

Ponga los dedos índice y corazón de la mano derecha por detrás de la oreja derecha, sobre la puerta psíquica, y visualice un hombre de pan de jengibre dorado en el centro de su cabeza. Luego, observe cómo se cierra la puerta con tres impenetrables cerrojos de un color blanco dorado. Mientras hace esto, diga lo siguiente:

CERRAR LA PUERTA PSÍQUICA
*Ordeno que mi puerta psíquica quede cerrada
y sellada con tres impenetrables cerrojos
blanco dorados, y me niego a permitir
que nada negativo entre por ahí.*

Yo personalmente visualizo que mi puerta se cierra con unos cerrojos como los de la bóveda acorazada de un banco. Una vez haya realizado este ejercicio, la puerta estará cerrada. Si durante el transcurso del día siente que está entreabierta, simplemente repita el ejercicio.

La energía que dejamos atrás

Albert Schweitzer dijo una vez que hagamos lo que hagamos en la vida, deberíamos «dejar tras nosotros las huellas del amor». Todos hemos sentido alguna vez el efecto de nuestras acciones difundiéndose como una onda en un estanque. ¿Cuántas veces ha entrado usted en una casa y ha sentido una extraña sensación de comodidad o de repulsión? Y esto puede ocurrir incluso antes de conocer a la persona que vive allí. ¿Por qué sentimos esto? Porque la casa está «cargada» con las vibraciones de la persona. Las iglesias y los templos demuestran este principio de forma notable con sus cantos, sus velas encendidas, su incienso, su agua bendita, etc. Con la vibración acumulada de estas inspiradoras expresiones, por no mencionar los años de oraciones que se han convertido en pensamientos forma, la gente no puede evitar sentirse elevada espiritualmente por el mero hecho de estar allí.

Y esto sucede en ambos extremos del espectro. Las casas que están supuestamente encantadas pueden estar cargadas de energía negativa, que

222

es la razón por la cual sentimos que se nos eriza la piel con solo caminar por un lugar así, aun cuando no se nos haga patente ninguna aparición. Hay una historia curiosa acerca del Black Bridge de Londres, el puente Negro de Londres. Es un puente especialmente famoso por ser el elegido por muchos suicidas para saltar desde él. En sí, esto no es demasiado inusual. Lo que hace inusual este puente es el alto porcentaje de personas que saltan exactamente desde el mismo lugar. Evidentemente, estas personas no eran conscientes de ello cuando saltaron, pero normalmente se precipitan todas desde el mismo punto. ¿Por qué? Porque ese punto en concreto está cargado con la energía vibratoria del suicidio, y las personas que se encontraban en este cuadro mental se veían arrastradas intuitivamente hacia esa energía.

Este efecto áurico funciona en todos los niveles de la interacción, inclusive en las sillas en las que usted se sienta, en los lugares que visita, en la ropa que se pone y en todo aquello con lo que usted interactúa. Tengo una amiga muy querida que compró una antiquísima silla de la dinastía Ming en la que supuestamente se solía sentar cierto rey. Estaba orgullosa de su compra, y la ubicó en un lugar prominente de la casa. Sin embargo, por algún motivo, la presencia de aquella silla en la casa hacía que se sintiera incómoda. Mi amiga se decía a sí misma que aquello era un tontería, que se estaba conduciendo de forma irracional. Pero, con el transcurso de los días, su incomodidad fue en aumento. Me invitó a que fuera a su casa por ver si yo podía captar algo que pudiera explicar su inquietud. La silla era de un negro azabache, y quizás era demasiado sencilla como para ser un mueble diseñado para tan regio propósito. En cuanto me acerqué a ella, el estómago se me revolvió, lo cual me indicó que algo andaba ciertamente mal. Miré la silla con la visión clarividente y vi una luz negra a su alrededor, y en ese mismo instante supe que aquella silla había estado relacionada con cosas terribles. La persona o las personas que se habían sentado en aquella silla habían sido responsables de muchos actos de crueldad, y aquellas vibraciones aún impregnaban el mueble. Mi amiga se puso a investigar el tema y descubrió que el rey asociado a la silla había sido un tirano, responsable de multitud de ejecuciones y de actos bárbaros. Purificamos la silla, pero de todas formas decidió venderla.

Cuando usted trabaje con la luz, tendrá la sensación y la convicción de dónde y cuándo necesita enviar la luz. Mi primera recomendación al trabajar con las energías que le rodean es que envíe la luz por delante de usted a los lugares adonde vaya a ir y a las personas con las que se vaya a encontrar. En las meditaciones que hago por las mañanas, añado la siguiente oración, pidiendo que la luz vaya por delante de mí para que prepare a todas las personas con las que vaya a tratar y los lugares en los que vaya a estar a lo largo del día. Si sé exactamente qué personas y lugares son, los cito por sus nombres. Esto envía una señal al yo superior para que comience el proceso energético.

ORACIÓN MEDITATIVA PARA ENVIAR
LA LUZ POR DELANTE DE USTED

Pido que la Luz Divina camine por delante
de mí para preparar el camino cuando vaya
a [nombre del lugar o los lugares].
Que alcance a [nómbrese a las personas con
las que entrará en contacto] *y los purifique*
de todo átomo negro y gris, disolviéndolo
en el reino mineral, en la luz, y trayendo
nueva fuerza vital y energía divina.

Puede citar también cualquier otra energía que sienta que es apropiada, como la del amor o la de la paz. Esta oración le ayudará a disipar cualquier energía negativa con la que se pueda encontrar. También puede purificar otras cosas sobre la marcha. Si recibe usted una carta que puede no ser buena, puede pedir que la luz entre en ella antes de leerla. Si va a hacer una llamada telefónica problemática que puede resultar desagradable, pida que la luz alcance a la persona con la que va a hablar, así como a la llamada en sí, para que las cosas discurran de un modo positivo. Incluso cuando vaya usted al cine, conviene que purifique la butaca en la que se vaya a sentar, para que no recoja los átomos espirituales de la persona que se sentó antes que usted.

La purificación para limpiar objetos es también muy sencilla. Si puede sostener el objeto en sus manos, sosténgalo con la mano izquierda y ponga la mano derecha encima. Si no, pida que la luz vaya hasta el objeto. Pida a su yo superior que limpie todo lo que usted crea necesario con una oración como ésta:

ORACIÓN MEDITATIVA PARA LA LIMPIEZA DE OBJETOS

Descienda la llama rojo naranja hasta
mi mano derecha y entre en [nombre del objeto]
purificándolo de cualquier átomo negro y gris
y disolviéndolo en el reino mineral.
Y que se implante el fuego blanco azul
para fijar una nueva energía vital dentro
de este [nombre del objeto].

A la energía le puede llevar varios minutos empezar su trabajo, y puede pedir que la limpieza se haga a través de la meditación o directamente cuando surge la necesidad. Por cierto, la limpieza material no tiene nada que ver con este proceso. Un objeto puede estar inmaculado y libre de gérmenes, pero puede estar espiritualmente contaminado.

Cómo purificar su casa

Un lugar sumamente importante donde concentrar el trabajo de purificación es en su propio hogar. Su hogar es su santuario y, obviamente, es enormemente importante que se mantenga espiritualmente limpio. Si una persona cargada de odio entra en su casa y se dirige a usted con odio, convendrá que limpie la casa una vez se haya ido para eliminar la energía residual. De otro modo, usted puede recoger la energía negativa sin percatarse de ello. La purificación tiene que llegar hasta la puerta de la casa, hasta el buzón, los teléfonos y, muy especialmente, hasta la cama en la que usted duerme. Muchas personas queman incienso para limpiar su hogar. Los ortodoxos griegos tienen la costumbre de pedir a los sacerdotes que vayan a su casa para que la bendigan. Se trata de una magnífica costumbre que conviene realizar periódicamente.

Para limpiar su casa con la luz, encienda velas de color naranja y azul en el centro de la casa. Ponga un gran cuenco de agua con sal entre las velas y deje que éstas ardan durante alrededor de diez minutos antes y después de la meditación. Haga la meditación del yo superior y, con la siguiente oración, pida a la luz que entre en su casa.

ORACIÓN MEDITATIVA PARA PURIFICAR SU HOGAR

Descienda la llama rojo naranja hasta el centro de esta casa, incluidas todas las habitaciones, el terreno y la propiedad. Que se lleve todos los átomos negros y grises hasta al menos tres metros dentro del reino mineral y que se disuelvan en la luz. Al término de esta purificación, que descienda el fuego blanco azul para cargar y recargar todos los aspectos de esta casa, reteniendo esta energía y trayendo a este hogar la más alta vibración posible.

Sienta cómo la luz llega a todos los rincones de la casa y la limpia por completo. El proceso por el cual la luz recorre su hogar es un poco diferente del que sigue para trabajar en su aura. Implica todavía al yo superior, pero todo lo que tiene que hacer es visualizar la luz haciendo lo que usted quiere que haga. Si siente la necesidad de concentrarse en una habitación en particular que le parece que está peor, ponga las velas en la habitación y limpie únicamente esa habitación. Si vive usted en un edificio de apartamentos, vea cómo la luz irradia por todo su apartamento y vea cómo disuelve también las energías negativas de los apartamentos adyacentes. He descubierto que también se realiza una magnífica limpieza quemando salvia y llevándola a todas las habitaciones de la casa. Si hace esto, pida que la luz entre en la misma salvia para potenciar el proceso de limpieza. Yo de usted repetiría este ejercicio todos los días hasta que sienta que la limpieza queda bien fijada. Una vez haya conseguido su objetivo con este ejercicio, se va a sentir mucho mejor dentro de la casa.

Lleve a cabo la limpieza de su hogar con una oración de protección. La oración, en sí misma, es un poder que se acumula con el tiempo, ayudándole a mantener fuera las energías negativas, al tiempo que inspira a las personas que entran en la casa.

PROTECCIÓN PARA LA CASA
Descienda el rayo dorado de Tu divina
protección para que envuelva esta casa
con los siete flujos de su luz, protegiendo
vigorosamente todo lo que hay dentro
y a todo el que entre.
Pido esto en Tu Santo Nombre.

226

Capítulo 12

La meditación reflexiva

La meditación reflexiva es una maravillosa y sencilla manera de trabajar con la luz. Si la meditación del yo superior puede parecer un poco complicada al principio, si tiene problemas para concentrarse durante la meditación o si no se encuentra sencillamente de humor para seguir los pasos necesarios para hacer descender la luz, la meditación reflexiva es otra forma de atraer la energía hacia usted. Es magnífica para serenar la consciencia cuando se está buscando guía e inspiración espiritual, o simplemente para sentirse en unidad con Dios.

En la meditación reflexiva, usted concentra la atención en una imagen placentera e inspiradora. En su imaginación, usted visualiza con nitidez el color de la energía que desea y, así, atrae la energía y la vibración que está visualizando. Por ejemplo, si usted se imagina corriendo por un campo de brillantes flores amarillas, estará poniendo su atención en la belleza y la vibración de ese amarillo. Si usted conecta realmente con la imagen y siente de verdad esas flores amarillas, conseguirá atraer hacia usted la energía amarillo limón. Esta energía no le llegará con la misma intensidad con la que le llegaría de hacer la meditación del yo superior, pero la conexión se establecerá de todos modos. Este principio de atracción no es nuevo en modo alguno. Usted experimenta también este poder reflexivo cuando sueña despierto y deja que su mente deambule hasta esa hermosa isla tropical que le gustaría visitar, o al contemplar el rostro de alguien a quien ama. Soñar despierto tiene la cualidad de elevarle automáticamente porque, en ese momento, su consciencia está conectando realmente con la persona o cosa que está contemplando. La meditación reflexiva es simplemente la aplicación de este principio en un entorno meditativo.

Lo más habitual es que, si tiene usted problemas en su trabajo con la luz, el problema se dé solamente en el plano mental. En algún lugar hay resistencia, confusión o fatiga. En estas situaciones, usted no va a ser tan buen canal para la Luz Divina debido a que su atención es débil. La meditación reflexiva le ayudará a relajar la mente consciente de sus tensiones. Concentrándose en imágenes mentales que son placenteras y tranquilizadoras, usted conseguirá aquietar su mente. En el momento que la mente se haya serenado, la energía espiritual podrá fluir con más libertad, energetizando los niveles mentales y haciéndolos más receptivos a los flujos superiores de la luz. ¿Por qué se va la gente de viaje? Para relajarse, calmarse y renovarse. Pues bien, irse de viaje mental puede tener también un maravilloso efecto positivo, y no tiene usted que salir de casa para lograrlo.

Puede utilizar la meditación reflexiva en cualquier situación en la que trabajaría con la meditación del yo superior, pero ahora está usando usted unas imágenes concretas, en lugar de hacer descender la luz que necesita. Para comenzar la meditación reflexiva, busque un lugar tranquilo, como lo haría para la meditación del yo superior. Encienda una vela si lo desea. También puede poner un poco de música si eso le ayuda a ponerse en el estado de ánimo adecuado. Ponga la luz protectora a su alrededor y comience. En este caso, el único preparativo que precisa es decidir con qué energía quiere trabajar y con qué imágenes la quiere asociar. Busque una imagen que le atraiga verdaderamente, algo que pueda visualizar con nitidez, vívidamente. Luego, cierre los ojos y véase mentalmente allí. Tómese su tiempo para introducirse realmente en el cuadro, percibiendo y sintiendo lo que está imaginando.

La forma más fácil de utilizar estas imágenes es verse recibiendo un baño de la luz que usted desea. Por ejemplo, si usted invoca el rayo púrpura de la paz espiritual, vea simplemente este color que cae sobre usted como en una ducha y baña todo su cuerpo como el agua. Deje que alcance cada una de las partes de su ser, empapándole a través de los poros, relajándole y elevándole en esta paz. Puede seguir este mismo ejercicio con cada energía que sienta que necesita.

También puede utilizar escenas para generar la energía que desea. Si está deprimido, imagínese bajo una cascada, y sienta que el agua, de un color rojo naranja, cae sobre usted liberándole de esos átomos oscuros. En cuanto tenga fijada esta imagen, visualice una brillante rociada de resplandeciente agua blanco azul que acaricia todo su ser con su vibrante fuerza vital, sacándole de la depresión y de la tristeza anímica. Entre en un estanque de agua verde esmeralda y sienta el equilibrio y la armonía de esta brillante agua verde que le rodea. Intente imaginar los colores con tanta riqueza y pureza como sea capaz. Si le resulta difícil visualizar estas escenas, deje que sus sentimientos y sus sensaciones tomen el control a medida que realiza la meditación reflexiva.

Si desea dotar a su cuerpo mental de mayores poderes de concentración, puede darse un paseo por una pradera cubierta de brillantes tulipanes amarillos, respirando e impregnándose de su vibrante amarillo a medida que se hace uno con su poder. Quédese en ese campo hasta que se sienta pleno de energía. Si está usted solo y no se siente amado, siéntese en una colina y fúndase con una nube de color rosa oscuro, y simplemente déjese flotar, abandonando a un lado todas las preocupaciones del día. Siéntase en esa hermosa nube rosada, descansando en brazos del amor. O corra por un campo de rosas y sienta la hermosa esencia de ese color rosado arremolinándose a su alrededor e impregnándole, hasta que sienta que el amor espiritual ha quedado establecido en usted.

Hay infinitas variaciones. Mediante la práctica, encontrará las imágenes que mejor le funcionen a usted. Deje que su imaginación tome el control. La meditación reflexiva aportará gran variedad a sus meditaciones.

Imaginación guiada

En esta forma de meditación reflexiva, usted visualiza una escena ya creada en lugar de crearla en ese instante. Puede tratarse de las imágenes inspiradas por alguna otra persona, o quizás algo que usted haya preparado de antemano. Con la imaginación guiada no hay otra cosa que hacer, salvo experimentar. La meditación se debe visualizar como si usted estuviera realmente allí, y debe evocar los sentimientos que usted tendría en la situación real. La mejor forma de seguir las escenas aquí representadas es grabar las instrucciones en un magnetofón y seguirlas cuando se reproduzcan.

La escena del bosque

Imagínese que está acampado en una montaña. Empieza a despuntar el día, y el canto de los pájaros le acaba de despertar. Dentro del saco de dormir, siente usted un calorcillo agradable y acogedor. El aire fresco de la montaña acaricia sus mejillas, invitándole a dejar la tienda y a explorar el hermoso bosque que se despliega a su alrededor.

Se desliza en silencio fuera del saco de dormir, se pone las botas, toma una toalla y sale fuera de la tienda. Aspira profundamente el aroma de los pinos del bosque, y siente que ese aliento vivificador llena sus pulmones y pone en marcha cada una de las células de su cuerpo. Se despereza y levanta la vista, siguiendo la línea verde esmeralda de los pinos hasta que sus ojos se encuentran con los cielos rosáceos de la aurora. Ante usted ve un sendero que se aleja del campamento y se introduce en el bosque; le gustaría descubrir adónde lleva. La tierra, de un color pardo rojizo, es suave, pero soporta sus pasos con amable firmeza cuando echa a andar por el sendero. Va pisando las agujas de los pinos, y las oye crujir bajo sus pies. Se estremece al sentir el frescor del aire matinal en sus mejillas y en su nariz, al tiempo que escucha el suave rumor de la brisa entre las hojas. Puede sentir la potente fuerza vital que le envuelve, desde el rico suelo hasta la punta de los majestuosos árboles. Los árboles se elevan imponentes sobre usted, sumiéndole en su fuerza y su serenidad eternas. Se siente usted uno con el sereno verdor del bosque profundo.

Sigue usted a lo largo del sendero hasta que, de pronto, se encuentra un claro. En él, descubre una tranquila cascada que alimenta una poza de agua clara, no muy profunda, la fuente de un arroyo de montaña. La poza refleja el cielo que hay sobre su cabeza, de un azul claro con venas rosadas, mientras los rayos dorados del sol danzan sobre el agua. El calor del sol y la belleza de la resplandeciente poza le invitan a darse un baño en sus puras y frescas aguas. Se quita la ropa y se mete en el agua fría y vigorizante, con la sensación cálida de la dorada luz del sol que se derrama por todo su cuerpo. Mira hacia abajo, al fondo de la poza, y ve unos brillantes guijarros de colores. Relucen y centellean como piedras preciosas, y de pronto se siente usted afortunado, como si hubiera descubierto un tesoro secreto. Se pone usted de pie bajo la cascada y, mientras el agua se lleva todas las impurezas de su ser, se siente limpio y renovado como nunca antes se había sentido.

Sale de la poza, y siente que hasta las células de su piel se estremecen con el aire limpio y vivificador de la montaña. Se seca con la toalla, se viste y se aleja de la cascada ascendiendo por el sendero. La brisa le regala el olfato con una fragancia tan dulce, que le espolea en deseos de saber qué es lo que le espera más allá, a lo largo del sendero. Sube por el camino con paso firme y, de repente, el sendero se abre a una inmensa pradera verde moteada de deslumbrantes flores silvestres en plena floración: naranja, rojas, violetas, rosa, blancas, púrpura y amarillas, todas balanceándose gozosamente al son de la brisa. Corre usted por la pradera, mientras siente cómo la brillante y verde hierba y las flores rozan sus piernas, y siente el calor del sol centelleando sobre su piel. La pradera se extiende hacia arriba, hasta que llega usted a una cresta rocosa. Sus ojos se dilatan ante un panorama de verdes valles, de majestuosas montañas de color púrpura, bajo un cielo turquesa resplandeciente, salpicado de nubes blancas y rosadas.

Una de esas nubes de color rosa se acerca hasta usted y le envuelve en su algodonosa y amorosa suavidad. Y siente que se va flotando en esa nube, arriba en el cielo, cada vez más alto, sumido en una profunda sensación de paz. Los rayos del sol calientan su cuerpo y lo bañan en la misma esencia de esa luz y ese amor de color rosa oscuro. Y ese amor y esa luz fluyen por su mente, por todo su sistema nervioso, por todo su cuerpo físico y por todas partes en torno a usted. El amor le envuelve. Siente su poder sanador, que discurre a través suyo y que le abre para que reciba más amor, más paz y más gozo del que haya conocido jamás.

La nube le lleva suavemente más allá de la pradera, más allá de la cascada, y luego se transforma en un paracaídas de color rosa que le deja plácidamente en el suelo. Suavemente, muy suavemente, le deja en el campamento donde comenzó su aventura. Usted aspira de nuevo profundamente el aire de la mañana, y conserva en su interior los sentimientos, las sensaciones y los pensamientos de lo que ha experimentado en el mismo corazón de su ser, convencido de haberse renovado. Se encuentra usted en paz, y conservará con usted esa profunda paz, esa tranquilidad y esa serenidad a lo largo de toda la semana.

El monasterio de la isla

Se encuentra usted en una barca que le lleva a una isla tropical donde nunca antes había estado nadie. El agua es de un azul claro, con tonos de un brillante verde esmeralda. Desembarca y cruza una playa de reluciente arena blanca. La arena parece de terciopelo y, mientras discurre por ella, ve un hermoso jardín de flores, y se dirige hacia él. Las flores son de hermosos colores y formas geométricas, y le irradian sus colores envolviéndole con su esplendor. Hay muchos y hermosos pájaros y animales en el jardín, que saben que está usted ahí y que parecen contentos de verle. También siente la vibración que le envían los hermosos árboles frutales, y usted se siente atraído por un árbol en particular, un árbol con tanta fruta como nunca antes había visto. Toma una de sus frutas y se la lleva a los labios. ¡Es el bocado más delicioso que haya probado jamás! Se siente usted pleno de energía con su simple sabor. Recorre ahora el jardín, y se da cuenta de que está caminando por un brillante sendero dorado que se dirige directamente hacia la ladera de una montaña. Parece estar deslizándose sin esfuerzo mientras camina por ese sendero dorado, ascendiendo la montaña.

Entonces, en la distancia, ve un monasterio y sube sin esfuerzo hasta él. A medida que se acerca, escucha el tañido de las campanas −¡qué sonido más hermoso!− y percibe un ambiente de poder y de luz. Cuando llega al monasterio, atraviesa la puerta exterior. Es un monasterio como nunca había visto antes. Es grande, con diversas construcciones blancas, rodeado de radiantes jardines con fuentes. Hay colores brillantes por todas partes. Un monje le da la bienvenida. Va vestido con un hábito dorado. No median palabras entre ustedes y, sin embargo, hay una clara sensación de amor entre usted y el monje, y se entienden uno a otro perfectamente. El monje le muestra los terrenos y le introduce en los edificios, en los que hay muchas habitaciones. Luego, le deja a su aire para que deambule por donde le plazca. Entra usted en una de las habitaciones, en la que hay pinturas y manuscritos. En uno de los patios, descubre unas hermosas fuentes multicolores. Se quita usted la ropa y se mete lentamente en una de las fuentes. El agua parece estar hecha de luz pura, y se mueve en formaciones simétricas, indescriptibles. Está usted sobrecogido ante tanta belleza.

Sale de la fuente con una agradable sensación de frescor, y se pone una majestuosa túnica blanca que han dejado en un banco para usted. Entonces ve un edificio circular de cristal, y se pregunta cómo puede entrar en él, pues no se ve puerta alguna. El monje aparece a su lado y pone la mano sobre un panel de cristal, que se abre dejándole paso. El monje se desvanece de nuevo, y usted se adentra hasta el centro de esta enorme sala circular. Hay un círculo de luz violeta viva, y una silla dorada dentro del círculo. Se sienta usted en la silla y siente las energías de la sala. Sus pensamientos y sus sentimientos se elevan más y más. Mira a su alrededor y admira la magnífica cúpula dorada que se eleva por encima de usted. Y, entonces, un hermoso flujo de luz procedente de la cúpula envuelve todo su ser, introduciendo en lo más profundo de usted ese flujo de luz espiritual. La luz fluye en diferentes colores, y parece ser exactamente lo que usted necesita. Luego, la luz deja de fluir desde la cúpula. El círculo violeta en el que está sentado empieza a elevarse a su alrededor, una llama de luz, plena de energía vital, envuelve todo su ser y se eleva hasta la cúpula dorada. Permanece usted en ese flujo durante unos instantes, pero tiene la sensación de que podría quedarse allí para siempre. La llama remite, y usted abandona el edificio de cristal. El monje le acompaña hasta la puerta del monasterio y más allá, hasta los pies de la montaña. Usted termina donde comenzó, en la barca que le trajo hasta este hermoso lugar. Se despide del monje, sube a la barca y se aleja de la isla sintiéndose agradablemente fresco y revitalizado.

La escena de la plantación

Se ve a usted mismo con una hermosa túnica de color rosa, con sandalias en los pies y un cinto alrededor del talle. A su alrededor no hay otra cosa salvo flores. A su derecha, las flores tienen colores cálidos: rosas, rojas, naranjas y amarillas; a su izquierda, son de tonos más fríos: verdes, azules y violetas. Asciende usted por el sendero y se encuentra con un hermoso caballo blanco. Monta sobre su lomo y siente inmediatamente su poderoso espíritu, su vida y su fuerza. Parece que sabe exactamente adónde va, y se pone a galopar a un ritmo cómodo y firme. Siente usted el viento agitando su cabello, y se sumerge en una eufórica sensación de libertad. El caballo le lleva por una pradera verde que, a medida que se sumerge en ella, se va haciendo más y más verde.

El caballo le lleva hasta una mansión con columnas en la fachada, un edificio que le recuerda a aquellas mansiones de las plantaciones del sur. Desmonta del caballo y sube los escalones que llevan a la puerta principal. No ve usted a nadie alrededor, y piensa para sí que aquélla es una de las casas más bonitas que haya visto jamás. Pero, al entrar, se percata de que su interior es todavía más bello. Se siente inmediatamente atraído por una escalinata en espiral. Se dirige hacia ella y sube hasta el segundo piso, donde se abre un largo corredor. Hay seis habitaciones a la derecha y seis habitaciones a la izquierda. Va usted a la primera habitación de la derecha y entra. Es una habitación enorme, suntuosamente decorada con muebles de estilo Luis XIV. La colcha de la cama es de un hermoso azul claro, con unas pequeñas flores amarillas bordadas en las orillas. Luego, se dirige usted hasta el magnífico ventanal saledizo de la habitación, junto al cual hay una decorativa silla dorada que está encarada a la pared, en la cual hay una pintura de grandes dimensiones.

Usted se sienta y contempla la pintura, y sus ojos se ven arrastrados de repente a su punto focal: un hermoso riachuelo de color verde esmeralda. Resulta refrescante el mero hecho de contemplarlo. Junto al río, hay árboles y animalillos que se escabullen entre las rocas. El sol parece encontrarse directamente en el cenit, con toda su gloria, iluminándolo todo con sus rayos. Pero, mientras usted mira todo lo que hay en la pintura, el riachuelo comienza a moverse súbitamente y toma vida. Usted puede sentir los rayos del sol, y se hace uno con esa luz. Y al sentir que esa luz le envuelve y le eleva, se da cuenta de repente de que se halla dentro del cuadro y de que está caminando junto al río. Busca un lugar agradable y se sienta a contemplar el río junto a una roca.

Mientras está allí sentado, un hermoso rayo de luz blanca cae sobre usted, alcanzando el mismo centro de su ser. Usted bebe de esta luz, al tiempo que se va sintiendo cada vez más elevado. Luego, comienzan a vislumbrar relámpagos en su mente de cada una de las casas en las que ha vivido, y siente que la luz se difunde por cada una de aquellas casas, liberándolas de vivencias y recuerdos infelices, y estableciendo la radiación de esta luz en cada una de ellas. Usted se siente agradecido por lo que la luz está haciendo. Más tarde, siente que otro flujo de esta luz alcanza a todas las personas que han vivido con usted en esas casas, sumiéndolas en la luz y elevando sus espíritus.

Por último, la luz se desvanece. Se siente usted como nuevo. Se levanta y echa a caminar junto al río bajo la luz del sol, que le envía su fuerza y su amor. De repente, se halla de vuelta en el dormitorio, sentado en la silla dorada. A través de la ventana, alcanza a ver al caballo, que parece estar esperándole. Se despide de la habitación, baja por la escalinata en espiral, sale de la casa y vuelve a montar en el caballo, y éste le lleva de regreso hasta el sendero de luz blanca donde comenzó el viaje. Termina su recorrido con una agradable sensación de frescor y vitalidad.

que deseaba, así como el salario que quería. Pero se había dejado un elemento crítico que terminó atormentándola: la armonía en el lugar de trabajo. Se había ocupado tanto en la naturaleza del trabajo y en el dinero, que olvidó visualizar un entorno de trabajo agradable. Como consecuencia de ello, no tenía más que fricciones en el trabajo, tanto con su jefe como con sus compañeros. Eventualmente, la transferirían a otra división, donde las cosas le irían mucho mejor, pero aprendió la lección de fijarse en todos los detalles a la hora de diseñar una visualización.

Antes de planificar su visualización, dese cuenta de que nunca está solo en este proceso. Dios es su constante compañero en cada visualización constructiva que usted crea. Después de todo, es la visión de Dios la que usted invoca, el poder de Dios el que utiliza, y es en el tejido espiritual de Dios donde usted impresiona esta visualización, por lo que convendrá reconocer conscientemente a Dios como esa presencia y ese poder que todo lo impregna en su plan. Según una antigua enseñanza espiritual, Dios es el que hace, al que se le hace y la acción de toda forma y hecho correcto que se haya podido enviar al mundo de la manifestación. En esencia, una visualización bien ejecutada incide en el mismo principio creador de Dios y en el plan que Dios tiene para usted.

Teniendo esto en cuenta, comience a planificar su visualización. El primer paso consiste en determinar realmente un objetivo o un deseo específico por alcanzar. Tiene que detenerse y pensar: ¿Qué es exactamente lo que quiero? ¿Qué quiero conseguir? Debería ser algo constructivo, honorable y merecedor de su tiempo y de su esfuerzo. ¿Está buscando empleo o intentando encontrar pareja? ¿Quiere comprar un automóvil nuevo o una casa? Su visualización puede ser tan sencilla o tan elaborada como desee.

Le recomiendo que se tome una semana para planificar su visualización. Ponga por escrito todas las ideas de lo que pretende crear. Al ponerlas por escrito, puede mirarlas con más objetividad y ver si eso es lo que de verdad desea. Le resultará más fácil poner o quitar cosas. Convendrá que se asegure de que en la lista se incluye todo lo que quiere. Si se queda atascado, trabaje con la guía divina, diciendo: «Dime si me dejo algo». A veces, el yo superior se hará notar con algo que usted no había visto o en lo que no había pensado. Quizás esté usted imaginando todos los detalles físicos de su visualización y esté olvidándose de lo esencial, como la paz, el amor y la alegría.

Cuando plasme por escrito sus ideas, no las visualice. Lo único que está haciendo es dar inicio al plan. Una vez tenga las ideas que quiere, organice sus pensamientos y exprese su plan con palabras de forma tan concisa y clara como le resulte posible. Lo que viene a continuación son algunas líneas directrices para planificar su visualización.

1. SEA ESPECÍFICO.

Cuanto más específico sea, mejor. Por ejemplo, si lo que quiere es comprarse un automóvil nuevo, no visualice simplemente un automóvil. Vea la marca, modelo y color específicos, si puede. Si no está seguro de lo que quiere exactamente, sea específico en las cualidades de lo que quiere. A veces, las cualidades específicas son más importantes que ninguna otra cosa. Por ejemplo, si busca usted pareja, no convendrá que se detenga tanto en los rasgos físicos como en las cualidades específicas que busca en la persona. Quizás desee que la persona sea amable, divertida, excitante, etc. Esto le ayudará a obtener una sensación más clara de lo que quiere.

2. SEA REALISTA.

Todo es posible pero, obviamente, cuanto más extravagante sea su visualización más difícil será que la haga realidad. Si sus objetivos son razonablemente realizables, verá resultados con mucha mayor rapidez, aumentando la excitación y el impulso. Haga uso del sentido común. Sin embargo, no hay nada malo en visualizar objetivos de gran alcance. Simplemente, reconozca que éste es un plan que precisará de más tiempo y energía para manifestarse.

3. ASEGÚRESE DE SUS MOTIVOS.

Examine sus motivos para dar manifestación a tal creación. Conviene que le dé un enfoque constructivo a su trabajo. Si piensa de forma egoísta, no estará conectando con la visión de Dios, y va a generar muchos problemas, tanto para sí mismo como para los demás. Su visualización debe ser una situación en la que todos los implicados salgan ganando. Ésta es la razón por la cual, en la oración meditativa, hay que incluir la frase «de acuerdo con la Ley y el Amor Divinos por el bien de todos los implicados». Incluyendo esta frase, usted se asegura de que pone las cosas en manos de Dios.

4. VÉASE A SÍ MISMO EN EL ACTO DE HACER.

Diseñe lo que diseñe, véalo como algo terminado, completo y perfecto. Si está visualizando usted un automóvil nuevo, véase conduciendo ese automóvil. Si está visualizando una pareja, véase con esa persona, divirtiéndose con ella, riendo y paseando de la mano. O si está visualizando un nuevo empleo, véase ya en ese empleo. Al igual que con las afirmaciones, conviene que su acto de desear sea activo, en presente.

5. TENGA UNA FE ABSOLUTA.

Antes de comenzar una visualización, ha de tener una fe absoluta en la inevitabilidad de su logro. Si realmente forma parte de los designios de

Dios, ¿cómo NO va a suceder? Si alberga usted miedos, no hará otra cosa que proyectarlos, que es justo lo opuesto de lo que quiere. Estará creando dos imágenes antagonistas, y el resultado será el de la confusión.

6. NO LE PONGA TIEMPO LÍMITE.

Esto puede ser difícil, especialmente cuando uno se encuentra en una necesidad desesperada. Pero, una vez haga la visualización, deje que vaya y madure al ritmo que marque Dios. Si hace las cosas bien, la energía estará en movimiento y acabará materializándose, pero no puede usted decretar la ruta exacta que debe seguir, ni tampoco puede especificar preferencias sobre cómo o cuándo se manifestará. Si, después de pasado un tiempo, sigue sin manifestarse, puede reforzar la visualización o reevaluar la situación.

7. GUARDE PARA SÍ SU VISUALIZACIÓN.

Su visualización es asunto suyo. No es conveniente contar sus planes a los demás. He visto muchos planes hermosos salirse de camino cuando la gente se desinfla y se diluye hablando de ello. La visualización precisa de tiempo para crecer, y si usted habla mucho de ello, no va a dar tiempo para que la energía espiritual se acumule, lo cual neutralizará probablemente la efectividad de toda la visualización.

La luz y las visualizaciones

Al igual que con las afirmaciones, si pone luz a sus visualizaciones logrará un mayor impacto y reducirá el tiempo que precise para materializarlas. Por otra parte, también le ayudará a mantener la visualización en tono constructivo y a la luz de la voluntad de Dios. La luz acentúa el poder de Dios, actuando dentro de la consciencia para impulsar la imagen que usted está proyectando hacia su mundo exterior.

Si cree que es necesario, haga primero una purificación para aclarar su mente. Utilice la meditación del yo superior para atraer la luz blanca pura con el fin de que active la visualización. Convendrá que la luz blanca pura alcance las células de su cerebro, con el fin de que se hagan receptivas a todo el proceso.

ORACIÓN MEDITATIVA
PARA LAS VISUALIZACIONES
*Descienda la luz blanca pura hasta mi cuerpo
mental, cargando y recargando todos los niveles
de mi consciencia, acelerando especialmente
mis células cerebrales. Pido que esta luz*

descienda luego hasta mi visualización para que
se manifieste de acuerdo con Tu Ley y Tu Amor
Divino por el bien de todos los implicados.»

Una vez sienta la conexión con la luz, comience con la visualización. Perciba y sienta que la luz blanca está acelerando y amplificando el poder de aquello que está imaginando. Véase haciendo realmente aquello que desea crear. Represéntelo en su mente. Sienta realmente que está ocurriendo ya.

Cuando haya terminado la visualización, no tiene que hacer nada más, pues habrá plantado ya la semilla espiritual. No tiene que volver y escarbar a ver si crece. Tenga la convicción de que su visualización va a tener lugar de acuerdo con la voluntad divina. Si quiere hacer algo para potenciar esa convicción, simplemente repita la visualización. Si, después de un período razonable de tiempo no ha ocurrido nada, repita la visualización o reevalúe su plan.

Capítulo 14

Algunas reflexiones de despedida

Ha sido para mí un privilegio y un placer compartir los conocimientos contenidos en estas páginas. Espero haberle infundido el entusiasmo necesario que le lleve a cambiar su vida, y espero también haberle demostrado que dispone usted de un potencial glorioso y divino. Es usted más precioso a los ojos de Dios de lo que se pueda imaginar. Se dice que sólo con que hubiera faltado una persona en la creación, el universo estaría incompleto. Es usted indispensable en el grandioso plan de la vida, por inmenso que sea ese plan. En esta gran aventura, su aura y la luz espiritual son unos amigos de verdad en los que siempre podrá confiar, y constituyen el móvil principal de las actividades y de los esfuerzos que realiza usted en su vida.

La vida no puede permanecer en un *statu quo*. La actividad y el cambio son inevitables. La pregunta no consiste en si la vida cambiará, sino en cómo cambiará. La respuesta a esta pregunta depende enteramente de usted. Si es usted negligente con su vida, no obtendrá mucho de ella, y sus progresos serán lentos. Tiene que ser audaz y asumir riesgos. A medida que surjan las oportunidades, usted tendrá que sacar el mejor partido que pueda de ellas.

Usted es el aura que irradia. Cuando deje usted este mundo y pase a la otra vida, partirá con el aura que se granjeó. Si su vida no ha sido verdaderamente buena, no va a recibir de repente un aura de santidad. Usted va a ser exactamente lo que es, de modo que conviene que comience a mejorar su aura desde este mismo momento. Aspire a dejar esta vida con un aura mejor que la que tenía, cultivando constantemente su luz mediante buenos pensamientos, palabras y acciones. La luz que usted acumule le dará riqueza espiritual fuera de toda medida, una riqueza que nunca nadie le podrá arrebatar.

Manténgase alerta. El mundo es un lugar muy activo hoy en día, y conviene que conserve una mente aguda y afilada como una hoja de afeitar. Del mismo modo que hay mayores oportunidades que nunca para el crecimiento, también hay más tentaciones y distracciones que nunca, que pueden extraviarle de su verdadero destino y retrasar su progreso. Saque partido de su conciencia y de sus conocimientos espirituales para vivir la vida de acuerdo con los más elevados ideales que pueda imaginar. Reconozca que todo lo que hace es importante para usted y para todos los demás que poblamos el mundo, para bien o para mal. No importa si sus acciones son reconocidas o no por los demás. Dios ve sus acciones, y esas acciones quedan registradas en su aura.

Intente trabajar con su aura todos los días, intente conectar con la luz, e infunda esta luz en cada pensamiento, acto, palabra y hecho. Recuerde que lleva usted su propio fotocalco espiritual consigo mismo cada minuto del día. Deje que ese fotocalco se convierta en una expresión del Amor Divino y de la sabiduría, inspirándole no sólo a usted, sino también a todos aquellos que entren en contacto con usted. Es un maravilloso sendero de evolución el que nos lleva a los mundos celestiales y, con el tiempo, a Dios nuestro Padre, Santa Madre.

Referencia rápida
para la meditación

Las tres claves para trabajar con la energía espiritual

1. Decida lo que quiere que la luz haga por usted.
2. Atraiga la luz hasta su aura.
3. Utilice la luz para efectuar el cambio que desea.

Los seis pasos para hacer descender la luz

1. Relajación

Antes de comenzar cualquier meditación, entre en un estado de relajación mental. Quítese los zapatos y no cruce las piernas. Esto ayudará a que la energía circule más libremente.

2. Protección

Visualícese dentro de una burbuja de luz dorada. Pida que le envuelva con los siete flujos de esta maravillosa energía con la oración meditativa para la protección.

«Circúndame con una burbuja dorada de luz protectora. Pido que los siete flujos de esta luz me envuelvan, me mantengan perfectamente protegido».

3. Compruebe sus centros

Asegúrese de que los cuatro centros principales se mueven en la dirección de las manecillas del reloj (como si fuera usted el reloj). Compruebe sus centros situando las manos, la derecha sobre la izquierda, sobre cada centro y sintiendo si se mueve en la dirección correcta. Si no, pida que la luz blanca vaya a ese centro y lo mueva en la dirección de las manecillas del reloj.

4. Conecte con su yo superior

Sentado derecho en una silla confortable, sin cruzar las piernas, con la mano derecha sobre la izquierda y sobre el centro emocional, visualice un sol dorado a unos sesenta centímetros por encima de su cabeza física (el punto del yo superior), y diga esta invocación:

> *Padre Celestial, Santa Madre Dios,*
> *eleva mi consciencia hasta Tu consciencia*
> *para que me haga Uno contigo.*
> *Ruego recibir lo que necesito*
> *y lo que conviene que sepa ahora.*

Siéntase en un hermoso estado de ser cuando ponga su atención en su yo superior.

5. Haga descender la luz

Pida que la luz descienda hasta usted mediante una petición verbal (oración meditativa). Cuando lo haga, visualice la luz yendo en primer lugar al punto del yo superior, y luego irradiándose hacia abajo a los cuatro centros principales y al aura. De tres a cinco minutos por cada rayo es todo lo que necesita.

6. Arráiguese

Cuando haya terminado, dé las gracias y tómese unos instantes para sentir cómo la luz se difunde y se iguala por toda su aura. Siéntase arraigado y centrado antes de terminar la meditación.

Las diez energías espirituales con las cuales trabajar

La llama rojo naranja

Purificación, limpieza. Libera de los átomos negros y grises y los disuelve en el reino mineral.

El fuego blanco azul

Reaprovisionamiento, nueva fuerza vital. Conviene traerlo siempre después de trabajar con la llama rojo naranja. Es un maravilloso rayo sanador.

El rayo dorado de la luz de la sabiduría

Sabiduría, coraje, fuerza interior, confianza en sí mismo, fe, voluntad y protección divinas. Aporta el poder dinámico de Dios.

El rayo rosa oscuro

Amor espiritual, compasión, confianza y comprensión. Aporta el poder magnético y nutriente de Dios.

El rayo púrpura

Paz profunda. Magnífico para curar la pena.

El rayo verde esmeralda

Equilibrio y armonía. Especialmente importante en el centro hermético.

El rayo plateado

Inteligencia divina, percepción. Especialmente importante en el cuerpo mental y en las células cerebrales.

El rayo amarillo limón

Poderes de concentración. Muy eficaz cuando se está estudiando para un examen o se pretende asimilar material nuevo.

El rayo turquesa

Prosperidad, recursos y abundancia.

La luz blanca pura

Elevación espiritual. Ayuda a igualar, alinear, centrar y sintonizar la consciencia con el impulso divino.

Los cuatro centros espirituales principales

(Todos los centros deben moverse en la dirección de las manecillas del reloj.)

Centro mental (el Cáliz de la Trinidad)

Ubicado en mitad de la frente, este centro es el núcleo de los niveles del pensamiento. Es el punto donde conectamos la mente, el cuerpo y el alma con el espíritu.

Centro de la garganta (el ego eterno)

Ubicado en mitad de la garganta, este centro es donde expresamos el poder de las palabras. Cuando hablamos positivamente, nuestras palabras se mueven en un tono espiritual.

Centro hermético (centro del corazón)

Ubicado en mitad del pecho, este centro es el núcleo de todos nuestros asuntos mundanales, incluidas personas, lugares, cosas, circunstancias, situaciones y las circunstancias que constituyen una situación.

Centro emocional (corazón espiritual)

Ubicado en el plexo solar, por detrás del ombligo, este centro es el núcleo de nuestra naturaleza emocional, positiva o negativa.

250

✺

Índice analítico

Ilustraciones

---

* Ilustraciones en color.

Acerca de Barbara

Denominada en ocasiones «la Mozart de la Metafísica», Barbara Martin es una de las pioneras en el campo de la metafísica y es bien conocida por su trabajo con el aura y la energía espiritual. Nacida con una clarividencia altamente desarrollada, Barbara podía ver las auras completas, así como otros fenómenos espirituales, desde que era niña. Fue una de las primeras personas en realizar un ciclo de conferencias públicas para hablar del aura en profundidad, incluso antes de que la fotografía Kirlian convirtiera el aura en tema de dominio público.

Barbara tiene una dilatada experiencia como conferenciante en universidades, organizaciones científicas y sociales. Ha escrito libros y artículos sobre metafísica y sobre el aura, y ha aparecido en la televisión en Estados Unidos, habiendo asesorado a numerosas celebridades. Recientemente, ha cofundado el Spiritual Arts Institute, donde ofrece talleres y da clases sobre el aura y sobre metafísica.

Dimitri Moraitis

COLABORADOR

Dimitri Moraitis se formó en la producción de cine y televisión, y tiene una amplia variedad de experiencias como productor, guionista y director de programas de entretenimiento y publicidad. Ha recibido diversos premios y distinciones, incluida una nominación a los Premios de la Academia por su cortometraje *Don't Let It Bother You*. Dimitri ha sido compañero de escritos de Barbara durante muchos años, y es cofundador del Spiritual Arts Institute.

Índice

✦

❂

Cada uno de nosotros está envuelto por un revelador campo de energía llamado aura. Si alguna vez se ha sentido inmediatamente incómodo (o inexplicablemente cómodo) ante alguien que acaba de conocer, entonces ha experimentado su aura. Ahora puede aprender a «ver» las auras que le rodean a usted y a los demás, y determinar, a través de sus variados tamaños y colores, lo que dicen acerca del ser físico, emocional y espiritual de una persona.

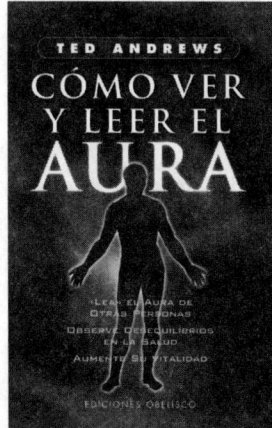

* Envíe y sienta los patrones de energía
* Detecte las intrusiones áuricas
* Mida su campo áurico
* Aprenda el significado de los colores del aura
* Fortalezca su propia aura
* Protéjase de los «vampiros psíquicos»
* Sature su cuerpo y su aura con energía rápida
* Observe e interprete el aura de la salud
* Limpie su aura de los restos de energía

«... este libro debería formar parte de la biblioteca de cualquier investigador serio, de orientación científica, de lo paranormal. Responde a todas las preguntas acerca del Aura Humana de una manera que cualquiera puede comprenderlo y aplicarlo.»

HANS HOLZER, autor de *ESP, Witches & UFO's*

¿Desea enviarnos algún comentario sobre CAMBIE SU AURA, CAMBIE SU VIDA?

Esperamos que haya disfrutado con la lectura y que este libro ocupe un lugar especial en su biblioteca particular. Dado que nuestro principal objetivo es complacer a los lectores de nuestros libros, nos sería de gran utilidad recibir sus comentarios, enviando esta hoja por correo, fax o e-mail a:

EDICIONES OBELISCO
Pere IV 78, 3º 5ª
08005 Barcelona (ESPAÑA)
Fax: (34) 93-309-85-23
e-mail: comercial@edicionesobelisco.com

✍ Comentarios o sugerencias:

_____
_____
_____

✍ ¿Qué le llamó más la atención de este libro?

_____
_____
_____

✍ ¿Quiere recibir un catálogo de nuestros libros (válido sólo para España)?   ☐ SI   ☐ NO

✍ ¿Quiere recibir nuestra agenda electrónica de actividades?
☐ SI   ☐ NO

Si quiere recibir **NUESTRA AGENDA ELECTRÓNICA** de actividades con conferencias, talleres y eventos, además del boletín con las nuevas publicaciones, puede darse de alta automáticamente en nuestra web ***www.edicionesobelisco.com*** y facilitarnos sus datos en el apartado _Suscríbase_.

Nombre y apellidos:
Dirección:
Ciudad: C.Postal:
Provincia/estado: País:
Teléfono: E-mail:

¡Gracias por su tiempo y colaboración!